Ahlers-Niemann / Freitag-Becker

NETZWERKE –
BEGEGNUNGEN AUF ZEIT

EHP – ORGANISATION

Hrsg. von Gerhard Fatzer
in Zusammenarbeit mit Wolfgang Looss und Sonja A. Sackmann

Herausgeber und Herausgeberin

Arndt Ahlers-Niemann, Dr., Dipl. oec., Organisationsentwickler; seit mehr als zehn Jahren als Trainer und Berater in verschiedenen Beratungsunternehmen und als interner Organisationsentwickler eines großen Handelsunternehmens tätig.
   Neben seiner Trainings- und Beratungstätigkeit hat er als wissenschaftlicher Mitarbeiter am Lehrstuhl für Organisationsentwicklung an der Bergischen Universität Wuppertal gearbeitet. In seinen Veröffentlichungen und Vorträgen setzt sich er sich mit der Wahrnehmung von verborgenen Organisations- und Gesellschaftsdynamiken auseinander und geht im Besonderen der Frage nach, wie unbewusste Prozesse in der Organisationsberatung berücksichtigt werden können. Er ist Mitglied der International Society for the Psychoanalytic Study of Organizations (ISPSO) und Mitglied im Board von inscape-international, einem Institut für psychodynamische Organisationsberatung, Coaching und Führungskräfteentwicklung; Autor und Herausgeber von Artikeln und Büchern, zuletzt *Auf der Spur der Sphinx* (2006), *Organisationslandschaften* (2008). www.ahlers-niemann.de

Edeltrud Freitag-Becker, Beraterin für Organisationsentwicklung, Supervisorin (DGSv), Coach und Trainerin; arbeitet seit 25 Jahren mit Profit- und Non-Profit-Organisationen. Sie gehört zum Board von inscape-international, einem Institut für psychodynamische Organisationsberatung, Coaching und Führungskräfteentwicklung, sowie zum NetzwerkRheinland, einem Zusammenschluss von BeraterInnen für Unternehmensentwicklung.
   Seit vielen Jahren ist sie als Ausbilderin und Lehrsupervisorin in der Supervisionsausbildung tätig. Ihre Arbeitsschwerpunkte liegen in der Gestaltung und Begleitung von Veränderungsprozessen, der Teamentwicklung und dem Konfliktmanagement, sowie der Beratung von Führungskräften. Sie engagiert sich überregional für berufspolitische Fragen und wird zur Beratung von unterschiedlichsten Netzwerken angefragt. www.edeltrud-freitag-becker.de

Arndt Ahlers-Niemann / Edeltrud Freitag-Becker (Hg.)

NETZWERKE –
BEGEGNUNGEN AUF ZEIT

Zwischen Uns und Ich

EHP
– 2011 –

© 2011 EHP - Verlag Andreas Kohlhage, Bergisch Gladbach
www.ehp-koeln.com

Bibliografische Information der Deutschen Nationalbibliothek
Die Deutsche Nationalbibliothek verzeichnet diese Publikation in der
Deutschen Nationalbibliografie; detaillierte bibliografische Daten sind
im Internet über http://dnb.d-nb.de abrufbar.

Umschlagentwurf: Gerd Struwe / Uwe Giese
– unter Verwendung eines Bildes von Doris Halfmann: Herzwerk, 2009
(www.doris-halfmann.de) –
Satz: MarktTransparenz Uwe Giese, Berlin
Gedruckt in der EU

Alle Rechte vorbehalten
All rights reserved. No part of this book may be reproduced or transmitted in any
form or by any means, electronic or mechanical, including photocopying, recording
or by any information storage and retrieval system, without permission in writing
from the publisher.

ISBN 978-3-89797-073-1

Inhalt

Zur Reihe *EHP-Organisation* — 7

Arndt Ahlers-Niemann & Edeltrud Freitag-Becker — 11
Über die Herausforderungen ein Netzwerk-Buch zu gestalten

Harald Payer — 23
**Organisation, Kooperation, Netzwerk –
Fließende Übergänge zwischen fester und loser Kopplung**

Achim Loose — 41
**Netzwerkbeziehungen:
Zwischen (blindem) Vertrauen und (umfassender) Kontrolle**

Frank Überall — 57
**Vom Kölner Klüngel lernen –
Netzwerke zwischen Kooperation und Korruption**

Verena Bruchhagen — 71
Differenz und Diversität im Netz

Antje Schrupp — 89
**Jenseits von Mainstream und Nische –
Das Internet als Plattform für politische Vermittlungsarbeit**

Edeltrud Freitag-Becker — 97
In Netzen werken – m/ein Geschäftsmodell

Beatrice Conrad — 113
Energie im Kulturwandel durch Netzwerken auf Führungsebene

Barbara Baumann — 127
**»Dazwischen kann man durchfallen« Mentoring und Networking –
erfolgreiche Instrumente im Übergangsmanagement**

Ullrich Beumer — 145
**»Ich war noch niemals in New York ...« –
Netzwerke und Angstabwehr**

Arndt Ahlers-Niemann & Kate Dempsey 159
»… und ewig lockt das Netzwerk« – Sozioanalytische Reflexionen
zum verführerischen Charakter von Netzwerken

Arndt Ahlers-Niemann & Edeltrud Freitag-Becker 191
**Mit dem Wertequadrat
der eigenen Netzwerkkompetenz auf der Spur**

Die Autorinnen und Autoren 199

Zur Reihe *EHP-Organisation*

Seit 1988 Ed Nevis' *Organisationsberatung* erschien, stellt die Reihe erfolgreich wichtige Basistexte zum Bereich der Organisationsentwicklung und des Change Managements sowie neue, grundlegende Texte und Übersetzungen für den deutschsprachigen Leser vor. Dabei werden unterschiedliche Interventionsformen ausführlich dargestellt, um zur Entwicklung einer Beratungswissenschaft jenseits der reinen Technikorientierung beizutragen. Die Reihe widmet sich besonders dem interkulturellen Austausch zwischen Europa, Amerika und anderen Kulturräumen.

EHP-Organisation stellt sowohl Diskussionsgrundlagen und Denkfiguren im Bereich der OE für das 3. Jahrtausend als auch historische Grundlagen der OE in ihrer Aktualität bereit. Anliegen war es stets, eine Reihe mit sorgfältig ausgewählten Titeln zu entwickeln, inspiriert durch amerikanischen Kollegen und die langjährigen Wegbegleiter Chris Argyris, Edgar H. Schein, Fred Massarik, Ed Nevis, Warren Bennis und die Kollegen um Peter Senge am M.I.T., aus deren Kreis sich auch die Consulting Editors von *EHP-Organisation* rekrutieren.

Der verantwortliche Herausgeber der Reihe stellte mit *Supervision und Beratung* die Grundlagen von Supervision und Organisationsberatung umfassend dar, und mit der mittlerweile 11. Auflage stellt es eines der erfolgreichsten Handbücher des Feldes dar. Ergänzend dazu erschien *Gute Beratung von Organisationen – Supervision und Beratung 2*.

Die *Trias-Kompasse* bilden Trends und Diskussionslinien ab und ermöglichen eine Orientierung im Feld der Organisationen und unterschiedlicher Beratungsformen (Bd. 1: *Erfolgsfaktoren von Veränderungsprozessen*, Bd. 2: *Schulentwicklung als Organisationsentwicklung*, Bd. 3: *Zur Bedeutung von Kurt Lewin*, Bd. 4: *Nachhaltige Transformation in Organisationen*).

Organisationsentwicklung für die Zukunft, stellte ausführlich die Grundlagen der lernenden Organisation von Peter Senge u.a. vor und machte zum ersten Mal im deutschen Sprachraum die grundlegenden Arbeiten von Chris Argyris zur »eingeübten Inkompetenz« und zu »defensiven Routinen« bekannt.

Außerdem liegt eine Neuauflage eines Standardwerks zur Lernenden Organisation und zur Schulentwicklung vor (Gerhard Fatzer: *Ganzheitliches Lernen*).

Neben internationalen Autoren publizieren wichtige deutschsprachige Autorinnen und Autoren in der Reihe wie zum Beispiel eine Autorengruppe um die VW-Coaching-Abteilung (*Der Beginn von Coachingprozessen*): Billmeier, Kaul, Kramer, Krapoth, Lauterbach und Rappe-Giesecke.

Wolfgang Looss stellte als erster kritische Fragen an den Coaching-Begriff, als der große Hype um den Begriff im deutschsprachigen Raum noch gar nicht richtig gestartet war: Zusammen mit Kornelia Rappe-Giesecke und Gerhard Fatzer untersuchte Looss in dem Band *Qualität und Leistung von Beratung* die drei Beratungsmethoden Supervision, Organisationsentwicklung und Coaching. Looss' Klassiker *Unter vier Augen: Coaching für Manager* ist bis heute eines der wichtigsten Bücher zum Thema geblieben. Es stellt eine Einführung dar und blickt gleichzeitig hinter die Oberfläche der Einzelberatung von Führungskräften.

Die Reihe orientiert sich nicht an Trends, und dort, wo die Professional Community der Berater, Coaches und Supervisoren ihre eigenen Grundlagen und Methoden nicht ausreichend berücksichtigt, ist es Ziel von *EHP-Organisation*, Einbahnstraßen der Wahrnehmung und kulturelle Ignoranz zu unterlaufen. Es kommen die Autorinnen und Autoren zu Wort, die diesen interkulturellen Dialog praktizieren und konzeptionell untermauern.

So wird mit dem Band von Fatzer/Jansen (*Die Gruppe als Methode*) die oft fehlende gruppendynamische Grundlage für die Beratung von Gruppen, Teams und Organisationen wieder zugänglich gemacht. Ein weiteres Beispiel ist die Monographie von Albert Koopman (*Transcultural Management*), die als erste ein erfolgreiches interkulturelles OE-Projekt dokumentierte und daraus ein breit anwendbares Modell der interkulturellen Beratung entwickelte. Das Buch von Barbara Heimannsberg und Christoph Schmidt-Lellek (*Interkulturelle Beratung und Mediation*) wendet die Grundlagen der Mediation auf den interkulturellen Bereich und auf die Organisationsentwicklung an. Zuletzt erschien dazu ein Buch, das dem Lebenswerk von Burkard Sievers gewidmet ist: Ahlers-Niemann / Beumer / Redding Mersky / Sievers: *Organisationslandschaften* mit einer breiten internationalen und multiprofessionellen Perspektive auf das wichtige Thema der destruktiven Prozesse in Organisationen.

Eine der wichtigen Interventionsformen, die *EHP-Organisation* (wie übrigens auch andere Veröffentlichungen im selben Verlag) besonders berücksichtigt, ist ›Dialog‹ als Methode: William Isaacs (*Dialog als Kunst gemeinsam zu denken*) und der Band von Christoph Mandl, Markus Hauser und Hanna Mandl (*Die schöpferische Besprechung*) haben hier im deutschsprachigen Raum Qualitätsstandards gesetzt. Die Autoren sind gleichzeitig Beiträger der Zeitschrift *Profile. Internationale Zeitschrift für Veränderung, Lernen, Dialog / International Journal for Change, Learning, Dialogue*, die mit ihrem Anliegen, das Verständnis von Menschen, Teams und Organisationen zu fördern, die Reihe *EHP-Organisation* ergänzt.

Die Arbeit von Ed Schein stand von Anfang an im Zentrum des publizistischen Auftrags von *EHP-Organisation*. Zahlreiche seiner Aufsätze erschienen früh in den Sammelbänden der Reihe und hier liegen seine Grundlagentexte in Übersetzungen vor. Sein Klassiker *Prozessberatung für die Organisation der Zukunft* ist einer der erfolgreichsten Bände der Reihe. Der Referenzcharakter von Scheins Büchern wird auch im provozierenden Buch *Organisationskultur* (›The Ed Schein Corporate Culture Survival Guide‹) unter Beweis gestellt. Seine Fähigkeit, auf lesbare Art komplexe Organisationszusammenhänge zu vermitteln, macht die Lerngeschichte von Digital Equipment Corporation auch zu einem Lektüregenuss (*Aufstieg und Fall von Digital Equipment Corporation. DEC ist tot, lang lebe DEC*).

Mit seinem Buch *Führung und Veränderungsmanagement* liegt ein Band vor, der so noch nicht in Englisch erschienen ist und den eine Video-DVD mit einer äußerst beeindruckenden Rede ergänzt. Zuletzt erschien Ed Scheins *Prozess und Philosophie des Helfens*, das ausführlich eine der Grundkompetenzen von Managern und Beratern vorstellt.

Der Ihnen vorliegende Band von Arndt Ahlers-Niemann und Edeltrud Freitag-Becker erarbeitet neue Perspektiven auf das Netzwerk-Thema und stellt einige Praxisbeispiele vor.

Herausgeber, Autoren und Verlag möchten Sie als Leser einladen, den neuen Band zusammen mit der gesamten Reihe als Möglichkeit zum Dialog innerhalb der globalen Professional Community zu verstehen.

Gerhard Fatzer

Über die Herausforderung, ein Netzwerkbuch zu gestalten

Arndt Ahlers-Niemann & Edeltrud Freitag-Becker

Die Welt ein Dorf

Beziehungen nutzen, Seilschaften bilden, Netze knüpfen – all dies ist nicht neu. Doch seitdem sich die Weltthemen in den unterschiedlichsten Bereichen unseres Lebens wie selbstverständlich einen Platz genommen haben, müssen wir einen neuen Blick auf ein altes Beziehungsphänomen werfen: Diversität, internationale Geldmärkte, Verlust von Arbeitsplätzen, Entgrenzungen und die Suche nach neuen Zugehörigkeiten. Andere Wirklichkeitskonstruktionen werden nötig, wenn das Agieren in erweiterten Dimensionen gefordert wird, wirtschaftliche Vernetzungen uns an die ökonomische Belastbarkeitsgrenze führen und das komplexe Spiel der Naturkräfte uns mit den Grenzen des Verstehbaren, des Regulierbaren und des Machbaren konfrontiert.

Was wir dazu brauchen, beschrieb Frederic Vester als eine »neue Sicht der Wirklichkeit: die Einsicht, dass vieles zusammenhängt, was wir getrennt sehen, dass die sie verbindenden unsichtbaren Fäden hinter den Dingen für das Geschehen in der Welt oft wichtiger sind als die Dinge selbst. Denn wo immer wir auch eingreifen, pflanzt sich die Wirkung fort, verliert sich, taucht irgendwo anders wieder auf oder wirkt auf Umwegen zurück. Die Eigendynamik des Systems hat das Geschehen in die Hand genommen. Um zu erfassen, was unsere Eingriffe in einem komplexen System bewirken, kommen wir nicht umhin, das Muster seiner vernetzten Dynamik verstehen zu lernen.« (Vester 2000, 10) Elf Jahre später verdeutlicht uns die Reaktorkatastrophe in Japan ebenso erschreckend wie anschaulich diese Worte und konfrontiert uns mit Ohnmacht und Begrenzung.

Nicht erst jetzt wird deutlich, dass die Auswirkungen der Globalisierung und die damit verbundenen Konsequenzen die Suche nach Innovationskonzepten und das Überdenken von Omnipotenzen nötig machen. Die Netzwerkgründungen weltweit, im Kleinen wie im Großen, sind eine Antwort auf diese Herausforderung, gilt es doch für die sozialen, ökologischen, wirtschaftlichen und politischen Herausforderungen neue Handlungsmodelle zu entwickeln. Bekannt unter dem Slogan »global denken – lokal handeln« entwickelten sich in den letzten Jahren »glokale« Konzepte in den verschiedensten Feldern des gesellschaftlichen und wirtschaftlichen Lebens. Und spätestens seit Frederic Vester im *Global Village* nicht allein eine technische Vision vermittelt, sondern eine soziale, ökologische, wirtschaftliche und kulturelle Realität gezeichnet hat, lebt, arbeitet, verkehrt und kommuniziert das Weltdorf zusammen in »one world«. (Burmeister 1991, 11) Sei es bei der Regulierung von Bildungs- und Beratungsprozessen, der Entwicklung erneuerbarer Energien, der Abschaltung der AKWs, der Besetzung von Arbeitsplätzen und vielem anderem mehr. Es ist heute mehr als offensichtlich, dass auf den verschiedensten Ebenen des öffentlichen Lebens die Herausforderungen nicht mit oberflächlichen eindimensionalen Lösungen beantwortet werden können. Und somit ist es kein Wunder, dass soziale Bewegungen sich eines alten »Mediums« erinnern und Netzwerke »für die Erprobung neuer gesellschaftlicher Organisationsformen« anstoßen. (Burmeister 1991, 12)

Inzwischen gibt es einen Boom von Netzwerkbildungen und die Inflation des Netzwerkbegriffes ist nicht aufzuhalten. Netzwerke gibt es in der sozialen, politischen, ökologischen, virtuellen und kriminellen Realität. Sie sind öffentlich, kommen spontan zusammen, generieren gemeinsame Aufträge, haben eine unterschiedliche Lebensdauer, fühlen sich für diverse Themen, Felder und Entwicklungen verantwortlich. Exemplarisch seien genannt: Nachbarschafts-Netzwerke, Gesunde-Städte-Netzwerk, Grünes Netz, Netzwerk von Wissenschaftlerinnen, Netzwerk Betrieblicher Gesundheitsförderung, Antibiotikaresistenznetzwerk und virtuelle Netzwerke. Sie weisen sich durch unterschiedliche Charaktere aus; sie werden idealisiert und kritisch beleuchtet; sie sind zweckdienlich oder bleiben in ihrem Selbstentwicklungsprozess stecken; sie dienen Organisationen in ihren Veränderungsprozessen oder sorgen für heftige Verwirrungen.

Allen gemeinsam ist die Einladung (wenngleich auch manchmal nur suggeriert) zur Einflussnahme hinsichtlich innovativer und politischer Entwicklungen und Entscheidungen. Der Kernpunkt scheint die Hoffnung zu sein, der Komplexität in Organisationen und Gesellschaft besser begegnen zu können.

Enzensberger weist bereits 1987 auf das Ende des traditionellen Politikverständnisses und die damit einhergehenden Veränderungen hin: »Innovationen, Zukunftsentscheidungen gehen schon längst nicht mehr von der politischen Klasse aus. Im Gegenteil, erst wenn eine neue Idee zur Banalität geworden, fällt bei Parteien und Regierungen der Groschen. Die wirklichen Entscheidungen werden dezentral getroffen, in einem weit verzweigten Nervensystem, das von keinem Punkt aus kontrollierbar ist. Die Politik wird, wie die Theoretiker sagen, zu einem stochastischen Prozess.« (Stolle/Karasek 1989, 69) Aktuell bestimmen 2011 letztlich die Plagiatsrechercheure über Guttenbergs Schicksal, wie Matthias Stolz unter der Überschrift »Facebookratie« deutlich macht. (Stolz 2011)

Sie geben Burmeister sozusagen Recht, der 1989 auf einem Symposium in Berlin kritisch hinterfragte, ob Netzwerke in Phasen gesellschaftlicher Unordnung neue Ordnungsschemata erproben. (Burmeister 1991, 13) In diesem Bild erhalten Netzwerke eine gesellschaftliche Funktion: Sie stellen sich dem Planbaren und Machbaren gegenüber, entwickeln sich zur Keimzelle neuer Kommunikations- und Interaktionsformen und markieren neue Entscheidungsorte politischen Lebens.

Speziell die virtuellen Netzwerke (wie *Facebook, Twitter, YouTube, Xing*) ermöglichen, dass man vom häuslichen Schreibtisch aus den Zugriff zur großen weiten Welt hat und mit dieser sozusagen als Freund im Kontakt ist. Mit

Informationen bestens bedient, kann man sich grenzenlos mit Kommentaren, Bewertungen und Kontrollen einmischen. Vielen wird dadurch Vieles möglich. Die virtuellen Sicherheitsgrenzen sind nicht immer ganz sicher (wie die aktuelle Dramaturgie um WikiLeaks zeigt), doch das tut der Erweiterung der Freundes-Gruppe keinen Abbruch, auch wenn sich der Wunsch nach einem stabilen Freundeskreis oft in der Virtualität verliert.

Auch in der nahen »wirklichen« Beraterrealität lässt sich ein Zuwachs an sozialen Netzwerken verzeichnen: Kaminabende, Klub- und Salongespräche, Trainermeetings und Alumnitreffen. Hier geht es ebenfalls um Einladungen zum fachlichen Austausch und zur kollegialen Begegnung (beispielsweise in der Berater-Community). Über das jeweilige Treffen hinaus verspricht man sich Kontakte, Empfehlungen und Unterstützung. Man wünscht sich, wahrgenommen und als kompetent eingestuft zu werden – und erhofft sich eine Teilhabe an Aufträgen, Entwicklungen und Nachfolge.

Organisationen und Institutionen sind den gleichen Prozessen unterworfen: die weit verzweigten Märkte mit ihren Konkurrenzen und den einhergehenden Fragmentierungen lassen kein geschlossenes (Bewertungs-)Bild mehr entstehen. Die eindimensionalen Bilder fordern das Spezialistenwissen, verdeutlichen aber auch die Gefahr von Abhängigkeit und Isolation. So ist man stets mit dem nicht existenziellen und somit nicht zugänglichen Teil beschäftigt. Die vorhandenen Ressourcen und Kompetenzen drohen verloren zu gehen und in die Destruktivität umzuschlagen. Dies hält die Ambivalenz aufrecht zwischen:

- Machtanspruch und Machbarkeit
- Größenwahn und realistischer Größe
- Anspruchlichkeit und Zufriedenheit
- Kooperation und Konkurrenz
- Selbstverwirklichung und Kundenorientierung
- Be-Wertungen und der Suche nach dem eigenen Wert und fordert auf, die Differenziertheit zu organisieren. (Beck 1997)

Netzwerke nehmen diese Aufforderung auf, oftmals begleitet von der Hoffnung, dass das Ganze wiederherzustellen sei, eine neue Organisation kreiert werden kann und somit eine neue institutionelle Ver-Beheimatung möglich wird.

Die Konstruktion all dieser Netzwerke bringt es mit sich, dass die eigene Entwicklung und Profilierung stets durch die Positionierungen der anderen eine Herausforderung erfährt. Selbst die kleinste Änderung im Profil der anderen entwickelt sich zu einem Ereignis und beeinflusst die eigene Entscheidung. Es gibt so gut wie keinen Rückzug: Sehen und gesehen werden, teilnehmen und Teilhabe, neugierig sein und Distanz halten, sich positionieren und sich verbinden, immer wieder ein erneutes oszillierendes Verstehen. Dies alles bestimmt den immer wiederkehrenden Reigen im interaktiven Prozess.

Der Verständigungsprozess wird als anstrengend und herausfordernd wahrgenommen, jedoch ist er gleichzeitig die stärkende und treibende Kraft: sich als ein Teil eines größeren Ganzen zu verstehen, sich im Spiegel des Systems zu spüren und entwickeln, *Ich* sein und doch zum *Wir* gehören, Freiheit und Abhängigkeit zugleich zu spüren. Dies auszubalancieren stellt an jede Netzwerkerin und jeden Netzwerker eine hohe Anforderung. Nur so kann es zu einer »fachlichen Veredelung im Kollektiv« kommen. (Helmut Jentges, Netzwerkpartner) In dem Bemühen, Individuelles und Gemeinschaftliches zusammenzubringen, bekommen Netzwerke eine erweiterte und neue Bedeutung: sie werden zu Orten der Hoffnung für eine neue Ordnung.

Von jenen, die auszogen, ein Netzwerkbuch zu gestalten

Seit vielen Jahren bewegen wir (Arndt Ahlers-Niemann und Edeltrud Freitag-Becker) uns in verschiedenen virtuellen wie realen Netzwerken und haben umfangreiche Erfahrungen im Umgang und in der Arbeit mit ihnen sowie in der Beratung von Netzwerken gesammelt. Zehrende Zerreißproben zwischen Auseinanderfallen und Fragmentierung einerseits und der Sehnsucht nach Orientierung, Halt, Vereinheitlichung und Standards anderseits, haben wir sowohl als Netzwerkmitglied als auch als Netzwerkberater erfahren. Der konkrete Ursprung dieses Buches liegt in unserer mehrjährigen gemeinsamen Mitgliedschaft im NetzwerkRheinland (www.netzwerk-rheinland.de) und insbesondere in zwei Veranstaltungen, für die das NetzwerkRheinland sich verantwortlich zeigte.

Die Auseinandersetzung mit dem, was Netzwerken bedeutet und wie es sich verändert bzw. aktuell darstellt, ist eine der kontinuierlichen Reflexionsschleifen, die das NetzwerkRheinland in regelmäßigen Treffen und Klausurtagungen immer wieder durchlaufen hat (und auch noch durchläuft). Eine Einladung, auf der 2. Internationalen Supervisionstagung »Unternehmen Sie doch was. Geschäftliche Organisationsmodelle für Supervisoren, Coaches und Prozessberatende« in Bregenz einen Workshop zu gestalten, hat im Jahr 2008 dazu geführt, dass diese Auseinandersetzung eine besondere Intensität erfahren hat. Auf die schnelle Zusage folgte wenig später die Frage »Und jetzt?« Erste Überlegungen führten zu der Einsicht, dass wir den Erwartungen an einen konventionellen Workshop nicht entsprechen wollten. Unter dem Titel »7 Jahre NetzwerkRheinland – Beraterinnen und Berater für Unternehmensentwicklung – das verflixte 7. und mehr ...« (Ahlers-Niemann/Bartsch-Backes/Freitag-Becker/Münsterjohann 2008) muteten wir schließlich den Teilnehmern des Workshops uns selbst zu. Glaubt man den Rückmeldungen, die wir bekommen haben, dann waren sowohl die Vorstellungen des Workshops (durch eine Art komplexer Netzwerkperformance) und der Workshop selbst ein voller Erfolg.

Bestärkt durch das positive Feedback sowie durch neue und verfestigte Netzwerkkontakte entstand bald die Idee, eine eigene Tagung zum Thema Netzwerken auf die Beine zu stellen. Ein knappes Jahr Vorbereitung mündete schließlich in der Tagung »Ne(t)tworking – Wie können Netzwerke gelingen?«, die vom NetzwerkRheinland geplant, organisiert und geleitet wurde. Externe Referenten, ein vielschichtiges Programm (von mörderischen Krimiautorinnen über Bürgerengagement bis hin zur Einführung von Web 2.0), verschiedene Zugänge zum Thema, kreative Methoden, ein gutes Veranstaltungsmanagement und knapp 100 Teilnehmer haben dafür gesorgt, dass auch diese Veranstaltung im Nachgang von allen Beteiligten als rundherum gelungen bezeichnet wurde. Erneut motiviert durch den Erfolg der Veranstaltung und den Wunsch, die Auseinandersetzung mit dem Thema weiterzuführen, entstand die Idee, ein Netzwerkbuch zu gestalten.

Stellvertretend für das Netzwerk übernahmen wir (Arndt Ahlers-Niemann, Edeltrud Freitag-Becker) das Projekt. Schnell war uns klar, dass dieses Buch kein Tagungsband werden sollte, der die Veranstaltung eins zu eins dokumentiert. Motiviert von der Vielfältigkeit und Vielschichtigkeit der Tagung, versuchten wir, uns von herkömmlichen Perspektiven, die häufig auf Knoten und Linien konzentriert sind, zu lösen und eben diese Vielfältigkeit und Vielschichtigkeit von Netzwerken deutlich werden zu lassen. Auf der Suche nach der Leitmetapher für ein solches Buch blieben wir schließlich beim Bild des »Dazwischen« hängen, wie es besonders gut im englischen Begriff des »in-between« zum Ausdruck kommt.

Einen Aspekt dieser Vielfältigkeit stellt die Dualität von Ordnung und Unordnung dar. Versucht man Netzwerke in diesem Spannungsfeld zu verorten, dann lassen sie sich als »Regime der Ordnung, die von Unordnung umgeben sind und von innen bedroht werden« (Böhme 2004, 22) beschreiben. Netzwerke können und wollen die Unordnung nicht aufheben, sondern stellen eher einen praktischen Kompromiss zwischen Ordnung und Unordnung dar, die beide im Netzwerk erhalten werden müssen. Ähnlich ließe sich eine

Reihe weiterer Dualitäten charakterisieren. Das Dazwischen der Netzwerke ist das Besondere und zugleich das Schwierige. Häufig sind wir sprachlos, wenn wir das Dazwischen und damit die Besonderheit von Netzwerken formulieren wollen oder zu erfassen versuchen. Dieser Sprachlosigkeit wollten wir entgegentreten und uns mit dem Buch dem Dazwischen von Netzwerken annähern.

Mit dieser Idee im Kopf machten wir uns auf den Weg und luden verschiedene Autoren ein. Wir baten sie, orientiert an der Leitmetapher eine für sie relevante Perspektive des Netzwerkbegriffs oder eine Netzwerkdynamik zu behandeln. Zusätzlich versorgten wir sie mit Angaben zu Länge, Struktur und Formalitäten im Hinblick auf den zu erstellenden Artikel. Wir selbst suchten bald nach dem roten Faden im Hinblick auf die Reihenfolge der potenziellen Artikel und nach Clustern, aus denen später im Buch thematische Blöcke werden sollten. Gefangen in dem Wunsch, ein gutes (wissenschaftliches) Netzwerkbuch zu produzieren, entfernten wir uns immer weiter von dem, was die zuvor beschriebenen Veranstaltungen und unsere Netzwerkarbeit ausgezeichnet hatte. Im Laufe des Prozesses und während kontroverser Diskussionen tauchten zunehmend mehr Fragen auf: Passt diese Vorgehensweise überhaupt zum Thema? Ist ein eindeutig strukturiertes Netzwerkbuch nicht unpassend und geradezu ein Widerspruch zum Thema? Spiegeln das Vorgehen und die Herangehensweise unsere Erfahrungen mit Netzwerken wieder? Dürfen wir auch im Prozess noch die grundlegende Idee, den Titel oder gar beides verändern?

Nach und nach gelang es uns schließlich, die Sicherheit gebenden Fesseln der Struktur und Ordnung abzustreifen und uns auf die gerade für Netzwerke typische Unsicherheit einzulassen. In einem ersten Schritt lösten wir uns von formalen Vorgaben und von unseren hohen Ansprüchen. Wir hoben die Vorgaben im Hinblick auf die Länge der Artikel ebenso auf wie die Idee, dass die Artikel möglichst wissenschaftlich sein sollten. Anschließend überarbeiteten wir den Titel (von »Netzwerke, Orte des Dazwischen – Annäherungen an ein vielschichtiges Phänomen« hin zu »Netzwerke – Begegnungen auf Zeit zwischen Uns und Ich«) und fühlten uns dadurch befreiter, auch ein gutes Stück von der ursprünglichen Leitmetapher abzurücken, ohne sie jedoch komplett aufzugeben. Entsprechend konnten wir auch mit der Frage, was in den Artikeln thematisiert werden soll, freier umgehen. Grundlegendes war nun ebenso willkommen wie Praktisches oder Kritisches. Persönliche Perspektiven und die Kommunikation darüber sollten sichtbar werden, aber ebenso sollten auch Assoziationen und Querverbindungen dazu einen Platz bekommen. Wir kamen überein, dass das Buch die Vielschichtigkeit und Mehrdimensionalität des Themas widerspiegeln muss. Die Beiträge in eine »logische« Folge zu setzen und sie in einer traditionellen Form des Nacheinanders vorzustellen, würde der Vielschichtigkeit und der Vernetzung nicht gerecht. Unterschiedliche Perspektiven standen nun gleichberechtigt nebeneinander und wurden nicht von einer Perspektive dominiert. Auch mögliche Überschneidungen erkannten wir nun als Teil des Themas an, die wir immer noch versuchten, in Bahnen zu lenken, jedoch nicht mehr um jeden Preis ignorieren wollten. Es ging nun nicht mehr um Vollständigkeit, nicht um eine Sprache und eine Sichtweise oder um Bewertungen.

Nach und nach gewannen wir auch unsere Kreativität zurück und entschieden schließlich, aufgrund der positiven Erfahrungen in anderen Zusammenhängen, eine Künstlerin in das Buchprojekte mit einzubeziehen. An sie traten wir mit der Bitte heran, uns einerseits bei der Gestaltung des Buchcovers zu unterstützen und andererseits die Artikel assoziativ zu illustrieren. Diese Bilder finden sich nun, als zugegebenermaßen ungewöhnlicher Abstract, am Beginn eines jeden Beitrags. Wie die geschriebene Variante ermöglichen sie einen subjektiven Zugang zum Thema. Aus der ebenso spontanen und subjektiven Idee, andere Netzwerke und ihre Mitglieder nach der Bedeutung bestimmter Netzwerkeigenschaften und -kompetenzen zu befragen, ist schließlich eine Art Raster (Profilbogen) entstanden, das hilft, die eigenen Netzwerkkompetenzen einzuordnen. Auch wenn der Prozess dazu geführt hat, dass dieses Buch ein gutes Stück später erscheint, als zunächst geplant war, so sind wir der festen Überzeugung, dass dies der Mühen und der zusätzlich eingebrachten Zeit wert war.

Dürfen wir Ihnen eine Lesebrille anbieten?

Das Besondere des Buches ist sicherlich die Vielfältigkeit und Vielschichtigkeit, die es beinhaltet. Es reicht von persönlicher Geschichte bis zu philosophischer Betrachtung, von mythischen Zugängen bis zu politischen Verstrickungen. Es verbindet Erlebtes, Konkretes und Reflektiertes mit wissenschaftlichen Erkenntnissen, subjektiven Erfahrungen und persönlicher Netzwerkkompetenz. Es mutet, wie auch Netzwerke selbst, dem Leser einiges zu, belebt aber durch diese Zumutungen eigene Erfahrungen und lässt gedankliche Anknüpfungen entstehen.

Meinungen, Positionen, Bilder, persönliche Erfahrungen, wissenschaftliche Erkenntnisse stehen im Sinne einer Mehrperspektivität gleichberechtigt nebeneinander und lassen Raum für das Einweben des eigenen Gedankenfadens. Die einzelnen Versatzstücke fordern den Leser geradezu auf, sie neu und wiederum unterschiedlich zusammen zu setzen.

Eröffnet wird dieses Buch durch einen grundlegenden Beitrag von **Harald Payer**. Er grenzt, ausgehend von einer systemtheoretischen Haltung, die Perspektiven ›Organisation‹, ›Kooperation‹ und ›Netzwerk‹ voneinander ab. Weiterführend macht er deutlich, dass diese Perspektiven nicht isoliert nebeneinander stehen oder als Entwicklungsstufen zu verstehen sind, sondern durch Gleichzeitigkeit charakterisiert sind und einander beeinflussen. Handlungsempfehlungen für Netzwerke, die diese Gleichzeitigkeit berücksichtigen, beschließen seinen Beitrag.

Im Anschluss thematisiert **Achim Loose** das spannungsreiche Verhältnis von Vertrauen und Kontrolle in Netzwerken. Auch er nimmt hierbei eine systemtheoretische Perspektive ein. Ein besonderes Augenmerk legt er auf die Frage, wie die für den Aufbau von Vertrauensbeziehungen notwendigen Voraussetzungen im Netzwerkkontext geschaffen werden können.

Frank Überall greift im nächsten Beitrag eine ebenfalls für Netzwerke charakteristische Dualität auf. Aus einer sozio-politologischen Perspektive verortet er Netzwerke im Spannungsverhältnis von Kooperation und Korruption. Dabei widmet er sich am Beispiel regionaler Netzwerkkultur dem von ihm geprägten Begriff der »Korruptionsethik«. Sie wird insbesondere in Netzwerken benutzt, um schädliches Verhalten der Mitglieder zu rechtfertigen, häufig unabhängig von möglichen Folgen.

Verena Bruchhagen fokussiert in ihrem Artikel auf die Netzwerke prägenden Begriffe von Diversität und Differenz. Im Kontext dieser Akzentuierung geht sie schwerpunktmäßig zwei Fragen nach: Was erleichtern und ermöglichen Netzwerke gegenüber anderen Sozialformen? Inwieweit lassen Netzwerke aber auch Dynamiken entstehen, die alte Muster im Umgang mit Unterschiedlichkeit stabilisieren und Lern- und Entwicklungsmöglichkeiten ausschließen?

Antje Schrupp thematisiert aus politisch-feministischer Sicht das Netz der Netze. Im Mittelpunkt ihrer Ausführungen steht das Web 2.0, wie es im Bloggen, Twittern und Facebooken zum Ausdruck kommt. Sie stellt die These auf, dass sich das Internet, insbesondere aber das Web 2.0, als Plattform für politische Vermittlungsarbeit eignet und es ermöglicht, die bisherige Zweiteilung von Mainstream und Nischen-Medien zu überwinden. Mit eigenen Erfahrungen z. B. als Bloggerin untermauert sie diese These.

Edeltrud Freitag-Becker beschreibt aus der Perspektive einer erfahrenen Netzwerkerin, die sich seit 25 Jahren in Netzwerken bewegt, die Entwicklung und das Geschäftsmodell eines Netzwerks. Dabei geht sie insbesondere den Fragen nach, warum ein solches Geschäftsmodell für sie persönlich, für das Netzwerk und seine Mitglieder und für potenzielle Kunden Sinn macht.

Den Blick in die Praxis setzt **Beatrice Conrad** aus einer anderen Perspektive fort. Aus der Sicht einer Netzwerkberaterin schildert sie anhand eines Fallbeispiels den Aufbau und die Etablierung eines Netzwerks im Anschluss an Führungskräfteentwicklungsprogramme. Sie macht deutlich, wie über den Aufbau des Netzwerks eine nachhaltige Veränderung, die Schaffung einer neuen Führungskultur, gelungen ist.

Barbara Baumann thematisiert in ihrem Beitrag das Verhältnis von Networking und Mentoring. Sie geht vor dem Hintergrund beruflicher Übergänge den Fragen nach, wie beide Instrumente zusammenhängen und sich möglicherweise gegenseitig beeinflussen bzw. bedingen. Mit Bezugnahme auf ein Integrationsprojekt verdeutlicht sie ihre Überlegungen.

Aus einer psychodynamischen Perspektive setzt sich **Ullrich Beumer** mit der Frage auseinander, ob Netzwerke in der Lage sind, wichtige Antworten auf emotionale Fragen zu liefern, die eine zunehmd flexibilisierte und unsichere Gesellschaft aufwirft. Vor dem Hintergrund der Theorie sozialer Abwehrsysteme ordnet er Netzwerke im Kontinuum von Stabilisierung (und damit Ermöglichung schöpferischer Prozesse) und Einschränkung (und damit der Verhinderung von Transformation) ein.

Abschließend untersuchen **Arndt Ahlers-Niemann** und **Kate Dempsey**, ebenfalls durch eine psychodynamische Perspektive geprägt, den verführerischen Charakter von Netzwerken. Ausgehend von einem kritischen Blick auf die aktuellen gesellschaftlichen Entwicklungstendenzen, präsentieren sie Hypothesen, die den verlockenden Charakter von Netzwerken ergründen. Unter Zuhilfenahme eines Fallbeispiels verdeutlichen und untermauern sie ihre Hypothesen.

Bevor wir nun den Leser in das Buch entlassen, um seinen roten Faden zu suchen (und hoffentlich zu finden), möchten wir uns bei einigen Personen bedanken, ohne die dieses Buch nicht entstanden wäre.

Ein ganz besonderer Dank geht an die Mitglieder von NetzwerkRheinland (Gerhard Bartsch-Backes, Ansgar Münsterjohann, Lutz Geller, Martina Lenz und Michael Teichert). Die gemeinsamen Erfahrungen, von erfolgreichen Veranstaltungen über Auseinandersetzungen und Konfrontationen bis hin zu Kompetenzerweiterungen und Entwicklung (eigener sowie der des Netzwerks), haben wesentlich dazu beigetragen, dass dieses Buch in der vorliegenden Form entstanden ist.

Wir danken Doris Halfmann, dass sie uns ein weiteres Mal dabei unterstützt hat, andere Zugänge zum Netzwerkthema zu schaffen. Ihre bildhaften Umsetzungen der hinter den Artikeln liegenden Themen eröffnen Zugänge auf eine vertraute und dennoch fremde Form.

Ein ebenso großer Dank geht an Andreas Kohlhage, sich auf dieses Netzwerkbuch-Projekt einzulassen, ohne vorher zu wissen, was am Ende dieses Projektes stehen würde. Seine vertrauensvolle Unterstützung und sein Zuspruch haben uns auch in schwierigen Phasen wichtigen Rückhalt gegeben und nicht an unserem Vorhaben zweifeln lassen. Last but not least danken wir Petra Kaiser für ihre administrative Unterstützung. Sie hat wesentlich dazu beigetragen, uns den Fehlerteufel auszutreiben.

Literatur

AHLERS-NIEMANN, A. / BARTSCH-BACKES, G. / FREITAG-BECKER, E. / MÜNSTERJOHANN, A. (2008) »7 Jahre Netzwerk Rheinland – BeraterInnnen und Berater für Unternehmensentwicklung – das verflixte 7. und mehr«, unveröffentlichter Reader zum Workshop auf der 2. Internationalen Supervisionstagung »Unternehmen Sie doch was! Geschäftliche Organisationsmodelle für Supervisoren, Coaches und Prozessberatende«, Bregenz am Bodensee

BECK, U. (1997) Was ist Globalisierung. Frankfurt a. M.: Suhrkamp

BÖHME, H. (2004) Netzwerke. Zur Theorie und Geschichte einer Konstruktion. In: Barkhoff, J. / Böhme, H. / Riou, J. (Hg.) Netzwerke. Eine Kulturtechnik der Moderne. Köln: Böhlau, S. 17-36

BURMEISTER, K. (HG.) (1991) Netzwerke: Vernetzungen und Zukunftsgestaltung. Weinheim, Basel: Beltz

STOLLE, P. / KARASEK, H. (1987) Die Gesellschaft ist keine Hammelherde. SPIEGEL-Gespräch mit dem Schriftsteller Hans Magnus Enzensberger. *Der Spiegel*, 4: 67-83.

STOLZ, M., (2011) Facebookratie. Wie das soziale Netzwerk plötzlich unsere Demokratie ändert. *Zeit Magazin*, 11: 42.

VESTER, F. (1999) Die Kunst vernetzt zu denken. Stuttgart: DVA.

Organisation, Kooperation, Netzwerk –
Fließende Übergänge zwischen fester und loser Kopplung

Harald Payer

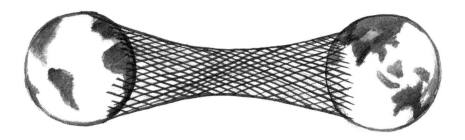

Einleitung

Unsere aktuellen Lebens- und Arbeitswelten sind durch ein gesteigertes Maß sowohl an Möglichkeiten als auch an Unsicherheiten kennzeichnet – alles ist möglich und nichts ist fix. Eine der wesentlichen Triebfedern für diesen Wandel ist die atemberaubend schnelle Durchsetzung neuer Informations- und Kommunikationstechniken. Die Digitalisierung der Welt durch Computer und Internet bewirkt, ähnlich wie die Durchsetzung der Schrift oder die Durchsetzung des Buchdrucks als dominante Kommunikationsmedien der Antike und der Neuzeit, weitreichende gesellschaftliche Änderungen, deren Auswirkungen wir heute nur annähernd erahnen können (Baecker 2007). Vor wenigen Jahren wurde in ersten groben Konturen der Beginn einer weltumspannenden Netzwerkgesellschaft skizziert (Castells 2001, Messner 1995), heute sind wir bereits mittendrin. Das Netzwerk als neues soziales Phänomen hat sich in allen Gesellschaftsbereichen etabliert, es ergänzt und verdrängt mit anhaltendem Erfolg traditionelle Formen der Verständigung, Arbeitsteilung und Koordination – und konfrontiert uns zunehmend mit den Fragen, womit wir es dabei eigentlich zu tun haben und wozu es in Zukunft noch fähig sein wird.

In diesem Wandel zur Netzwerkgesellschaft wird der Begriff Netzwerk, wenig überraschend, zu einem Universalbegriff, der, beliebig einsetzbar, alles und nichts erklärt. Der Begriff Netzwerk wird in beinahe jedem denkbaren

Kontext gebraucht und hat meist eine hohe emotionale Ladung. Je nach Bedarf und Befindlichkeit werden Netzwerke entweder mit Nähe, Vertrauen und Kontaktchancen oder mit Bedrohung, Illegalität und Zerstörung verbunden. Je nach fachlicher Perspektive werden sehr unterschiedliche Erscheinungsformen diskutiert, die sich dennoch irgendwie ähnlich sind: Soziologen denken an soziale Netzwerke, Informatiker an das Internet, Ökologen an Korallenriffe, Mediziner an neuronale Netze, Ökonomen an Business-Cluster, Sprachwissenschaftler an semantische Netzwerke. Eine genauere Übersichtlichkeit über die rasch wachsende Komplexität an unterschiedlichen Erscheinungs- und Bedeutungsformen von Netzwerken ist kaum in Sicht. Ganz im Gegenteil wird uns der Begriff des Netzwerks auf unabsehbare Zeit mit großer Sicherheit erhalten bleiben. Jeder Versuch zur Klärung des Wesens und der Dynamik von Netzwerken erscheint daher hilfreich, um das Phänomen besser zu verstehen und zu vermeiden, aneinander vorbeizureden. Der vorliegende Beitrag widmet seine Aufmerksamkeit dem speziellen Aspekt des Verhältnisses der drei Sozialformen von Netzwerk, Kooperation und Organisation zueinander. Die dabei anzutreffenden Gemeinsamkeiten und Unterschiede sprechen für eine stärkere Beachtung des Zusammenwirkens der drei Formen sowohl im Management als auch in der Beratung.

Erfolg und Krise der Organisation

Eine Organisation ist sowohl Struktur als auch Prozess. Sie entsteht aus dem zielorientierten und arbeitsteiligen Zusammenwirken von Menschen, Maschinen und Ressourcen, kennt keine zeitliche Befristung und kann sich zu ihrer sozialen Umwelt abgrenzen. Es sind vor allem diese vier Merkmale, die das Wesen der Organisation ausmachen.

Erstens geht es um die Erfüllung von Zielen und den daraus abgeleiteten Aufgaben, wobei die Ziele der Organisation nicht identisch sein müssen mit den Zielen der einzelnen Mitwirkenden. Es werden regelmäßig auch mehrere, einander sogar widersprechende Ziele wie z.B. Wachstum vs. Bewahrung, Liquidität vs. Rentabilität, Kostenminimierung vs. soziale Verantwortung verfolgt. Über die Erreichung ihrer Ziele übernehmen Organisationen zugleich auch gesellschaftliche Problemlösungsfunktionen. Man kann sie auch als in Struktur geronnene Problemlösungen bezeichnen.

Zweitens entstehen Organisationen aus den Handlungen mehrerer Personen, die zugleich die Mitglieder der Organisation sind. Diese koordinieren ihre

Aktivitäten und Teilaufgaben nach vorgegebenen Mustern und Regeln. Die Organisation erwartet die Einhaltung dieser Muster und Regeln und formuliert dazu Organigramme, Stellenbeschreibungen, Verfahrensabläufe, Zertifizierungen, Notfallpläne etc., an denen die Mitglieder ihr Handeln planmäßig ausrichten können und wodurch wiederum eine Routine von Abläufen und Zuständigkeiten entsteht.

Drittens sind Organisationen beständig. Sie sind zeitlich nicht befristet, sondern vielmehr darauf ausgerichtet, sich langfristig zu erhalten.

Viertens konstituieren sich Organisationen als soziale Systeme und verfügen als solche über eine Systemgrenze, die eine prinzipielle Unterscheidung zwischen ihrer Innenwelt und Außenwelt ermöglicht. An dieser Unterscheidung lernt und reift die Organisation, denn in der Wechselseitigkeit zwischen Innen- und Außenwelt, also in der Kopplung mit Kunden, Mitarbeitern und anderen Organisationen, werden die Ziele und die Funktionalität der Organisation geprüft, bestätigt und gegebenenfalls adaptiert – andernfalls könnte die Organisation nicht dauerhaft bestehen.

Die Sozialform der Organisation ist eine historische Erfolgsgeschichte! Wenngleich ihre Wirkungen hinsichtlich der Verbesserungen individueller Lebensbedingungen nicht nur positiv zu bewerten sind, ist sie jedenfalls ein wesentlicher Mechanismus der modernen Gesellschaft, um Ziele zu verwirklichen, die die Möglichkeiten des Einzelnen bei weitem übersteigen. Die Organisation hält die Evolution der Gesellschaft in Schwung. Die gesamte technische, wirtschaftliche und soziale Infrastruktur unserer Zeit wäre ohne Organisationen nicht denkbar. Die moderne Gesellschaft ist eine Organisationsgesellschaft (Perrow 1989; Schimank 2005), angetrieben von formalen Organisationen in unzähligen Variationen und in praktisch allen Lebens- und Arbeitsbereichen: Unternehmen, Behörden, Parteien, Gerichte, Militär, Kirchen, Zeitungen, Fernsehsender, Kindergärten, Schulen, Universitäten, Gewerkschaften, Genossenschaften, Vereine, Verbände und viele mehr.

Das klassische Organisationsmodell mit seinen charakteristischen Prinzipien der hierarchischen Steuerung durch Anweisung und Kontrolle, der Monopolisierung von Wissen, der Bürokratisierung von Kommunikation, der funktionalen Organisationsgliederung und der Effizienzsteigerung durch Größenwachstum (economies of scale) hat jedoch die Grenzen seiner Funktionalität erreicht. Immer häufiger stellt sich die Frage, wie lange diese Form der Organisation mit ihrem deutlich eingeschränkten Lern- und Wandlungsvermögen überhaupt noch in der Lage ist, ihre Problemlösungsfunktionen zu erfüllen, wenn sie stattdessen immer mehr Probleme erzeugt – sowohl nach innen als auch nach außen. Organisationen haben durch ihr Wirken die Komplexität ihrer inneren und äußeren Umwelten in solch einem Ausmaß gesteigert, das sie paradoxerweise offenbar selbst kaum noch in der Lage sind zu bewältigen. Zu den bekannten Phänomenen des Markt- und Staatsversagens gesellt sich ein weit verbreitetes Organisationsversagen. Die aktuellen und künftigen Herausforderungen an die Gestaltung von Organisationen sind enorm. Die rasante Entwicklung der Informations- und Kommunikationstechnologien löst die traditionellen Raum- und Zeitgrenzen weitgehend auf. Die Globalisierung der wirtschaftlichen Austauschbeziehungen und das Zusammenwachsen zu einer homogenen Weltgesellschaft führen zu beträchtlichem Konkurrenz- und Innovationsdruck, zur raschen Verkürzung der Lebenszyklen von Produkten und Verfahren und der weitreichenden Individualisierung von Kundenwünschen. Hinzu kommen die gewaltigen Folgekosten in Form von Armut, Ungleichverteilung, Klimawandel, Umweltzerstörung und Ressourcenverknappung.

Diese Herausforderungen bewirken seit rund zwei Jahrzehnten nachhaltige Veränderungen in der Konstruktion von Organisationen. Ein besonders innovatives Milieu für organisationsbezogene Veränderungen ist dabei das Wirtschaftssystem. Die hier anzutreffenden Organisationen in der Form von gewinnorientierten Unternehmen finden durch die spezifischen Rahmenbedingungen des freien Marktes und seiner staatlichen Regulierung einerseits besonders gute Voraussetzungen für ihr Entstehen und Wachsen vor, andererseits sind sie konkurrenzbedingt in hohem Maße mit der permanenten Sicherung ihrer Überlebensfähigkeit konfrontiert. Insofern hat das Wirtschaftssystem eine gewisse Vorreiterfunktion für viele Arten von Organisationen in anderen Gesellschaftsbereichen. Rückblickend betrachtet haben dabei die meisten nennenswerten organisationsbezogenen Trends der vergangenen Jahre sowohl die organisationsinternen als auch organisationsübergreifenden Anwendungen von Kooperation und Vernetzung gefördert oder sind selbst das Ergebnis dieser Anwendungen. Das Prinzip der Geschäftsfeldgliederung mit seiner internen Segmentierung nach Business Units, Cost Centers und Profit Centers hat eine Vervielfachung der Organisation in der Organisation (Wimmer 2004, 109ff.) bewirkt, die nicht nur die Konkurrenz sondern auch die Kooperation zwischen diesen neuen Subeinheiten und zwischen Subeinheiten und Gesamtunternehmen begünstigt. Die damit einhergehende Flexibilisierung von organisationsinternen Strukturen und Prozessen begünstigt eine ergebnis- und lernorientierte Optimierung von Leistungsprozessen und führt zur Herausbildung von diversen internen Netzwerkphänomenen wie etwa

Innovationszirkel, Intranet-Plattformen, Communities of Practice und vieles mehr. Die kontinuierliche Verflachung der Hierarchien fördert Teamarbeit und Projektorganisation sowie ein neues kooperatives Führungsverständnis. Die Konzentration auf die eigenen Kernkompetenzen begünstigt den Aufbau von unternehmensübergreifenden strategischen Allianzen, Kooperationsprojekten und Netzwerkinitiativen entlang der gesamten Wertschöpfungskette. Kunden- und Serviceorientierung bewirken eine erhöhte Sensibilität für die Veränderungen im relevanten Umfeld und den Aufbau von entsprechend flexiblen und reaktionsschnellen Kommunikations- und Entscheidungsstrukturen. Die Vervielfachung der Organisation nach innen vermehrt gleichzeitig die Kontaktmöglichkeiten gegenüber den relevanten Umwelten der Organisation und damit auch ihre Vervielfältigung nach außen.

Die klassische, zentral gesteuerte Organisation wird sich vermutlich noch längere Zeit behaupten, doch sie wird sich an die Herausforderungen der neuen Zeit anpassen und dabei werden immer öfter und immer nachhaltiger völlig neue Organisationsmodelle entstehen. Brafman und Beckström (2007) unterscheiden zwei Kategorien von Organisationen – die traditionellen, zentral gesteuerten »Spinnen«, die sich auf starre Hierarchien und Befehlsketten von oben nach unten, vom Kopf zu den Beinen, verlassen, und die neuartigen, »kopflosen«, dezentral gesteuerten »Seesterne«, die sich auf das kreative Potenzial von Beziehungen unter Gleichgestellten und fraktalen Einheiten stützen. Seesterne zeichnen sich durch ihre nahezu uneingeschränkte Regenerierbarkeit aus. Jeder Teil des Seesterns enthält den Bauplan des gesamten Systems. Da jeder einzelne Arm alle wichtigen Organe enthält, können fehlende Arme jederzeit einfach wieder ergänzt werden und es können sogar einzelne Arme weiterleben und den Rest ergänzen. Die Zukunft der Organisation scheint in ähnlicher Weise in ihrer weiteren Ausdifferenzierung in selbstständig und eigenverantwortlich handelnde Fraktale zu liegen, die durch Selbstähnlichkeit, Selbstorganisation, Aufgabenorientierung und Flexibilität gekennzeichnet sind. In diesem neuen Paradigma gewinnen Kooperations- und Vernetzungsprinzipien sowohl innerhalb der Organisation als auch gegenüber ihren relevanten Umwelten eine hohe Gestaltungsbedeutung. Folgt man dem Ashbyschen Gesetz der erforderlichen Varietät (1956), bleibt einer Organisation auch gar nichts anderes übrig, als auf die wachsende Komplexität ihrer Umwelt mit der Erhöhung ihrer eigenen Komplexität zu reagieren, indem sie ihre Kommunikations-, Handlungs- und Wirkungsmöglichkeiten steigert. Denn je größer die Komplexität eines Systems ist, desto mehr kann es die Komplexität seiner Umwelt durch Steuerung vermindern.

Kooperation und Netzwerk:
Zwei Antworten auf die Krise der Organisation

Unter einer Kooperation versteht man gemeinsames Handeln von mindestens zwei Akteuren zum Zweck einer besseren Zielerreichung. Nach dem Motto »Gemeinsam sind wir stärker« bringt jeder an einer Kooperation beteiligte Akteur besondere Fähigkeiten ein, um so von der Zusammenarbeit mit anderen Akteuren zu profitieren. Die gemeinsame Leistungsfähigkeit soll dadurch größer werden als die Summe der einzelnen Leistungen. Genau darin besteht der Mehrwert einer Kooperation, der auch als Synergieeffekt bezeichnet wird. Der Begriff stammt ursprünglich aus dem Griechischen und bezeichnet das Zusammenwirken von Lebewesen, Stoffen oder Kräften im Sinne von »sich gegenseitig fördern«.

Kooperationen zeichnen sich daher meist durch mehrere besondere Merkmale aus (Payer 2008): Zunächst haben Kooperationen ebenso wie Organisationen sowohl eine Prozess- als auch eine Strukturdimension. Zumindest für die Dauer der Zusammenarbeit entsteht ein neues soziales System mit einer besonderen Entwicklungsdynamik, Gestaltbarkeit und auch Unberechenbarkeit. Im Unterschied zu Organisationen sind Kooperationen jedoch zeitlich befristet. Weiterhin haben Kooperationen eine klar definierte Anzahl von Kooperationspartnern. Es besteht Klarheit darüber, wer an der Kooperation teilnimmt. Jedem einzelnen Partner ist bekannt, welche weiteren Partner ebenfalls beteiligt sind. Die Partner einer Kooperation sind durch ein gemeinsames Ziel verbunden, dass die einzelnen Partner für sich alleine nicht erreichen können. Auch sind Kooperationen eine Vereinbarung unter Unsicherheit. Die Teilnehmer haben keine Sicherheit darüber, ob sich ihre Erwartungen im Hinblick auf das gemeinsam gesetzte Ziel erfüllen werden. Ob die Kooperation gelingt, wird sich erst im praktischen Zusammenarbeiten erweisen. Kooperationen haben daher stets einen gewissen experimentellen Charakter. Im Unterschied zu Leistungsvereinbarungen, etwa in Form von Lieferverträgen, ist das Ergebnis der Zusammenarbeit im Vornherein nicht eindeutig bestimmbar. Es kann nicht eingeklagt werden. Eine Kooperation ist daher mehr als ein reines Tauschgeschäft. Denn während beim Tausch von Leistung gegen Leistung, bzw. Geld, den beteiligten Akteuren in der Regel sehr klar ist, was sie für ihre Leistung erhalten, sind Kooperationen durch eine mehr oder weniger hohe Ergebnisunsicherheit gekennzeichnet. Um diese Unsicherheit möglichst gering zu halten, orientieren sich die Kooperationspartner in ihrem gemeinsamen Handeln an ihren jeweiligen Stärken. Der erwartete Mehrwert der Kooperation entsteht erst in der spezifischen

Zusammensetzung von besonderen Fähigkeiten, Kompetenzen, Erfahrungen und Ressourcen. Mit dieser für Kooperationen typischen Stärkeorientierung eng verbunden ist schließlich die lediglich partielle Kopplung der beteiligten Partner. Sie bringen eben nur ihre für die konkrete Zielerreichung erforderlichen Stärken ein, aber nicht mehr und schon gar nicht sich selbst als Ganzes. Kooperation vermeidet den uneingeschränkten Zugriff auf sämtliche Fähigkeiten und Stärken der einzelnen Partner, damit ihre Autonomie als weiteres wesentliches Merkmal erhalten bleiben kann. Spätestens bei diesem Punkt wird klar, dass die Entscheidung zugunsten einer Kooperation selten die Option einer friedlichen Harmonisierung bedeutet, sondern vielmehr mit handfesten Kosten- und Nutzenüberlegungen und einem dementsprechend hohen Konfliktpotenzial verbunden ist. Kooperationen eröffnen stets das Fenster zu allen übrigen Fähigkeiten der Partner, die von der konkreten Kooperationsvereinbarung nicht erfasst sind. Kooperation ist somit immer auch Konkurrenz in eben anderer Form.

Kooperationen sind kein neues Phänomen, es hat sie schon immer gegeben. Ihre Häufigkeit und Vielfalt sowohl in binnen- als auch in transorganisationalen Kontexten hat jedoch deutlich zugenommen, und damit einhergehend verändern sich auch die anzutreffenden Formen der Kooperation (Motamedi 2010; Roehl/Rollwagen 2004). Kooperationen werden offener, die Anzahl und Zusammensetzung der Akteure variiert im Verlauf einer Kooperation. Die Ziele und die Durchführung von Kooperationen werden flexibler gehalten. Dem gemeinsamen Lernen wird mehr Raum gegeben. Kooperationen innerhalb von Organisationen und zwischen Organisationen werden dabei regelmäßig in Form von Projekten durchgeführt. Die beschriebenen Eigenschaften von Kooperationen legen es in den meisten Fällen nahe, die gemeinsamen Ziele durch ein entsprechendes Kooperationsprojekt zu erreichen. Dennoch sollten Kooperationen nicht pauschal mit Projekten gleichgesetzt werden, dagegen sprechen die oft negativen Erfahrungen im Verhältnis zwischen Linienorganisation und der Arbeit und den Ergebnissen von Projekten.

Netzwerke sind im Vergleich zu Kooperationen und Organisationen in mehrerlei Hinsicht etwas deutlich anderes. Eine grundlegende Differenz liegt in den unterschiedlichen Bedingungen der Zugehörigkeit und damit auch der Erreichbarkeit der beteiligten Akteure, unabhängig davon, ob es sich um Personen, Projektteams, Organisationseinheiten, Organisationen oder Organisationsverbünde handelt (Aderhold 2005; Aderhold/Wetzel 2004; Baecker 2008; Boos/Exner/Heitger 1992; Karafillidis 2009; Payer 2008; Reichel/Scheiber 2009). Denn während in Organisationen und Kooperationen aufgrund von entsprechenden, meist sogar äußerst strikten Vereinbarungen sehr klar unterschieden werden kann, wer dabei ist und wer nicht, ist diese Grenzziehung in offenen Netzwerken nicht mehr so eindeutig möglich. In einer systemtheoretischen Betrachtung gibt es keine Grenze zwischen Netzwerk und Umwelt, weil nicht ausreichend geklärt werden kann, woraus das Netzwerk überhaupt besteht. Selbst die aufwändigste Visualisierung mittels sozialer Netzwerkanalyse oder ähnlichen Tools bleibt immer nur eine Momentaufnahme. Schon im nächsten Moment kann alles ganz anders sein. Netzwerke könnten insofern als fortdauernde Kommunikation über ihre Grenzen verstanden werden, die jedoch niemals zu einem eindeutigen Ergebnis führen. Statt wie auch immer formalisierbarer Mitgliedschaften bieten Netzwerke lediglich die Möglichkeit von Beziehungen zu anderen Akteuren. Der überwiegende Großteil der in der Managementliteratur beschriebenen Fallbeispiele für Unternehmensnetzwerke behandelt daher genau genommen keine offenen Netzwerke, sondern Unternehmenskooperationen mit eindeutig identifizierbaren Kooperationspartnern.

Die Teilnehmer in Netzwerken sind nicht Mitglieder per Dienstvertrag oder Kooperationsvereinbarung, sondern mehr oder weniger interessierte User, soweit ihnen die Zugänglichkeit eines Netzwerks und damit die Erreichbarkeit von anderen Akteuren nicht durch sprachliche, kulturelle oder technische Barrieren, wie etwa die Verfügbarkeit eines Internetzugangs, mehr oder weniger stark eingeschränkt wird. Die aktuellen und potenziellen Beziehungen zwischen den aktuell und potenziell erreichbaren Akteuren konstituieren das Netzwerk. Dabei kommt es nicht darauf an, ständig miteinander in Verbindung zu stehen, vielmehr kommt es darauf an, potenzielle Verbindungen für einen aktuellen oder in Zukunft zu erwartenden Anlassfall zu nutzen. Netzwerke wandeln potenzielle Beziehungen in tatsächliche Beziehungen um. Sie sind ein Beziehungspool, eine soziale Infrastruktur, die nur im Bedarfsfall genutzt wird. Diese weitgehende Offenheit, die in Kooperationen und Organisationen völlig kontraproduktiv wäre, ermöglicht eine enorme Beweglichkeit und Rekombinierbarkeit von Knoten und Verbindungen und stellt die wesentliche Quelle der Flexibilität und Kreativität von Netzwerken dar. Vereinfacht gesagt macht hier jeder, was er will, und muss dafür niemandem außer sich selbst Rechenschaft ablegen. Netzwerke produzieren, wenn sie funktionieren, die Heterogenität, von der sie leben. Sie werden zwar immer wieder dazu neigen, zentrale Knoten hervorzubringen, die Orientierung für alle liefern, »aber jede Zentrale würde wieder genau die Homogenität produzieren, die den Erfolg des Netzwerks in Frage stellt« (Baecker 2008). Oder mit anderen Worten: Je mehr Struktur und Geschlossenheit in einem Netzwerk entsteht, umso mehr verspielt es sein Beziehungskapital.

Andererseits haben Netzwerke den Nachteil der geringen Verlässlichkeit und Durchschaubarkeit. Man kann sie nicht dazu bringen, gemeinsam zu handeln. Was in einer hierarchischen Organisation durch das Steuerungsprinzip der Weisung und in einer wechselseitigen Kooperation durch das Steuerungsprinzip der Vereinbarung (GTZ 2010) noch einigermaßen möglich ist, bleibt in Netzwerken dagegen weitgehend einem dezentralisierten Modus des Experimentierens überlassen, der laufend potenzielle in aktuelle Beziehungen umwandelt.

»Es gibt kein Zentrum, keine Mitte, keine Spitze. Das heißt, es gibt auch keine Möglichkeit des Umsturzes, des gesteuerten Organisationswandels, der Durchsetzung gemeinsamer Projekte. Damit sind entsprechende Orientierungsverluste verbunden: Wenn man in klassischen Organisationen nicht weiß, wo es lang geht, kann man immer noch eine Revolution anzetteln, Reformen anregen, ein Projekt lancieren, mit dem sich dann alle beschäftigen müssen. In Netzwerken kann man Orientierungsverluste nur durch eigene Arbeit auffangen.« (Baecker 2008)

Damit eng verbunden ist der offenkundige Mangel an gemeinsamer Zielsetzung und Ergebnisorientierung, der sich aus der Potenzialität der Beziehungen zwangsläufig ergibt. Wo es keine dauerhaften Beziehungen gibt, können gemeinsame Ziele kaum entstehen oder bleiben unsichtbar. Falls sie doch entstehen und auch erreicht werden wollen, begünstigt ein Netzwerk die rasche und unkomplizierte Bildung von Kooperationen auf der Grundlage von Vereinbarungen. Ein Netzwerk ist immer auch ein Milieu für frei fließende Kreativität und Experimente aller Art, wobei im Gegensatz zu Organisation und Kooperation wenig bis kein Erfolgsdruck herrscht. Die anderen Knoten können beobachten und aus den Fehlern und Erfolgen der Experimente lernen. Misserfolge haben kaum negative Auswirkungen auf die nicht beteiligten Knoten. Erfolge werden dagegen rasch kopiert und stets aufs Neue variiert. Insofern bildet ein Netzwerk regelmäßig eine Kooperation höherer Ordnung, eine Art von Meta-Kooperation, die, ausgehend von den erfolgreichen Kooperationen, wiederum neue Kooperationen und damit neue Beziehungsmöglichkeiten reproduziert (Payer 2008).

Auf diese Weise können Netzwerke oder Teile davon jederzeit in die Formen der Kooperation und der Organisation kippen. Mit jeder Formalisierung und Verstetigung von Kontakten wächst die Wahrscheinlichkeit der Strukturbildung – sei es in Form eines Kooperationsprojekts, eines Expertenforums, einer Bürgerinitiative oder einer Unternehmensgründung. Netzwerke neigen insbesondere mit zunehmender Attraktivität zur allmählichen Steigerung ihres

Organisationsgrades, denn ebenso wie technisch-materielle Infrastrukturen, wie etwa Straßen, Bahnlinien, Brücken und Leitungen, benötigen auch soziale Netzwerke einen gewissen Ressourcenaufwand für ihre Erhaltung und Entwicklung. Früher oder später stellt sich in jedem Netzwerk die Frage: »Wie viel Organisation braucht die Vernetzung?« (Payer 2002). In Unternehmensnetzwerken, beispielsweise in der Form von regionalen Business-Clustern, bilden sich meist eine zentrale Serviceeinheit und eine Vielzahl von kleineren und straff geführten Unternehmenskooperationen heraus. Die netzwerkartige Open-Source-Entwicklung des Firefox-Browsers entsteht beispielsweise im Zusammenwirken der Organisation der Mozilla Foundation mit unzähligen Add-On-Entwicklern, Kunden und Werbepartnern. Wikipedia wächst im netzwerkartigen Zusammenwirken von Usern, Administratoren und der Organisation der Wikimedia-Foundation (Reichel/Scheiber 2009). Die netzwerkartige Koordination der Al-Qaida entsteht aus der Kombination von völliger Dezentralität und straff geführten autonomen Zellen. Bei näherer Betrachtung verfügen Netzwerke oft über mehr Struktur und Zentralität als dies auf den ersten Blick erscheinen mag.

	ORGANISATION	KOOPERATION	NETZWERK
Zugehörigkeit:	formal	formal	potentiell
Mitgliederzahl:	überschaubar / unüberschaubar	überschaubar	unüberschaubar
Systemcharakter:	System auf Dauer	System auf Zeit	soziale Infrastruktur
Zielorientierung:	Bestandserhaltung	Kooperationsziel	Individualziele
Fristigkeit:	unbefristet	befristet	unbefristet
System-Umwelt-Grenze:	operationalisierbar	operationalisierbar	nicht operationalisierbar
Steuerungsprinzip:	Weisung	Vereinbarung	Experiment

Abb. 1: Organisation, Kooperation, Netzwerk – Gemeinsamkeiten und Unterschiede

Die bisherigen Überlegungen zeigen, dass sich die drei Logiken der Organisation, der Kooperation und des Netzwerks trotz einiger nennenswerter Gemeinsamkeiten jedenfalls deutlich voneinander unterscheiden. Es macht einen Unterschied, ob wir von einem Netzwerk, einer Kooperation oder einer Organisation sprechen. Gleichzeitig können wir beinahe täglich beobachten, dass sie sich ergänzen, überschneiden und abwechseln. In der Veränderung jeder der drei Formen eröffnet sich wiederum die Möglichkeit zur Transformation in eine der beiden anderen Formen bzw. zur Herausbildung von Mischformen.

Landkarte der drei Logiken

Eine Möglichkeit zur besseren Orientierung in den fließenden Übergängen der drei Logiken bietet das Konzept der Kopplung in sozialen Systemen. Netzwerke werden häufig als eine Menge von Knoten (Elementen, Akteuren) beschrieben, die durch Beziehungen miteinander verbunden sind. Diese Beschreibung alleine macht noch keinen Unterschied, denn sie trifft ebenso auf Kooperationen und Organisationen zu. Betrachtet man jedoch die Intensität der Kopplung zwischen den Elementen und zwischen den Beziehungen der Elemente, lässt sich jede beliebige Mischform und jede Fließbewegung zwischen den drei Logiken wie in einer Landkarte verorten.

Die Unterscheidung von loser und fester Kopplung (Weick 1976; Orton/Weick 1990) ist ein bewährtes Mittel in der Analyse von sozialen Strukturen. Simon (2004, 67 ff.) hat das Instrumentarium verfeinert, indem er nicht nur zwischen loser und fester Kopplung, sondern zusätzlich zwischen der Kopplung von Akteuren und Aktionen unterscheidet. So wie zum Beispiel in einer Theateraufführung zwischen dem Drehbuch und den Schauspielern oder bei einem Fußballspiel zwischen den Spielregeln und den Spielern unterschieden wird, kann für jede denkbare Spielart von sozialen Prozessen und Strukturen zwischen Akteuren und Aktionen unterschieden werden. Beide sind voneinander unabhängige, entkoppelte Dimensionen und werden erst durch den Prozess des Spielens miteinander verbunden. Dasselbe Theaterstück kann von unterschiedlichen Schauspielern gespielt, dieselben Schauspieler können unterschiedliche Stücke spielen. Spiele können in ihrer abstrakten Form als Spielregeln von den konkreten Spielern immer wieder reinszeniert und neu gestaltet werden. Die Spielregeln legen fest, welche Aktionen und Interaktionen die Spieler innerhalb des durch das Spiel vorgegebenen Rahmens möglich und nicht möglich sind. Diese Unterscheidung zwischen Spiel und Spielern bildet eine hilfreiche Grundlage für die Entwicklung dauerhafter sozialer Strukturen. Auf diese Weise lassen sich stets zwei unterschiedliche Ordnungen beobachten, die für das Verstehen und Gestalten von sozialen Strukturen hilfreich sind: Muster, die durch die Kopplung von Akteuren entstehen, und Muster, die durch die Kopplung von Aktionen entstehen. Die Gestaltungsmöglichkeiten ergeben sich daraus, die Ebene der Spielregeln und die Ebene der Spieler getrennt zu betrachten sowie die Kombination und die Kopplung von Akteuren und Aktionen zu variieren.

Die Akteure im Kontext von sozialen Strukturen können Personen, Abteilungen, Projekte oder sogar ganze Unternehmen sein. Durch die Kopplung von Akteuren entstehen Beziehungen, die durch die Kommunikation zwischen den betroffenen Akteuren wiederum bestätigt und gestaltet werden. Bei der Kopplung von Akteuren wird eine Entscheidung zugunsten einer bestimmten Kombination von Akteuren getroffen. Solange keine alternativen Entscheidungen getroffen werden, etwa durch die Bildung von internen Projektgruppen, das Outsourcing von bestimmten Organisationseinheiten oder die Fusionierung von Unternehmen, bleiben die Akteure stets dieselben, während die Aktionen variieren können.

Die Aktionen im Kontext von sozialen Strukturen umfassen alle Arten von durch informelle oder formalisierte Spielregeln festgelegten Handlungsabfolgen, wie etwa Rituale, Tagesordnungen, Fahrpläne, Arbeitsschritte, Prüfverfahren, Produktionsprozesse oder Wertschöpfungsketten. Formalisierte Spielregeln in der Form von Kochrezepten, Drehbüchern oder Verfahrensrichtlinien sorgen dafür, dass die gewünschten Ergebnisse von Aktionen mit hoher Sicherheit erzielt werden, unabhängig davon, wer die Akteure sind. Auch die Kopplung von Aktionen braucht Kommunikation. Allerdings geht es dabei nicht um die Sicherstellung von konkreten Beziehungen zwischen konkreten Akteuren, sondern um die Sicherstellung von konkreten Ergebnissen durch konkrete Aktionen. Wo es um ein besonders hohes Maß an Berechenbarkeit und Standardisierung, wie z. B. in vollautomatisierten Fliessbandproduktionen, geht, braucht es eine besonders starke Kopplung von Aktionen. Je formalisierter die Spielregeln, umso austauschbarer werden dabei die Akteure. Bei der Kopplung von Aktionen können daher die Akteure variieren, während die Aktionen die gleichen bleiben.

Wenn man die drei Möglichkeiten der Kopplung zwischen Akteuren, zwischen Aktionen sowie zwischen Akteuren und Aktionen in einem Koordinatensystem darstellt, entsteht eine übersichtliche Landkarte für die Positionierung von unterschiedlichen Sozialformen. Dabei eröffnet sich ein weites Spektrum an Variationen von festeren bis loseren Beziehungen und damit von starreren bis flexibleren Strukturen. Wie jede Landkarte enthält auch diese hier keine Wertung. Jede Positionierung auf der Landkarte ist das Ergebnis der bisherigen Geschichte, der aktuellen Bedingungen und künftigen Herausforderungen der jeweils betrachteten Logik.

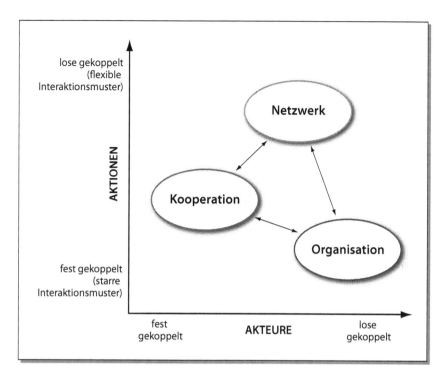

Abb. 2: Landkarte der drei Logiken

Organisationen zeichnen sich meist durch die festere Kopplung von Aktionen bei gleichzeitig loserer Kopplung von Akteuren aus. Organisationen verfügen über mitunter sehr starre und in hohem Maße standardisierte Verfahrensregeln, während die lose Kopplung von Akteuren so weit gehen kann, dass die Mitarbeiter austauschbar werden. Im Unterschied dazu zeichnen sich Netzwerke durch eine deutlich losere Kopplung von Aktionen aus. Es gibt kaum bis keine vorgegebenen Regeln des Zusammenspiels. Dagegen sind die Akteure im Netzwerk meist stärker gekoppelt, denn ihre Beziehungen, bzw. die Potenzialität ihrer Beziehungen, haben für den Erhalt eines Netzwerks einen größeren Stellenwert als dies bei Organisationen üblicherweise der Fall ist. In Netzwerken stehen die Einzigartigkeit der Beziehungspartner und ihr besonderes Beziehungspotenzial im Vordergrund. Nicht umsonst spricht man von »Beziehungsnetzwerken«. Kooperationen schließlich sind im Unterschied zu Organisationen und Netzwerken durch eine sowohl festere Kopplung von Aktionen als auch festere Kopplung von Akteuren gekennzeichnet. Beides ist notwendig, damit Kooperationen ihre Ziele erreichen können. Zuviel

Handlungsflexibilität bringt eine Kooperation ebenso wenig weiter wie ein häufiger Wechsel der Kooperationspartner.

Die Landkarte der drei Logiken macht zugleich deutlich, dass eine exakte Trennlinie zwischen Kooperation, Netzwerk und Organisation in der Praxis kaum gezogen werden kann und auch keinen praktischen Nutzen stiften würde. Vielmehr handelt es sich um fließende Übergänge zwischen den drei Formen, die vergleichbar mit Ökosystemen hoher Biodiversität unzählige Variationen von netzwerkartigen Organisationen, organisationsähnlichen Kooperationen und kooperationsfördernden Netzwerken entstehen lassen. Insofern weist die Landkarte darauf hin, dass jede einzelne Form bereits das Potenzial der beiden anderen Formen in sich birgt. Organisation, Kooperation und Netzwerk entsprechen drei Perspektiven der Kopplung von Akteuren und Aktionen, die wir häufig gleichzeitig beobachten, erleben und gestalten können (Bauer-Wolf/Payer 2010). Man kann die Landkarte also auch wie eine 3-D-Brille benutzen, die uns darin unterstützt, die aktuellen Anteile aller drei Dimensionen sowie ihrer Wechselwirkungen zu erkennen.

So kann beispielsweise ein mittelständisches Unternehmen der Beratungsbranche gleichzeitig Organisation, Kooperation und Netzwerk sein. Das Unternehmen ist in der Rechtsform einer Gesellschaft mit beschränkter Haftung eine Organisation mit weitgehend klaren Systemgrenzen, internen Spielregeln der Arbeitsteilung und auf dauerhaften Bestand ausgerichtet. Die Berater des Unternehmens gehen in stets wechselnden Zusammensetzungen laufend auftragsbezogene, zeitlich begrenzte Kooperationen miteinander ein, die zum überwiegenden Großteil als kleinere bis größere Beratungsprojekte abgewickelt werden. Damit das tagtägliche Zusammenwirken von interner Kooperation und interner Konkurrenz in einer letztlich auch für die Kunden gewinnbringenden Balance bleibt, orientieren sich die Berater an einer gemeinsamen Kooperationsvereinbarung, die einige essenzielle Spielregeln für das gemeinsame Geschäft festlegt. Gleichzeitig konfiguriert sich das Unternehmen ganz bewusst auch in der Form eines offenen Netzwerks, indem bei Auftragsprojekten immer wieder auch Kooperationen mit externen Einzelberatern, Beratungs- oder anderen Dienstleistungsunternehmen eingegangen werden, die das Leistungsangebot durch deren spezielle Kompetenzen sinnvoll ergänzen. Umgekehrt werden die Berater unseres Beispielunternehmens aufgrund ihrer speziellen Fähigkeiten häufig auch für die Auftragsarbeiten anderer Beratungsunternehmen, mitunter sogar Mitbewerbern, hinzugezogen. Auf diese Weise wird ein permanenter wechselseitiger Know-how-Transfer mit der relevanten Umwelt des Unternehmens ermöglicht, bei dem der zu erwartende Know-how-Gewinn das offenkundige Risiko von Know-how-Verlust überwiegen sollte – womit wir wiederum in der Perspektive der Organisation angekommen sind.

Resümee

Organisation, Kooperation und Netzwerk sind drei Sozialformen, die sich hinsichtlich mehrerer Merkmale zwar deutlich voneinander unterscheiden, aber keineswegs ausschließen. Ganz im Gegenteil können wir täglich beobachten, wie sehr sie sich überschneiden, ergänzen und dabei permanent neue Mischformen entstehen lassen. Insbesondere die in dem Dreieck angelegten grundlegenden Widersprüche zwischen Offenheit und Geschlossenheit, zwischen Eigenständigkeit und Abhängigkeit, zwischen gemeinsamen Interessen und Einzelinteressen, zwischen Kooperation und Konkurrenz, zwischen kurzfristiger Ergebnisorientierung und langfristiger Bestandssicherung, zwischen loser und fester Kopplung, zwischen Akteuren und Aktionen verdienen eine stärkere Beachtung. Für die Steuerung, das Management und die Beratung von Organisationen, Kooperationen und Netzwerken empfiehlt sich daher eine grundlegend stärkere Integration der drei jeweils zugrunde liegenden Logiken, denn ihre Kombination eröffnet ein breites Diagnose- und Gestaltungspotenzial. Die praktischen Anwendungsmöglichkeiten für die Umsetzung dieser Einsicht bestehen auf mehreren Ebenen. So spricht einiges dafür, das Führungsverständnis in Organisationen, Kooperationen und Netzwerken nicht länger auf nur eine der drei Steuerungslogiken zu konzentrieren, sondern vielmehr alle drei Logiken in einem dem jeweiligen Kontext angemessenen Verhältnis von Delegation, Vereinbarung und Experiment zu vereinen. In der Aus- und Weiterbildung von Managern und Beratern wäre ebenfalls eine deutliche Erweiterung des bisherigen Fokus auf die Organisation um eine entsprechende Integration der beiden Dimensionen der Kooperation und des Netzwerks anzuraten.

Die naheliegende Herausforderung besteht darin, einen quasi dreidimensionalen Blick für die Gleichzeitigkeit der drei Logiken zu entwickeln und die dadurch vermehrten Handlungs- und Gestaltungsoptionen zu nutzen – unabhängig davon, ob es sich nun gerade um eine Organisation, eine Kooperation oder ein Netzwerk handelt.

Literatur

ADERHOLD, J. (2005) Unternehmen zwischen Netzwerk und Kooperation. Theoretische und pragmatische Folgerungen einer übersehenen Unterscheidung. In: Aderhold, J. / Meyer, M. / Wetzel, R. (Hg.) Modernes Netzwerkmanagement. Anforderungen – Methoden – Anwendungsfelder. Wiesbaden: Gabler, 113-142

ADERHOLD, J. / WETZEL, R. (2004) Kopierfehler beim Beobachten. Die »Organifizierung« des Netzwerkes als Problem. In: *Organisationsentwicklung*, 23, 3: 22-29

ASHBY, W.R. (1956) An Introduction to Cybernetics. New York: Wiley

BAECKER, D. (2007) Studien zur nächsten Gesellschaft. Frankfurt a. M.: Suhrkamp

BAECKER, D. (2008) Nie wieder Vernunft. Kleinere Beiträge zur Sozialkunde. Heidelberg: Carl-Auer-Systeme

BAUER-WOLF, S. / PAYER, H. (2010) Beratung von Netzwerken – oder: Wen oder Was beraten wir eigentlich? In: *Gruppendynamik und Organisationsberatung. Zeitschrift für angewandte Sozialpsychologie*, 41, 2: 91-105

BOOS, F. / EXNER, A. / HEITGER, B. (1992) Soziale Netzwerke sind anders. In: *Organisationsentwicklung*, 11,1: 54-61

BRAFMAN, O. / BECKSTRÖM, R. A. (2007) Der Seestern und die Spinne. Die beständige Stärke einer kopflosen Organisation. Weinheim: Wiley

CASTELLS, M. (2001) Der Aufstieg der Netzwerkgesellschaft. Opladen: Leske & Budrich

DEUTSCHE GESELLSCHAFT FÜR TECHNISCHE ZUSAMMENARBEIT GMBH (2010) Capacity WORKS. The Management Model for Sustainable Development. Eschborn: GTZ

KARAFILLIDIS, A. (2009) Entkopplung und Kopplung. Wie die Netzwerktheorie zur Untersuchung sozialer Grenzen beitragen kann. In: Häußling, R. (Hg.), Grenzen von Netzwerken. Wiesbaden: VS Verlag für Sozialwissenschaften

MESSNER, D. (1995) Die Netzwerkgesellschaft. Wirtschaftliche Entwicklung und internationale Wettbewerbsfähigkeit als Probleme gesellschaftlicher Steuerung. Köln: Weltforum Verlag

MOTAMEDI, K. (2010) Über Branchen, Kulturen und Organisationen hinweg. Die Stärke transorganisationaler Beratung. In: *Organisationsentwicklung*, 29, 2: 45-52

ORTON, J. D. / WEICK, K. E. (1990) Loosely Coupled Systems: A Reconceptualization. In: *The Academy of Management Review*, 15, 2: 203-223

PAYER, H. (2002) Wie viel Organisation braucht Vernetzung? Entwicklung und Steuerung von Organisationsnetzwerken mit Fallstudien aus der Cluster- und Regionalentwicklung. Wien: Universität Klagenfurt

PAYER, H. (2008) Netzwerk, Kooperation, Organisation – Gemeinsamkeiten und Unterschiede. In: Bauer-Wolf, S. / Payer, H. / Scheer, G. (Hg.) Erfolgreich durch Netzwerkkompetenz. Handbuch für Regionalentwicklung. Wien, New York: Springer. 5-22

PERROW, C. (1989) Eine Gesellschaft von Organisationen. In: *Journal für Sozialforschung*, 28: 3-19

REICHEL, A. / SCHEIBER, L. (2009) What's next? Die Organisation der nächsten Organisation. In: Wetzel, R. / Aderhold, J. / Rückert-John, J. (Hg.) Die Organisation in unruhigen Zeiten. Über die Folgen von Strukturwandel, Veränderungsdruck und Funktionsverschiebung. Heidelberg: Carl-Auer-Systeme

ROEHL, H. / ROLLWAGEN, I. (2004) Club, Syndikat, Party – wie wird morgen kooperiert? In: *Organisationsentwicklung*, 23, 3: 30-41

SCHIMANK, U. (2005) Organisationsgesellschaft. In: Jäger, W. / Schimank, U. (Hg.) Organisationsgesellschaft. Facetten und Perspektiven. Wiesbaden: VS Verlag. 19-50

SIMON, F. B. (2004) Gemeinsam sind wir blöd!? Die Intelligenz von Unternehmen, Managern und Märkten. Heidelberg: Carl-Auer-Systeme

WEICK, K. E. (1976) Educational organizations as loosely coupled systems. In: *Administrative Science Quarterly*, 21, 1: 1-19

WIMMER, R. (2004) Organisation und Beratung. Systemtheoretische Perspektiven für die Praxis. Heidelberg: Carl-Auer-Systeme

Netzwerkbeziehungen:
Zwischen (blindem) Vertrauen und (umfassender) Kontrolle

Achim Loose

Die sozialen Beziehungen und Handlungspraktiken von Akteuren in personalen oder interorganisationalen Netzwerken stehen in der Regel unter dem Generalverdacht der Kooperation. Wer kooperiert, sich in einem Netzwerk auf andere einlässt und hierbei immer auch in diverse Kommunikationszusammenhänge eintritt, tut dies (zumeist) in kooperativer Absicht. Konkret verweist diese Intention auf ein Geben und Nehmen, auf Gegenseitigkeit und Reziprozität, auf fairen Austausch und – nicht zuletzt – auf Vertrauen. Die hier zunächst naiv unterstellte Fairness-Idee muss in der Kooperationspraxis aber keineswegs maßgeblich für das Engagement im Netzwerk sein. Ebenso können utilitaristische Motive der eigenen Vorteilsnahme, der Informationsgewinnung ohne Preisgabe eigener Kenntnisse, der Suche nach den Schwächen potenzieller Konkurrenten sowie Versuche der einseitigen Einflussnahme und Kontrolle relevanter Ressourcen eine zentrale Rolle spielen.

Umgangssprachlich bezeichnen die Begriffe Vertrauen und Kontrolle etwas sich wechselseitig Ausschließendes: »Vertrauen ist gut, Kontrolle ist besser« stellt eine geläufige Redewendung zu diesem Verhältnis fest. Entweder wird in eine (Netzwerk-)Beziehung vertraut oder es wird kontrolliert, es wird also vertrauensvoll oder kontrollorientiert miteinander umgegangen. Andererseits – so argumentieren Gondek/Heisig/Littek (1992) – schließen sich Vertrauen und Kontrolle keineswegs aus. Vertrauen wird von ihnen vielmehr als Konzept zur organisatorischen Umsetzung einer als notwendig erkannten Kontrolle und einer effizienten Abwicklung des Arbeitsprozesses eingeführt. Auch von anderen Autoren wird Vertrauen als eine besondere Form der Kontrolle thematisiert, die als effizienter Kontrollmechanismus neben Preise (Markt) und Autorität (Hierarchie) treten kann (Bradach/Eccles 1989, 98). Grundsätzlich ist mit Vertrauen und Kontrolle ein Spannungsverhältnis angesprochen, welches sich aus dem Faktum der »doppelten Kontingenz« (Luhmann 1984) ergibt.[1] Die Kontingenzerfahrung, die Erfahrung, dass alles auch ganz anders eintreten kann als es von den Akteuren erwartet wird, betont mit Blick auf Vertrauen auch Anthony Giddens (1990, 34), wenn er feststellt, dass »trust always carries the connotation of reliability in the face of contingent outcomes whether these concern the action of individuals or the operation of systems«.

Bezüglich der Frage nach dem *Vertrauensgegenstand*, das heißt wem oder was vertraut wird, unterscheidet Giddens zwischen dem Vertrauen in Personen und/oder in abstrakte Systeme. Vertrauen – so formuliert er (1990, 33 f.) – »may be defined as confidence in the reliability of a person or system, regarding a given set of outcomes or events, where that confidence expresses a faith in the probity or love of another, or in the correctness of abstract principles (technical knowledge)«. Hinsichtlich der *Quellen des Vertrauens* kann – so Zucker (1986) – zwischen eigenschaftsbasierten sowie prozess- und institutionenbasierten Ursprüngen unterschieden werden. Das eigenschaftsbasierte Vertrauen gründet auf generalisierbaren personalen Eigenschaften wie Alter, Geschlecht oder der Zugehörigkeit zu einer bestimmten ethnischen

Gruppe, während prozessbasiertes Vertrauen auf den konkreten (positiven) Erfahrungen der Akteure mit sozialen – und damit auch ökonomischen – Austauschprozessen aufbaut. Institutionenbasiertes Vertrauen reicht sowohl über konkrete Austauschpartner als auch über konkrete Austauscherfahrungen hinaus und entwickelt sich unter Bezugnahme auf formale Bildungs- und Berufsabschlüsse, Zertifikate, Gütesiegel, Lizenzen sowie Vereins- oder Verbandsmitgliedschaften.

		VERTRAUENSQUELLE		
		ERFAHRUNGEN	EIGENSCHAFTEN	INSTITUTIONEN
VERTRAUENSOBJEKT	Person	Positive Erfahrungen mit Personen in Austauschbeziehungen	Vertrauensrelevante Eigenschaften von Personen	Regelungen interpersonaler Austauschbeziehungen
	System	Positive Erfahrungen mit Systemen in Austauschbeziehungen	Vertrauensrelevante Eigenschaften sozialer Systeme	Regelungen interorganisationaler Austauschbeziehungen

Abbildung 1: Konstitutionsbedingungen von personalem Vertrauen und Systemvertrauen

Kompetente Akteure sind – dies wird in den folgenden Überlegungen vorausgesetzt – immer, wenn auch begrenzt, in der Lage, selbstbestimmt und eigensinnig zu handeln, sodass sie das vermeintlich bei den Interaktionspartnern vorhandene Wissen über ihre Erwartungen, Reaktions- und Handlungsmöglichkeiten auch enttäuschen können. In der Regel geht es hierbei nicht um ein umfassendes, grenzenloses Vertrauen in das Vorgehen, die Fähigkeiten oder die Kooperationsbereitschaft der Partner. Vielmehr wird, und das ist im Besonderen für Netzwerkbeziehungen bedeutsam, immer nur hinsichtlich bestimmter Ereignisse oder Ergebnisse vertraut, die die Akteure in der Lage sind hervorzubringen (Loose/Sydow 1994; Sydow/Windeler/Krebs/Loose/van Well 1995).

Vertrauen stellt – dies demonstrieren unter anderem spieltheoretische Analysen (Axelrod 2009; Wurche 1994) – eine notwendige Bedingung kooperativen Handelns dar. Damit Vertrauen entstehen und bestehendes Vertrauen reproduziert werden kann, müssen bestimmte Bedingungen und Voraussetzungen erfüllt sein, die es den Akteuren ermöglichen, vertrauensvoll zu handeln und Vertrauensbeziehungen rekursiv zu stabilisieren. Sofern Vertrauen nicht als unintendierte Folge intentionalen Handelns im Kooperationsprozess entsteht, muss ein Akteur, der am Aufbau einer Vertrauensbeziehung zu anderen interessiert ist, erstens abschätzen können, was andere als eine vertrauensvolle Handlung erkennen und akzeptieren würden. Zweitens muss er selbst unter Bezugnahme auf spezielle Ressourcen in der Lage sein, vertrauensvoll zu handeln. Hierbei können materielle, finanzielle und ideelle (Vor-)Leistungen für die Kooperationspartner eine wichtige Rolle spielen. Drittens muss der Vertrauende einschätzen können, wie wichtig und bedeutungsvoll der Aufbau einer solchen Beziehung für die anderen ist und ob diese überhaupt an einer derartigen Beziehung, die immer auch gegenseitige Abhängigkeiten erzeugt, Interesse haben. Besteht dieses wechselseitige Interesse (noch) nicht, muss (zunächst) einseitig vertraut werden. Darüber hinaus muss derjenige, dem vertraut wird, die vertrauensvolle Handlung als eine solche erkennen, diese annehmen und entsprechend – das heißt erwartungsgemäß – darauf reagieren können. Er muss das gegebene Vertrauen, wenn er will, bestätigen können. Und viertens ist es von besonderer Bedeutung, wie vertrauensvollkooperatives Handeln für die beteiligten Akteure zu einer Strategie wird, die für beide vorteilhaft ist, und somit zur rekursiven Stabilisierung von Kooperation führen kann.

Oftmals ist die Vertrauensentscheidung, der erste Vertrauensakt sowie die Reproduktion einer Vertrauensbeziehung oder die Erwiderung bestehenden Vertrauens, nur zum Teil, falls überhaupt, das Ergebnis einer reflexiven (Vertrauens-)Kalkulation der Akteure. Die Vertrauensentscheidung gründet ebenso auf dem praktischen, das heißt diskursiv nicht zugänglichem Bewusstsein sowie auf unbewussten (Früh-)Erfahrungen in der Kindheit (z. B. bei der Entstehung von Ur-Vertrauen oder Ur-Misstrauen). Und nicht zuletzt resultiert Vertrauen aus den besonderen, zum Teil unerkannt bleibenden Bedingungen des kulturellen Handlungskontextes.

Bestehendes Vertrauen zwischen in Netzwerken kooperierenden Akteuren stellt einen besonderen Beziehungsmodus und als solcher eine eigene Ressource zur Einflussnahme auf andere Akteure dar. Bestehendes Vertrauen verbessert beispielsweise die Kommunikations- und Austauschprozesse zwischen den sich vertrauenden Akteuren und ermöglicht die Herstellung von Erwartungs- und Handlungssicherheit. Allerdings muss dieses Vertrauen im Kooperationsprozess von den Akteuren immer wieder erneut bestätigt und (re-)produziert werden. Hierbei stabilisiert eine vertrauensvolle Praxis die Vertrauensbeziehung und damit die Ressource Vertrauen. Durch dieses wechselseitige Vertrauen konstituieren die Akteure im Idealfall eine sich selbst verstärkende Vertrauensspirale, einen »self-hightening cycle of trust«

(Golembiewski/McConkie 1975). Diese Ressource besitzt somit die besondere Eigenschaft, dass sie sich im Prozess ihrer Nutzung nicht aufbraucht, sondern im Gegenteil verstärkt. In diesem Sinne wird in der Ökonomie Vertrauen auch als soziales Kapital thematisiert (Sadowski/Frick 1989).

Darüber hinaus beruhen die Konstitution von Vertrauensbeziehungen sowie die Entscheidung darüber, ob und wie weit einem Kooperationspartner vertraut werden kann, auf einer Reihe von Hypothesen über die menschliche Natur und menschliches Verhalten. Oder sie gründet sich – bei Systemvertrauen – auf Technik(leit)bilder. Hiermit ist die Relation von Vertrauen und interpretativen Schemata angesprochen, die die Entstehung von Vertrauen fördern, aber auch behindern kann. Das Vertrauen in Personen und in soziale Beziehungen wird, außer von (Menschen-)Bildern, vielfach beeinflusst: von Eigenschaften, Bedürfnissen, Motiven, Erwartungen, Einstellungen und Interessen über Vorstellungen von guter Kooperation und effizienter Zusammenarbeit im Kooperationsprozess bis hin zu weiteren Organisations(leit)bildern, die sinnstiftend den Vertrauensbildungsprozess orientieren. Das Vertrauen in abstrakte Systeme hingegen wird beeinflusst von Metaphern über deren (sichere) Funktionsweise und Zuverlässigkeit, aber auch von Vorstellungen über die Gefährlichkeit eines organisatorischen oder technischen Systems. Die konkreten interpretativen Bilder und Metaphern, auf die sich die Kooperationspartner im Einzelnen beziehen und welche Interpretationsmuster ihre Kommunikationsprozesse (bewusst oder unbewusst) konkret anleiten, wenn es um Vertrauen oder Misstrauen geht, werden durch die Strukturmerkmale des sozialen Systems ›Netzwerk‹, im Besonderen durch die Interaktionsstrukturen, mitbestimmt.

Ebenso wie einmal etabliertes Vertrauen als Ressource betrachtet werden kann, kann bestehendes Vertrauen eine Regel der Bedeutungszuweisung sein, auf die sich Akteure bei ihren Begegnungen und Interaktionen beziehen. In diesem Zusammenhang wirkt dann Vertrauen als ein sinnstiftendes Moment eigener Qualität, mit dessen Hilfe die Akteure bestimmten sozialen Beziehungen oder Systemen Vertrauen zuweisen. Die psychologische Literatur bezeichnet dabei Vertrauen als eine Persönlichkeitsdisposition (Rotter 1980) und unterscheidet zwischen mehr oder weniger vertrauensvollen Einstellungen der Akteure gegenüber anderen und anderem. Dennoch lässt sich die (Re-)Produktion von Vertrauen nicht darauf reduzieren, dass vertrauensvolle Akteure die Welt überwiegend vertrauensvoll interpretieren. Betrachtet man schließlich die sozialen Praktiken, durch die Vertrauen (re-)produziert wird, unter normativen Aspekten, dann kommen spezielle Legitimationsregeln in den Blick, also Regeln, die beeinflussen,

- was als ein Vertrauensvorschuss angesehen wird oder angesehen werden darf,
- wie eine Vertrauensbestätigung auszusehen bzw. auszufallen hat,
- welches Verhalten (noch) von dem Partner als vertrauensvoll akzeptiert wird,
- wann es zu einem Vertrauensbruch oder gar zu Misstrauenszirkeln kommt und
- was als positiver oder negativer Beitrag zu einer Vertrauensbeziehung anzusehen ist.

Die Normen, die bei Aufbau, Stabilisierung und Reproduktion von persönlicher Vertrauenswürdigkeit und vertrauensbasierten (Netzwerk-)Beziehungen eine wichtige Rolle spielen, können beispielsweise sein:
1. Offenheit: kein Zurückhalten von für den Interaktionspartner wichtigen Informationen.
2. Ehrlichkeit und Aufrichtigkeit: kein bewusstes Verfälschen von Informationen, kein Hintergehen des Partners.
3. Zuverlässigkeit: Vereinbarungen werden eingehalten, Zusagen werden erfüllt.
4. Toleranz: Auch der Partner kann mit seiner Meinung oder Einschätzung richtig liegen.
5. Reziprozität (Gegenseitigkeit) der Beziehung.

Die im Einzelfall geltenden, von den Akteuren als gültig beschriebenen Normen und normativen Orientierungen müssen in der Kooperationspraxis gesucht bzw. aus den konkreten Netzwerkpraktiken herausgearbeitet werden. Grundsätzlich können der vertrauensvolle Umgang miteinander und darauf basierende Austauschbeziehungen zu einer eigenen normativen Regel werden. Diese Norm bestimmt dann, wie in dieser Beziehung miteinander umgegangen werden soll, nämlich vertrauensvoll. Dies umfasst auch die Möglichkeiten einer negativen Sanktionierung bestimmter, hiervon abweichender Verhaltensweisen und kann zu einem Abbruch der jeweiligen Beziehung führen, falls diese (Vertrauens-)Norm im Kooperationsprozess wiederkehrend verletzt wird.

Neben dem Aufbau von Vertrauensbeziehungen zu Personen und/oder Organisationen spielt in Netzwerkbeziehungen die *Übertragbarkeit von Vertrauen* auf Dritte eine wichtige Rolle. Individuelle wie kollektive Akteure,

Personen und Systeme können als »Vertrauensintermediäre« (Coleman 1991) fungieren. Diese treten gegenüber dem einen Akteur als Treuhänder, gegenüber dem anderen als Treugeber auf und können damit unter Umständen drohenden Opportunismus (in Beziehungen zu weiteren Akteuren) kontrollieren helfen oder eine vertrauensvolle(re) und damit oftmals effizientere Beziehung bewirken, als sie zwischen diesen Akteuren unmittelbar zustande kommen könnte.[2]

Während es beim Vertrauen in Personen (Kooperationspartner) um deren Verlässlichkeit und (moralische) Aufrichtigkeit geht, beruht das Vertrauen in (komplexe) Systeme »upon faith in the correctness of principles of which one is ignorant« (Giddens 1990, 33). Die (erwartete) Verlässlichkeit dieser Prinzipien, die sich auf abstrakte Verfahren komplexer Systeme (z. B. Unternehmen) beziehen, gilt es im Folgenden mit Bezug auf die Frage, wann und warum ihnen vertraut werden kann, genauer zu untersuchen.

Wird personales Vertrauen vor allem durch »facework commitments« (Giddens 1990, 33) via »facework« von gleichzeitig anwesenden Akteuren reproduziert, so ist Systemvertrauen im Gegensatz hierzu zunächst durch »faceless commitments« gekennzeichnet. Es wird durch auf bestimmte Regeln rekurrierende Erwartungsgarantien erbracht und löst sich von dem Vertrauen in konkrete Personen. Es muss aber auf unterschiedliche Art und Weise an das von den Kooperationspartnern zu leistende »facework« rückgebunden werden. Beispielsweise übertragen die Kooperationspartner ihr Vertrauen nicht rückhaltlos oder gar naiv und blind auf eine ihnen zunächst fremde Organisation. Vielmehr spielt bei diesem Übertragungsprozess (auf andere Organisationen) und dem notwendigen Rückbindungsprozess (an konkrete Personen) die sich jeweils gegenseitig von den Akteuren zugeschriebene Interpretation in Bezug auf ein Verständnis der relevanten Aufgabenfelder, Problembereiche und Funktionsweisen der Systeme eine große Rolle. An sogenannten »access points« versuchen sie, ihr Vertrauen in das andere System wieder an Personen, hier die relevanten Kooperationspartner, zu koppeln.[3] Dieses Vertrauen bezieht sich im Rahmen von Netzwerkbeziehungen in der Regel auf die normale, routinierte, richtige und erwartungsgemäße Abwicklung der Zusammenarbeit oder betrifft die Funktionsweise und Verlässlichkeit der zur Unterstützung des Kooperationsprozesses etablierten (inter-)personalen und (inter-)organisationalen Beziehungen.

Kontrolle hingegen bezieht sich – so die Überlegungen von Crozier und Friedberg (1979) – darauf, dass Akteure immer über relevante Ungewissheitszonen verfügen (niemand weiß oder kann alles) und wird immer dann erforderlich, wenn (andere) Akteure opportunistisch, eigensinnig und unerwünscht handeln können. Demgegenüber thematisiert die betriebswirtschaftliche Literatur Kontrolle zumeist als Überwachung der Abweichungen zwischen Ist- und Soll- bzw. Planungsgrößen. Neben dem trivialen Vergleich zwischen ex-ante vorgegebenen Zielgrößen und der zu einem bestimmten Zeitpunkt realisierten Zielerreichung spielt die Abweichungsanalyse und gegebenenfalls die Einleitung von Korrekturmaßnahmen hierbei eine wichtige Rolle. Diese Kontrollmaßnahmen beziehen sich nicht nur auf technische Prozesse sowie die Einhaltung formaler Organisationsprinzipien (Systemkontrolle), sondern betreffen auch die Überwachung von Akteuren in den Unternehmen, ermöglichen mit anderen Worten eine personale sowie eine Prozesskontrolle.

Grundsätzlich wird die Notwendigkeit einer Prozesskontrolle – so in der (industrie-)soziologischen Literatur sowie der Neuen Institutionellen Ökonomie – mit der stets unsicher bleibenden Transformation von Arbeits*vermögen* in konkrete Arbeits*leistung* begründet. Trotz bestehender vertraglicher Rahmenbedingungen (z. B. Arbeitsvertrag, Kooperationsvertrag) bleibt der Umfang, in dem das insgesamt zur Verfügung stehende Arbeitsvermögen mengen- und zeitmäßig eingesetzt wird, teilweise im Verfügungsbereich des einzelnen Akteurs. Die konkrete Transformation dieses Arbeitspotenzials in Arbeitsleitung bleibt für die Akteure eine permanente Unsicherheitszone und damit ein immer wieder zu lösendes Problem. Dieses Kontrollproblem stellt sich für Interorganisationsbeziehungen sowie (Unternehmens-)Netzwerke in neuer Form. In Netzwerken geht es nicht mehr nur um die Sicherstellung der Transformation von Arbeitsvermögen in Arbeitsleistung und damit um eine Gewährleistung erfolgswirksamer Beiträge einzelner Akteure zum Gesamtergebnis *eines* Unternehmens, sondern um die Bereitstellung und Gewährleistung von Leistungen der in einem Netzwerk miteinander verbundenen Unternehmen. Neben die Differenzierung und Integration der *intra*organisationalen Arbeitsbeziehungen tritt nun die Gestaltung und Koordination vielfältiger, multidimensionaler *inter*organisationaler Netzwerkbeziehungen. Im Kontext mit diesem erweiterten Kontrollproblem stellt sich die zentrale Frage nach der grundsätzlichen Möglichkeit von Kontrolle in (Unternehmens-)Netzwerken. Dem Netzwerkmanagement bieten sich hier neben der für ein Unternehmen typischen hierarchischen Kontrolle verstärkte Möglichkeiten der Marktkontrolle, das heißt der Kontrolle durch ein Mehr an Markt (Sydow 2002, 189).

In jedem Fall gilt, dass derjenige, der kontrollieren will, Macht – begriffen als Handlungsfähigkeit – braucht. Und umgekehrt gilt: Wer kontrolliert, übt Macht aus. Die Möglichkeiten der Kontrolle bzw. der Überwachung, Steuerung und Manipulation von Akteuren sowie von sozialen und technischen Prozessen sind untrennbar an die Verfügbarkeit von (Macht-)Ressourcen geknüpft. Diese Kontrolle, bzw. die entsprechenden Machtbeziehungen, sind aber niemals nur einseitig, sondern immer gegenseitig angelegt. Daher besteht grundsätzlich eine Begrenztheit aller Kontrollversuche und -strategien. Immer besitzen die Kontrollierten in einer Beziehung ihrerseits Kontrolle über und Einfluss auf bestimmte Personen, Informationen, Prozesse, Ergebnisse, Outputs und Ziele.

Vertrauen *und* Kontrolle stehen daher in einem besonderen Spannungsverhältnis. Dies deutet auch Georg Simmel (1968 [1929], 263) an, wenn er feststellt:

»Der völlig Wissende braucht nicht zu vertrauen, der völlig Nichtwissende kann vernünftigerweise nicht einmal vertrauen.«

Da von den Akteuren niemals alle Parameter, Eventualitäten und Entwicklungen umfassend bedacht, berücksichtigt, (reflexiv) gesteuert und kontrolliert werden können, spielt in sozialen Beziehungen stets auch Vertrauen eine besondere Rolle. Darüber hinaus macht gerade die Abwesenheit von umfassenden Kontrollpotenzialen die Anwesenheit von Vertrauen erforderlich, denn alles, was im Verfügungs- und Kontrollbereich anderer Akteure liegt, stellt für den davon betroffenen Akteur eine relevante Ungewissheitszone dar. Wird vertraut, so ist Vertrauen allerdings keine hinreichende Bedingung für eine effektive Kontrolle über das Verhalten anderer (Ring 1993). Besteht kein – wie rudimentär auch immer ausgeprägtes – Vertrauen oder besteht gar Misstrauen, dann werden umfassende(re) Kontrollstrategien erforderlich, die ab einem bestimmten (Kontroll-)Aufwand die Sinnhaftigkeit der Netzwerkbeziehungen nicht zuletzt ökonomisch infrage stellen (Kontrollkosten). Wo aber Kontrollmöglichkeiten an Grenzen stoßen – und das tun sie in sozialen Beziehungen vor dem zuvor skizzierten Hintergrund zwangsläufig – taucht Vertrauen, wenn es um einen Fortbestand der Beziehungen bzw. eine effiziente Fortsetzung von Kooperationsprozessen geht, als eine immer schon notwendige Bedingung der Reproduktion sozialer Netzwerkbeziehungen auf. Und gleiches gilt für das Vertrauen in Systeme: auch hier sind umfassende Kontrollmöglichkeiten in der Regel nicht gegeben.

Da die handelnden Akteure im Rahmen der Initiierung und Entwicklung von Netzwerkbeziehungen bewusst und reflexiv vorgehen können (nicht müssen!), das heißt Netzwerke nicht exklusiv als nicht intendierte Folge intentionalen Handels entstehen, wird Vertrauen in seinem Entstehungszusammenhang selten naiv oder blind vergeben. Vielmehr kann von den Akteuren in einem wiederkehrenden Prozess überprüft werden, warum eigentlich (von ihnen) vertraut wird, ob die Grundlagen des (eigenen) Vertrauens (noch) vorhanden sind und ob das Vertrauen eine Bestätigung erfahren hat oder nicht. Dies betont auch Luhmann (1973, 28) wenn er feststellt:

> »Wer vertraut, muss nämlich seine eigene Risikobereitschaft unter Kontrolle halten. Er muss, und sei es nur zur Selbstvergewisserung, sich klar machen, dass er nicht bedingungslos vertraut, sondern in Grenzen und nach Maßgabe bestimmter, vernünftiger Erwartungen. Er muss sich in seinem Vertrauen zügeln und kontrollieren. Das ist Teil der Motivstruktur, die das Vertrauen ermöglicht, und geschieht dadurch, dass er sich sein Objekt mit Hilfe von Symbolen der Vertrauenswürdigkeit nahe bringt.«

Luhmann wie auch Giddens sprechen davon, dass sich die (Vertrauens-)Kontrolle auf eine Beobachtung derjenigen Indizien beschränkt, die als Hinweise eines Vertrauensbruchs oder als bestätigende Zeichen von Vertrauenswürdigkeit bewertet werden können. Ob Vertrauen sich rekursiv verstärkt oder in Misstrauen umschlägt, bleibt hierbei eine stets aktuelle, empirische Frage. Zielt die generelle Kontrolle anderer Akteure auf deren Handlungsmöglichkeiten, so zielt Kontrolle in dem hier betrachteten Zusammenhang auf die (individuellen) Grundlagen und Voraussetzungen des gegebenen Vertrauens, die durch den Vertrauenden reflexiv überwacht und selbstkritisch kontrolliert werden müssen. Sehendes, das heißt bewusst gegebenes, in Unterscheidung zu blindem Vertrauen erfordert also immer auch das Vorhandensein individueller Kontroll- und Überwachungspotenziale, die es dem dann *kompetent Vertrauenden* ermöglichen, die Reaktionen auf sein gegebenes Vertrauen reflexiv zu beobachten; und die ihn gegebenenfalls veranlassen, den Vertrauensakt zu wiederholen, das Vertrauen zu bestärken, zu entziehen oder misstrauisch zu reagieren. Gleichzeitig schränkt einmal gegebenes Vertrauen auch die Handlungsmöglichkeiten derjenigen Akteure ein, denen vertraut wird. Zumindest wenn man von einem gemeinsam geteilten, kulturspezifischen Legitimations- und Bedeutungszusammenhang ausgeht (s. o.). Hierdurch wird in der Regel ein moralischer (sozialer) Druck auf denjenigen aufgebaut, dem vertraut wird. Denn wenn vereinbarungsgemäß ein kooperatives Vorgehen Grundlage der Netzwerkbeziehungen ist, das heißt, wenn die Absicht zur (vertrauensvollen) Zusammenarbeit im Interesse beider Akteure liegt, dann kann nicht mehr beliebig gehandelt werden und die (Reaktions-)Möglichkeiten der Akteure sind eingeschränkt.[4] Dieser moralische Druck und die ihn stützenden Normen werden umso verhaltensrelevanter für die Akteure, je stärker die Einhaltung bzw. Verletzung dieser Norm durch den Vertrauenden sanktioniert werden kann. Muss derjenige, dem vertraut wird, bei einer Enttäuschung des ihm gegebenen Vertrauens mit unerwünschten (negativen) Sanktionen rechnen, z. B. mit einem Ausschluss aus dem Netzwerk, so wird er eher geneigt sein, das Vertrauen zu erwidern oder sich zumindest wohlwollend gegenüber dem vertrauenden Partner zu verhalten. Andererseits verlieren diejenigen, denen vertraut wird, nicht nur Kontrollpotenziale und damit Handlungsmöglichkeiten durch den Aufbau von moralischem und sanktionsbewehrtem Druck, sondern gewinnen weitere hinzu. Diese neuen Möglichkeiten beruhen auf dem Risiko, welches der Vertrauende mit dem Vertrauensakt stets eingeht. Wird sein Vertrauen nicht bestätigt, das heißt, verhält sich der Interaktionspartner nicht wohlwollend gegenüber dem Vertrauenden, so sind für diesen damit in der Regel negative Konsequenzen verbunden, wie etwa der Verlust von relevanten Unternehmensinformationen an oder die Abwerbung von Mitarbeitern durch einen Netzwerkpartner. Durch eine Kontrolle dieser für den Vertrauenden relevanten Unsicherheitszone gewinnt derjenige, dem vertraut wird, wiederum Einflussmöglichkeiten auf andere.

Auch Vertrauen und Kontrolle konstituieren sich durch die einzelnen Organisationen übergreifenden Handlungspraktiken der Akteure. Vertrauen, vertrauensvolle Beziehungen und Kontrolle sind damit Medium *und* Ergebnis der Praktiken der Akteure im Verlauf eines Kooperations- bzw. Vernetzungsprozesses. Was in Interorganisationsbeziehungen als vertrauensbildende Maßnahme und was als vertrauensfördernd oder -behindernd betrachtet und akzeptiert wird, ist dabei Resultat des Handelns der Akteure. Die Etablierung von eher vertrauensvollen oder mehr kontrollorientierten Beziehungen zwischen Akteuren sowie die Übertragung von Vertrauen auf Dritte kann dabei nur gelingen, wenn in der sozialen Praxis eine reflexive Stabilisierung von gemeinsam geteilten Bedeutungszusammenhängen, verbindlich akzeptierten Normen sowie tolerierter (legitimierter) Machtausübung und Ressourcenverwendung möglich ist. Vertrauen erweist sich somit als ein *besonderes Beziehungsverhältnis*, welches dadurch charakterisiert ist, dass die vertrauensvoll miteinander umgehenden Akteure in ihren Beziehungen in der Lage sind, bestimmte Aspekte (etwa alternative Handlungsmöglichkeiten und Risiken) auszuklammern bzw. diese nicht stets neu zu problematisieren und infrage zu stellen. Auf diese Art verschafft Vertrauen den Akteuren neue (Handlungs-) Freiräume und Effizienzvorteile. Es schafft und gründet gleichzeitig auf Möglichkeiten der Kontrolle zu gegebenenfalls niedrigeren Kontrollkosten.

(Netzwerk-)Management von Vertrauen und Kontrolle

Bei der Ausgestaltung sowie dem Management von Netzwerkbeziehungen muss also nach Vertrauen *und* Kontrolle gefragt werden. Außerdem muss ihr gemeinsames Auftreten und wechselseitiges Konstitutionsverhältnis beachtet werden. Im Einzelnen geht es darum, wie Vertrauen und Kontrolle sich in ihrem Entstehungszusammenhang wechselseitig beeinflussen, wie Vertrauen (andere) Kontrollen ersetzen kann oder wie durch (zu viel) Kontrolle Vertrauen zerstört oder gar nicht erst aufgebaut werden kann. Zudem geht es um die Fragen, wie Akteure durch einmal etablierte vertrauensvolle Beziehungen Vertrauen zu weiteren (Netzwerk-)Akteuren aufbauen können; wie das in diesen Beziehungen etablierte Vertrauen die Beziehungen zu anderen Akteuren inner- und außerhalb der konkreten Kooperationsbeziehungen beeinflusst und sich dabei auch auf den Einsatz, die Qualität und die Kosten der potenziell verfügbaren Kontrollmöglichkeiten auswirkt.

Zum einen ist in Netzwerkbeziehungen ein persönliches Vertrauensverhältnis zwischen ausgewählten Akteuren für einen gelingenden Kooperationsprozess erforderlich. Ihr Erfolg liegt »largely in how much confidence you can inspire in others« (Holtz 1983, 151). Die immer wieder von Theoretikern wie Praktikern hervorgehobene Bedeutung von Vertrauen und Vertrauenswürdigkeit für den Kooperationserfolg, bzw. die im Vordergrund der Argumentation stehenden Vertrauensbeziehungen in Personen, gilt es um das Vertrauen in die Zuverlässigkeit und Glaubwürdigkeit der anderen Netzwerk*unternehmen* (s. o.) zu ergänzen. Dieses Vertrauen gilt u. a.

- dem Namen, der Reputation und dem nachhaltigen Markterfolg anderer Unternehmen,
- der Qualität der in anderen Beziehungen erbrachten Beiträge und Leistungen sowie
- dem in einem Unternehmen vorhandenen und den Partnern zur Verfügung gestellten Expertenwissen.

Dieses Vertrauen ist im Besonderen deshalb von Bedeutung, da – speziell bei umfangreichen und längerfristigen Kooperationsprojekten mit wechselnden Akteuren in unterschiedlichen Projektteams – dem institutionellen Vertrauen eine wichtige, beziehungs- und prozessstabilisierende Funktion zukommt. Zugleich stellt sich für die Akteure das Problem der Kontrolle der Vorgehensweise(n) der anderen im Kooperationszusammenhang. Grundsätzlich geht es hierbei um Versuche personaler, prozessualer und ergebnisorientierter Kontrolle. Das heißt, es geht zum einen um eine Kontrolle der zuvor vereinbarten, festgeschriebenen und/oder implizit erwarteten Ziele, Vorgehensweisen, Maßnahmen, Managementmethoden. Zum anderen geht es um eine Kontrolle der zur Abwicklung der Kooperation bzw. zum Management des Netzwerkes wichtigen Informationen bzw. Ressourcen. Denn wer im Netzwerk zu welchem Zeitpunkt über welche Informationen verfügt und wer sie wann von wem und mit welcher Absicht mitgeteilt bekommt, ist für einen erfolgreichen Kooperationsprozess ebenso relevant wie für die weitere vertrauensvolle Reproduktion der Beziehungen.

Einerseits fehlt den Akteuren oftmals eine unmittelbare Kontrolle über die ihnen nicht oder nur teilweise offenbarten Erwartungen der anderen. Und ebenso sind ihnen (zunächst) die in anderen Organisationen sowie bei beteiligten Partnern vorhandenen Ressourcen unbekannt. Andererseits können die Partner das Vorgehen der anderen nicht umfassend kontrollieren. Daher bleibt die Erfolgswirksamkeit der Kooperation in Netzwerkkontexten stets ungewiss und unsicher. Aufgrund dieser mit Kooperation und Vernetzung verknüpften ›doppelten‹ Unsicherheit weist eine gelingende Zusammenarbeit in besonderem Maße Vertrauensqualitäten (›credence qualities‹) auf. In Anlehnung an Crosby und Stevens (1987) kann man Aktivitäten der Vernetzung sowie des Netzwerkmanagements als »Vertrauensdienstleistungen« (›credence services‹) bezeichnen, deren effektive Erbringung ein aktives, vertrauensförderndes Beziehungsmanagement erforderlich macht. Darüber hinaus ist das »Kooperationsgeschäft« durch Wissensintensität (Starbuck 1992) gekennzeichnet und dadurch charakterisiert, dass die hier stattfindenden wechselseitigen Dienstleistungs- und Leistungserstellungsprozesse immer auch solche der Informations- und Wissensverarbeitung sowie -vermittlung sind. Diese Prozesse beziehen sich u.a. auf die Erhebung, Analyse, Transformation, Speicherung und Übertragung oftmals sensibler, organisationsinterner Informationen, die es glaubwürdig, verlässlich, vollständig, vertraulich und (mikro-)politisch sensibel mitzu*teilen* gilt.

Diese Überlegungen abschließend soll nochmals betont werden, dass das »Vertrauen zu« oder das »Vertrautsein mit« ein besonderer Beziehungsmodus ist, mit dem Akteure wem oder was auch immer begegnen (Schäffter 1991, 12). Wer (oder was) jeweils als vertraut empfunden wird und wem (oder was) im Einzelfall Vertrauen entgegengebracht wird, ist von der eigenen Identität und Sozialisation, den erworbenen und erlernten Deutungsmustern und Interpretationsschemata, den verfügbaren (Kontroll-)Ressourcen, den geltenden Normen sowie dem weiteren (Handlungs-)Kontext, d.h. den sozialen

Beziehungen und Praktiken der Akteure, nicht abtrennbar. Das »Vertrautsein mit« ist ein raum- und zeitlich gebundenes Phänomen (Schäffter 1991, 12) und als ein (Beziehungs-) Verhältnis charakterisierbar, welches sich in und durch eine Begegnungssituation, die stets in einen weiteren sozialen Kontext eingebettet ist, entwickeln muss.[5] Vertrauen wird derart zu einem Mechanismus, mit dessen Hilfe die Akteure ihre Beziehungen strukturieren, regulieren und reproduzieren. Vertrauen verschafft ihnen (begrenzte) Sicherheiten, eröffnet zugleich Möglichkeiten der Kontrolle wie auch Freiheiten zu eigensinnigem Handeln. Und immer besteht in vertrauensvollen Beziehungen eine besondere Art des (gegenseitigen) Einverständnishandelns.

Anmerkungen

1. Alles »auf andere Menschen bezogene Erleben und Handeln [...] [ist] darin doppelt kontingent, dass es nicht nur von mir, sondern auch vom anderen Menschen abhängt, den ich als alter ego, dass heißt als ebenso frei und ebenso launisch wie mich selbst begreifen muss. Meine an einen anderen adressierten Erwartungen erfüllen sich nur, wenn ich und er die Voraussetzungen dafür schaffen« (Luhmann 1971, S. 62f.).
2. Auch das Gegenteil ist natürlich möglich (vgl. zu entsprechenden Beispielen Coleman 1991, S. 232 ff.).
3. Giddens (1990, S. 85) beschreibt diesen Zusammenhang wie folgt: »At access points the facework commitments which tie lay actors into trust relations ordinarily involve displays of manifest trustworthiness and integrity, coupled with an attitude of ›business as usual‹ or unflappability. Although everyone is aware that the real repository of trust is in the abstract system, rather than the individuals who in specific contexts ›represent‹ it, access points carry a reminder that it is flesh-and-blood people (who are potentially fallible) who are its operators. It is understood by all parties that reassurance is called for, and reassurance of a double sort: in the reliability of the specific individuals involved and in the (necessarily arcane) knowledge or skills to which the lay individual has no effective access.«
4. Natürlich wirkt dieser moralische und soziale Druck nur ergänzend zu anderen Formen und Mechanismen einer gegenseitigen Verhaltensverpflichtung. Ein- oder wechselseitige Abhängigkeiten, weitere gemeinsam geteilte Normen sowie emotionale Verbundenheit können ebenso als unterstützende Beihilfen für Vertrauensbeziehungen betrachtet werden.
5. Hierbei ist es im Rahmen einer genaueren Analyse unverzichtbar zu verstehen, »aus welchen Grenzsetzungen heraus eine kulturelle, nationale, soziale oder personale Identität ihre spezifische ›Eigenheit‹ (und damit ihre spezifischen ›Vertrautheiten‹, A.L.) ableitet und gegen Andersartiges kontrastiert« (Schäffter 1991, S. 13).

Literatur

AXELROD, R. (2009) Die Evolution der Kooperation. München: Oldenbourg

BRADACH, J.L. / ECCLES, R.G. (1989) Price, authority, and trust: From ideal types to plural forms. *American Journal of Sociology*, 90, 15: 97-118

COLEMAN, J. (1991) Grundlagen der Sozialtheorie. Band 1: Handlungen und Handlungssysteme. München: Oldenbourg

CROSBY, L.A. / STEVENS, N. (1987) Effects of relationship marketing on satisfaction, retention, and prices in the life insurance industry. *Journal of Marketing Research*, 24, 4: 404-411

CROZIER, M. / FRIEDBERG, E. (1979) Macht und Organisation. Die Zwänge kollektiven Handels. Königstein/Ts.: Athenäum-Verlag

GIDDENS, A. (1990) The consequences of modernity. Cambridge: Polity Press

GOLEMBIEWSKI, R.T. / MCCONKIE, M. (1975) The centrality of interpersonal trust. In: Cooper, C.L. (Ed.) Theories of group processes. London: John Wiley & Sons. 131-185

GONDEK, H.-D. / HEISIG, U. / LITTEK, W. (1992) Vertrauen als Organisationsprinzip. In: Littek, W. / Heisig, U. / Gondek, H.-D. (Hg.) Organisation von Dienstleistungsarbeit. Sozialbeziehungen und Rationalisierung im Angestelltenbereich. Bonn: Ed. Sigma. 33-55

HOLTZ, H. (1983) How to succeed as an independent consultant. New Jersey: John Wiley & Sons

LOOSE, A. / SYDOW, J. (1994) Vertrauen und Ökonomie in Netzwerkbeziehungen. In: Sydow, J. / Windeler, A. (Hg.) Management interorganisationaler Beziehungen. Opladen: Westdeutscher Verlag. 160-193

LUHMANN, N. (1984) Soziale Systeme. Grundriss einer allgemeinen Theorie. Frankfurt a. M.: Suhrkamp

LUHMANN, N. (1973) Vertrauen. Ein Mechanismus zur Reduktion sozialer Komplexität. Stuttgart: Enke

LUHMANN, N. (1971): Sinn als Grundbegriff der Soziologie. In: Habermas, J. / Luhmann, N., Theorie der Gesellschaft oder Sozialtechnologie – Was leistet die Systemforschung. Frankfurt a. M.: Suhrkamp. 25-100

RING, P.S. (1993) Processes facilitating reliance on trust in inter-organizational networks. In: Ebers, M. (Ed.) Inter-organizational Networks: Structures and Processes. Proceedings of the ESF Workshop 6-7 September, Berlin. 367-408

ROTTER, J.B. (1980) Interpersonal trust, trustworthiness, and gullibility. *American Psychologist*, 35, 1: 1-7

SADOWSKI, D. / FRICK, B. (1989) Unternehmerische Personalpolitik in organisationsökonomischer Perspektive. Das Beispiel der Schwerstbehindertenbeschäftigung. *Mitteilungen aus der Arbeitsmarkt- und Berufsforschung*, 22: 407-418

SCHÄFFTER, O. (1991) Modi des Fremderlebens. Deutungsmuster im Umgang mit Fremdheit. In: Schäffter, O. (Hrsg.) Das Fremde. Erfahrungsmöglichkeiten zwischen Faszination und Bedrohung. Opladen: Westdeutscher Verlag. 11-42

SIMMEL, G. (1968 [1929]): Soziologie. Untersuchung über die Formen der Vergesellschaftung. Berlin: Duncker und Humbolt

STARBUCK, W.H. (1992): Learning by knowledge-intensive firms. Journal of Management Studies, 29, 6: 713-740

SYDOW, J. (2002) Strategische Netzwerke. Wiesbaden: Gabler

SYDOW, J. / WINDELER, A. / KREBS, M. / LOOSE, A. / VAN WELL, B. (1995) Organisation von Netzwerken. Strukturationstheoretische Analysen der Vermittlungspraxis in Versicherungsnetzwerken. Opladen: Westdeutscher Verlag

WURCHE, S. (1994) Vertrauen und ökonomische Rationalität in kooperativen Interorganisationsbeziehungen. In: Sydow, J. / Windeler, A. (Hg.) Management interorganisationaler Beziehungen. Opladen: Westdeutscher Verlag. 142-159

ZUCKER, L.G. (1986) Production of trust: Institutional sources of economic structure, 1840-1920. In: Staw, B.M. / Cummings, L.L. (Eds.) Research in organizational behaviour. Volume 8. Greenwich, Conn.: Elsevier. 53-111

Vom Kölner Klüngel lernen –
Netzwerke zwischen Kooperation und Korruption

Frank Überall

Von dem, was die Rheinländer unter »Klüngel« verstehen, kann man vieles lernen: Sowohl Positives als auch Negatives. Kaum jemandem ist aber bewusst, wie vielschichtig der Klüngel-Begriff für die Menschen in Köln und Umgebung ist. »Man kennt sich, man hilft sich«, wird als Zitat dem ersten deutschen Bundeskanzler Konrad Adenauer zugeschrieben. Er hat damit auf eine Formel gebracht, was gerade in der wissenschaftlichen Betrachtung oft außen vor bleibt: Klüngel ist nicht gleich Korruption! Es geht vielmehr um eine facettenreiche Bedeutung, die die Einstellung und das Handeln von Menschen beschreibt. Positiver Klüngel ist dabei sogar ausdrücklich förderlich für Politik und Wirtschaft.

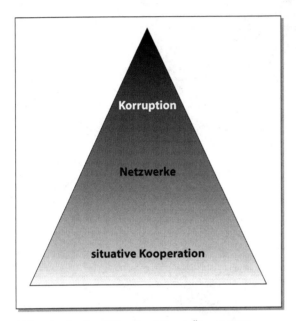

Abb. 1: Stufen des »Klüngels« © Frank Überall 2008

Die verschiedenen Bedeutungsinhalte des Klüngels lassen sich in drei Kategorien unterteilen: Kooperation, Netzwerk und Korruption. Jede Ebene dieses Modells bietet eine spezifische Herangehensweise, die sich von den anderen unterscheidet. Gleichwohl ist die Trennlinie zwischen den Stufen nicht klar zu ziehen: Die Übergänge sind fließend, man befindet sich oft »dazwischen« und macht sich keine Gedanken darüber, wie sich eine entsprechende Beziehung gerade entwickelt. Die Kategorien lassen sich wie folgt beschreiben (Überall 2008):

Kooperation: Quasi die »niedrigschwellige« Einstiegsstufe in eine mögliche Beziehung. Diese Ebene ist geprägt von einer hohen Unverbindlichkeit. Es ist eine Mischung aus Nachbarschaftshilfe und »Trink doch einen mit«-Mentalität. Letztere wird beispielsweise beschrieben in einem Lied der Kölner Mundartgruppe *Bläck Fööss*: Ein Mensch steht in der Gaststätte und hat kein Geld für ein Bier, deshalb wird er unkompliziert von seinem Thekennachbarn eingeladen. Es liegt in der Natur der Rheinländer (und Rheinländerinnen), dass damit eben keine »Dankesschulden« angehäuft werden. Wer einmal sein Kölsch ausgegeben bekommt, kann sich nicht darauf verlassen, dass das den ganzen Abend lang so bleibt oder gar über eine noch längere Zeit. Diese kooperative Offenheit lädt ein, ohne aufdringlich zu sein. Man hat die Chance, sich schätzen und einschätzen zu lernen – und daraus die Konsequenz zu ziehen, kein Interesse an einem Ausbau der Beziehung zu zeigen oder auf die nächste Stufe des Modells zu wechseln.

Netzwerk: Ein Netzwerk kann man nicht aus dem »Nichts« aufbauen. Es muss zunächst eine gewisse Beziehung angebahnt werden, die zu einer tragfähigen, zielgerichteten und möglicherweise dauerhaften Kooperation beiträgt. Ohne sich zu kennen, sich zu schätzen und sich einschätzen zu können, ist das schwerlich möglich. Netzwerke leben davon, dass man sich auf die Bedürfnisse der Teilnehmer einrichtet und gemeinsam nach Gelegenheiten der Realisierung von Anliegen sucht. Ein Netzwerk ist immer nur so stark, wie die Kommunikation und der Vorrat an Gemeinsamkeiten sind. Natürlich sind solche Verbindungen mehrdimensional. Ein Netzwerk ist nicht automatisch eine monothematische Lobby-Vereinigung. Vielmehr gewinnt ein solches Konglomerat, wenn Vertreter unterschiedlicher Interessen vor dem Hintergrund beispielsweise eines gemeinsamen Wertegerüsts eine gedeihliche Zusammenarbeit pflegen. Netzwerke können und dürfen transparent sein, sie brauchen die Öffentlichkeit nicht zu scheuen. Wo diese Durchschaubarkeit gezielt verhindert wird, besteht die Gefahr, dass die entsprechenden Beziehungen auf die wiederum nächste Stufe des hier beschriebenen Modells wechseln.

Korruption: Korruption besteht in der Regel in Absprachen zu Lasten Dritter oder der Allgemeinheit. Regeln werden außer Kraft gesetzt, um einen persönlichen Vorteil der Beteiligten zu generieren. Ein solcher Vorteil muss nicht zwangsläufig in Geld bestehen. Es können auch andere Zuwendungen sein wie beispielsweise Eintrittskarten für Veranstaltungen, für die auf dem offiziellen Markt keine Tickets mehr zu bekommen sind. Das Strafrecht kennt in diesem Zusammenhang sogar den Vorwurf der »Ansehensmehrung«: So kann ein Amtsträger schon mit dem Gesetz in Konflikt kommen, wenn er von einem Bauunternehmer eine Spende für den Sportverein annimmt, in dessen Vorstand er ehrenamtlich sitzt. Wenn sich Netzwerke gegenseitig auf illegale oder illegitime Weise Gelegenheiten, Aufträge und Zuwendungen zuschieben, kann das nicht in allen Fällen verfolgt werden. Deshalb reicht Korruption auch viel weiter als die einschlägigen Vorschriften des Strafgesetzbuches. In solchen Beziehungen wird aber eine Strategie der kollektiven Rechtfertigung entwickelt, die sich als »Korruptionsethik« (Überall 2011) beschreiben lässt.

Die unterschiedlichen Stufen des vom Autor entworfenen Modells werden bewusst als Pyramide dargestellt. Beziehungen, die von Kooperation leben, dürften den größten Teil des rheinischen Klüngels und der politischen wie wirtschaftlichen Partizipation ausmachen. Der sehr in Mode gekommene Begriff des Netzwerks ist dagegen abgegrenzt und zahlenmäßig überschaubarer. Korruption ist noch seltener, auch wenn manche Wissenschaftler und Publizisten etwas anderes behaupten. Vor allem die Fundamentalkritik Hans Herbert von Arnims in Titeln wie *Staat ohne Diener* oder *Fetter Bauch regiert nicht gern* (von Arnim 1995; 1999) trägt mehr zur publizistischen Effekthascherei und zur gesellschaftlichen Politikverdrossenheit bei, als dass sie dazu geeignet ist, nachhaltig zu einer sinnvollen Veränderung von System und Einstellungen zu führen.

Es ist wichtig, bei der Betrachtung von (Ver-)Handlungsbeziehungen stets den Dreiklang möglicher Optionen im Blick zu haben. Man darf nicht der Versuchung unterliegen, schädliches Verhalten durch Gruppenzwang zu rechtfertigen. Nur wenn man sich bewusst macht, dass es positive Seiten der Kooperation und des Netzwerkens gibt, kann man verstehen, wie Beziehungen »abrutschen« können in den Bereich der Korruption. Man muss sich auseinandersetzen mit den Sozialisierungsbedingungen und den Strategien der (Selbst-)Rechtfertigung abweichenden Verhaltens. Nur so bekommt man eine Chance, das Handeln zu verstehen und letzten Endes dann mit Hilfe von Vorbeugung, Aufdeckung und Bestrafung zu bekämpfen.

Dabei ist es nicht hilfreich, bestimmte gesellschaftliche Gruppierungen abzuwerten, zu kriminalisieren und mit Vorurteilen zu bedenken. Politiker und Manager müssen sich Mitteln der Machtausübung bedienen, um erfolgreich tätig zu sein. Das mag aus der Beobachtungs-Perspektive für manche befremdlich wirken, ist aber konstitutiv auch für die Demokratie. Eine pauschale (Vor-)Verurteilung schweißt die entsprechenden Kreise nur noch enger zusammen, trägt zur Abschottung bei und leistet intransparenten Netzwerken Vorschub. Wer wie der verstorbene Soziologie Erwin Scheuch (1992) unterstellt, dass bei jeder Kooperation »Dankesschulden« angehäuft werden, die später »eingelöst« werden müssen, wird der Realität nicht gerecht.

Gerade im Bereich der Politik sind aufrichtige Netzwerke im wahrsten Sinne des Wortes unbezahlbar. Mit Hilfe der Politik werden allgemein verbindliche Entscheidungen getroffen. Dazu ist es nötig, dass Interessen formuliert, aggregiert und gegeneinander abgewogen werden. In diesem Sinne ist auch Management im Wirtschaftsbereich nichts anderes als eine Form der »Unternehmenspolitik«. Netzwerke können in diesem Zusammenhang äußerst hilfreich sein: Wer ein Interesse verfolgt, kann leichter Verbündete finden, um das demokratische Recht auszuüben, die eigenen Wünsche beispielsweise in einen Gesetzentwurf einfließen zu lassen. Kommunikation kann sich so jenseits tagespolitischer, konflikthafter Aufgeregtheiten entfalten – so wie es zu einer vernünftigen Entscheidungsfindung eigentlich nötig ist. Wenn Medien über weite Strecken Politik und Management nur als Kampfzone definieren, Diskussionen nur noch als tatsächliche oder vermeintliche persönliche Auseinandersetzungen definieren und Journalisten die Suche nach dem richtigen Weg wie eine Mischung aus erbittertem Ringkampf und ekligem Schlammcatchen beschreiben, bleibt die Wahrhaftigkeit auf der Strecke.

Die nahezu ausschließliche Orientierung an Skandalen statt an politischen Prozessen ist auf Dauer schädlich für die Demokratie. »Networking« dagegen kann dazu beitragen, die Chancen auf politische Beteiligung zu erhöhen und damit das gesellschaftliche Miteinander dauerhaft zu stützen. Die Demonstrationen gegen das Großbau-Projekt »Stuttgart 21« zeigen, was passiert, wenn der breite Diskurs ausfällt oder nicht richtig umfassend in Gang kommt: Irgendwann ist ein Punkt erreicht, an dem sich breite Bevölkerungsschichten nicht mehr mit dem abfinden wollen, was ihnen »von oben« vorgegeben wird. Dass die Beteiligung in ihren formal vorgesehenen Strukturen vor Baubeginn stattgefunden hat, entbindet Politik und Wirtschaft nicht von der Pflicht, ihre Entscheidungen der breiten Öffentlichkeit adäquat zu vermitteln. Wo Netzwerke bestimmte (Groß-)Projekte vorantreiben, müssen sie immer auch damit rechnen, dass sich alternative Netze bilden, die in eine inhaltlich gegensätzliche Richtung tendieren. In diesem Sinne gibt es nicht nur Netzwerke der Durchsetzungs-, sondern auch solche der Verhinderungspolitik.

Natürlich ist Politik immer auch eine Frage der Macht. Die Definition dieser politischen Kategorie hat bisher am treffendsten der Soziologe Max Weber (Weber 1992, 38) beschrieben:

»Macht bedeutet jede Chance, innerhalb einer sozialen Beziehung den eigenen Willen auch gegen Widerstreben durchzusetzen, gleichviel worauf diese Chance beruht.«

Netzwerke können in diesem Sinne effektive Machtmittel sein. Sie sind es, auf denen eine Unmenge potenzieller Chancen beruhen.

Was kann man, auch für das Leben außerhalb konkreter Politik, aus diesen Feststellungen lernen? Wer Interessen zusammen führen will, um sie durchzusetzen, muss »klüngeln« – und zwar im positiven Sinne. Klüngel meint hier ein Management verschiedener Zielgruppen, die sonst womöglich nicht zusammen kommen würden. Die Erfahrung kann man heute mit elektronischer Unterstützung schnell umsetzen: Ein Aufruf in sozialen Netzwerken wie *Facebook* kann Reaktionen bringen von Menschen, mit denen man sonst wahrscheinlich nicht über dieses Thema in Kontakt gekommen wäre. Wer Mitstreiter für eine politische oder gesellschaftliche Idee sucht, wer ehrenamtliches Engagement vermitteln will oder wer schlicht und einfach Aufträge generieren will, kann in der virtuellen Welt seine Angebote und Anregungen unterbreiten. Business-Netzwerke wie *Xing* sind da sogar noch konkreter auf beruflichen Kontakt fokussiert. Einen Experten zu finden, ist mit solchen Hilfsmitteln kein großes Problem mehr: Mit jedem Kontakt wächst die Vielfalt möglicher Ansprechpartner.

Der Klüngel ist dabei das Vorbild aus der analogen Welt: eine Kontaktsituation zu schaffen, die im Bedarfsfall aktiviert werden kann. Zielgruppen um sich sammeln, sich in die Bedürfnisse des jeweils anderen hineinzudenken: Im besten Fall kann man sich gegenseitig von Nutzen sein. Der Begriff des Klüngels bietet da in seiner Übersetzung aus dem Kölner Dialekt einen guten Ansatzpunkt für eine griffige Erklärung: Er geht auf das althochdeutsche »klungilin« zurück, was so viel wie »Knäuel« bedeutet. Alles ist mit allem verbunden, und für Kenntnisreiche ist die Struktur einleuchtend. Für Außenstehende dagegen eher nicht. Dass es in der Realität eher aufgeräumte, ordentlich aufgerollte Wollknäuel gibt, und auf der anderen Seite völlig chaotische, verknotete Gebilde, unterstreicht diesen Vergleich: Wo sich Menschen miteinander vernetzen, sind immer unterschiedlichste Interessen und Erwartungshaltungen miteinander versammelt.

An welcher Stelle man sich gerade in einem solchen, zuweilen verworrenen, Netzwerk befindet, ist immer wieder eine subjektive Interpretationssache: Ist man ein relevant tragender Knoten eines Netzwerks oder nur eine zu vernachlässigende Größe? Verhält man sich im Sinne der Netzwerk-Regeln korrekt oder droht der baldige Ausschluss? Kann und will man die ethischen Koordinaten des Geflechts, dem man angehört, weiterhin mit tragen? Die beschriebenen Kategorien bieten dazu eine systematische Orientierung. Es gibt keine klaren Grenzen zwischen den beschriebenen Stufen. Man befindet sich immer irgendwo »dazwischen«, und der jeweilige Standpunkt wird von Betroffenen und Beobachtern immer unterschiedlich ausgelegt werden.

Wie ist es beispielsweise, wenn ein Politiker nach Aufgabe seines Amtes in die freie Wirtschaft wechselt? Ist das Netzwerk dazu schon vorher geknüpft worden? Sind möglicherweise Entscheidungen zuvor mit dem subjektiven, geheim gehaltenen Ziel getroffen worden, später mit einem lukrativen Posten »belohnt« zu werden? Oder hat man sich einfach unverbindlich schätzen und einschätzen gelernt, um so zu erfahren, dass der dann ehemalige Politiker eine gute Besetzung für einen frei werdenden Management-Posten ist? Oder hat der Volksvertreter seine eigene Basis faktisch betrogen, indem er seine Machtmittel hauptsächlich zum persönlichen Fortkommen missbraucht hat? Hat er seine Machtchancen zum eigenen Vorteil eingesetzt? Solche Fragen zu beantworten, ist nicht einfach. Diese Art des Kooperations-Dilemmas zeigt aber auch, dass man zumindest damit rechnen muss, dass diese Fragen gestellt werden: Von der Öffentlichkeit, von der politischen Opposition, sogar von Gegnern im eigenen Lager. Deshalb muss man sich frühzeitig Gedanken darüber machen, welche Nähe man bereit ist zuzulassen und diese Nähe beziehungsweise das eigene Handeln stets in Frage zu stellen (bzw. stellen zu lassen).

Im Zusammenhang mit dem Kölner Klüngel lässt sich gut beobachten, dass das keineswegs selbstverständlich ist. Ganz im Gegenteil: Viele Skandale haben gezeigt, wie eng Kooperation und Korruption manchmal beieinander liegen können. Ihre Rechtfertigung ziehen die Beteiligten in intransparenten Netzwerken dann oft aus der positiven Seite des Klüngels: »Mir dunn et ja nur för Kölle« (Wir tun es ja nur für Köln), hört man oft auf den Fluren des örtlichen Rathauses. Das Köln, das damit gemeint ist, entspricht aber mitnichten der breiten Stadtgesellschaft, sondern den eigenen Bezugsgruppen, die sich gegenseitig zu Vorteilen verhelfen. Das hat den Klüngel bundesweit in Verruf gebracht – in den Verdacht, als Begriff nur eine Verniedlichung der Korruption zu sein. Die Klüngel-Definition »Eine Hand wäscht die andere«, wird bei dieser Variante ergänzt um den Hinweis »zu Lasten einer dritten«. Diese dritte Hand wird jedoch nicht wahrgenommen. Ihre Existenz wird in den Begründungszusammenhängen für abweichendes Verhalten ausgeblendet. Fachleute sprechen daher von Korruption als »opferlosem Delikt«. Denn wer für illegale Machenschaften zahlen muss, erschließt sich meist nicht auf den ersten Blick: Im Bereich von Politik und Verwaltung sind es die »anonymen« Steuerzahler, in der Wirtschaft die Kunden, die über die Verkaufspreise Schmiergelder refinanzieren müssen.

Diese gedankliche Abstraktion erlaubt es den Straftätern, ihr Handeln als nicht verwerflich zu begründen. Als Mittler zwischen verschiedenen Interessen ist es ihre Aufgabe, den Bürgern oder Kunden auch finanzielle Belastungen zuzumuten. In diesem Sinne ist die Anwendung von Machtmitteln notwendig, die mit dem Engagement in Netzwerken automatisch anwachsen. Wer sie richtig einsetzt, kann mit Hilfe institutioneller Netze wie Parteien, Fraktionen oder Bürgergruppen »unaufdringlich« Mehrheiten organisieren. Natürlich macht diese Herangehensweise Arbeit. Bequemer ist es, »abgehoben« von solchen

Basis-Einflüssen zu entscheiden, das selbst aufgebaute Macht-Netzwerk zu Gunsten der Effizienz zu nutzen und es dabei nach außen abzuschotten. Mit einem »niedrigschwelligen Einstiegsangebot« der Beteiligung an Entscheidungen hat das dann nichts mehr zu tun.

Ein Netzwerk bildet dabei immer eigene Regeln aus, die für Außenstehende kaum nachzuvollziehen sind. Zu interdependent sind die unterschiedlichen Interessen, als dass man bei einem Ausgleich immer genau sagen könnte, wer von einer Entscheidung profitiert und wer unter ihr leidet. Ständig müssen Begründungen für das eigene und das kollektive Handeln gesucht, gefunden, geäußert und gerechtfertigt werden. An dieser Stelle kann sich eine Ethik ausprägen, die den gedanklichen Regeln des Netzwerks entspricht.

Das kann gehen bis hin zu einer »Korruptionsethik«, die sich die Beteiligten an illegitimen Absprachen zurechtlegen: einer kollektiven Interpretation der gegebenen Situation, die zu einer zuweilen eigenwilligen Deutung führt. Die Teilnehmer an solchen impliziten oder expliziten Absprachen stellen zwar die allgemeine ethische Verpflichtung auf das Allgemeinwohl nicht grundsätzlich in Frage – sie versuchen aber, sie mit eigenen Begründungen zu umgehen und faktisch »auszuhebeln«. Eine solche Verselbstständigung von Netzwerken ist beispielsweise in folgenden Kontexten zu beobachten:

- Die Mär vom »höheren Gut«

    Immer wieder muss man im Leben abwägen, was einem wichtiger ist: Juristen kennen dieses Dilemma, wenn zwei unterschiedliche Grundrechte von einem Problem tangiert werden. Das Recht auf freie Meinungsäußerung findet so seine Grenze am Persönlichkeitsrecht: Man darf zwar jemanden kritisieren, aber nicht übermäßig beleidigen. Ähnlich verhält es sich beim Set ethischer Regeln, die sich auf die Bereiche von Politik und Wirtschaft beziehen. Gerade wenn es um das Wohl der Partei beziehungsweise des Unternehmens geht, scheinen manche Vorschriften oder Verhaltensnormen leichtfertig unter die Räder zu kommen: Eine Regel-Verletzung wird in Kauf genommen, um die Korporation »nach vorne zu bringen«: Was ist schon der Verstoß gegen das Parteienfinanzierungsgesetz, wenn er dauerhaft eine gute Ausgangsposition für die eigene Partei garantiert? Das öffentlich-moralische Sturmgewitter wird in den seltenen Fällen, in denen so etwas heraus kommt, stoisch ausgehalten: Man hat ja schließlich kein Geld in die eigene Tasche gesteckt, sondern nur »für eine gute Sache« die möglicherweise nicht ganz richtigen Wege beschritten.

    Ein Musterbeispiel für diese Verhaltensweise ist Alt-Bundeskanzler Helmut Kohl. Er hat illegitime Spenden angenommen und schweigt bis heute über deren konkrete Herkunft. Ein Ehrenwort habe er denen gegeben, die das Geld für die Union gezahlt hatten. Dieses Ehrenwort und das Wohl der Partei stellt der Politiker, der als Kanzler seinen Eid auf die Verfassung geschworen hatte, über die rechtlichen Regeln und seine Verantwortung vor dem Volk. Dass solche Situationen hinter den sichtbaren Kulissen immer wieder vorkommen können, zeigt der Spendenskandal der SPD in Köln. Um sich nicht dem Verdacht auszusetzen, Schmiergelder für städtische Bauprojekte anzunehmen, wurde kurzerhand entschieden, erst nach den entsprechenden Beschlüssen im Stadtrat bei den beteiligten Unternehmen »abzukassieren«. Das Schwarzgeld wurde in Briefumschlägen übergeben und mit Hilfe fingierter Spendenquittungen in die Parteikasse »getrickst«. Dutzende Genossinnen und Genossen mussten daraufhin Strafen akzeptieren. Auch hier sahen sich einige im Recht, weil sie schließlich vor allem der Partei »gedient« hätten. Dass sie ihr tatsächlich geschadet haben, wird gerne übersehen.

- »Das habe ich mir verdient«

  Der zweite große Bereich, der zu manipulativen und korruptiven Handlungsweisen verführt, ist das Empfinden, selbst benachteiligt worden zu sein. Wer in einem Netzwerk »immer nur gibt«, aber selbst nie Vorteile erlangt, ist zuweilen bestrebt, um eines Ausgleichs willen zu unlauteren Mitteln zu greifen. Ehrenamtliche Kommunalpolitiker beispielsweise, die über Posten bei öffentlichen Gesellschaften zu entscheiden haben, stellen damit die Weichen für Jahreseinkünfte in Millionenhöhe. Sie müssen sich öffentlich für die Auswahl rechtfertigen, »verdienen« mit ihrem Mandat aber nur wenige Hundert Euro im Monat. Wer das über Jahre oder Jahrzehnte erlebt hat, erliegt dem Trugschluss, etwas für sich selbst tun zu müssen: »Das habe ich mir jetzt verdient«, wird der Griff in die Kasse oder das Streben nach einem illegitimen oder illegalen Vorteil begründet. Das Netzwerk, das zuvor aufgebaut wurde, hilft dabei. Es wird für den negativen Zweck missbraucht.

- Die Chance der Gelegenheit

  In großen Organisationen wie Verwaltungen, Parlamenten oder Unternehmen lässt sich nicht immer alles jederzeit kontrollieren. Delegation von Kompetenzen und Aufgaben gehört zum Alltag, da muss man sich auf die entsprechenden Mitarbeiter verlassen können. Gerade wenn die Finanzen knapp werden, wird aber an der Korruptions-Vorbeugung gespart. Ausgaben in diesem Bereich wirken sich nicht direkt positiv auf die Bilanz aus – deshalb macht es aus Sicht der Verantwortlichen oft Sinn, hier zu kürzen. Dadurch entstehen aber mehr Gelegenheiten für Veruntreuungen, Betrug und illegale Absprachen. Wo das »Vier Augen Prinzip« versagt (also dass ein anderer Mitarbeiter in wesentliche Entscheidungen mit eingebunden werden muss), können Beziehungsgeflechte entstehen, die sich verselbstständigen. Wer einmal gemerkt hat, dass die Annahme eines Vorteils und die Erzeugung von Zusatzkosten für den Arbeitgeber keine negativen Auswirkungen haben, wird geneigt sein, das entsprechende Handeln zu wiederholen. Das ist auch eine Ebene der Macht, die in der Chance der Durchsetzbarkeit eigener Wünsche begründet ist. Auf diese Weise wird die Korruptionsethik etabliert, die das Klima in der jeweiligen Organisation nachhaltig verändert: Es wird selbstverständlich, die eine oder andere »Unsauberkeit« durchgehen zu lassen. Auf Dauer wird für »dumm« gehalten, wer diese Chancen nicht nutzt oder das Verhalten anderer anprangert.

Insgesamt geht es bei Entscheidungen im politischen und wirtschaftlichen Bereich stets um zwei wichtige Fragen: Wer kann seine Interessen einbringen? Welche Transaktionskosten entstehen, das heißt, welchen Aufwand muss man betreiben, um zu einer Entscheidung zu kommen? Dabei stehen zwei unterschiedliche Haltungen einander scheinbar unversöhnlich gegenüber: Auf der einen Seite ist man um effiziente und schnelle Entscheidungen bemüht und will daher die Transaktionskosten reduzieren. Zum anderen will man – zumindest wird das in der Öffentlichkeit meist vertreten – eine breite und aufrichtige Beteiligung verschiedener Meinungen, um den bestmöglichen Weg zu gehen. Nicht immer findet das aber auch statt: Die Chancen zur Mitwirkung sind in der Regel nur einem relativ kleinen Kreis vorbehalten, der sich zuvor als offizielles oder informelles Netzwerk etabliert hat. Mit diesem Entscheidungs-Dilemma und den subjektiven Einstellungen, die es ausprägt, müssen sich Wissenschaftler und Praktiker intensiver beschäftigen.

Ein Beispiel dafür ist die Diskussion über den richtigen Weg beim so genannten Lobbyismus. Der Begriff beschreibt die Situation, die Interessenvertreter beim Betreten eines Parlamentsgebäudes vorfinden: Sie dürfen nicht direkt in das Plenum oder ungefragt in die Büros der Abgeordneten, sondern müssen versuchen, sie im Vorraum anzusprechen, der Lobby eben. Beim Deutschen Bundestag sind etliche Vertreter von Verbänden, Firmen oder Organisationen registriert. Sie gehen sehr gezielt auf Volksvertreter und Mitarbeiter von Ministerien zu, um ihre Wünsche beispielsweise bei der Erstellung von Gesetzesvorlagen einzubringen. Da steht der Lobbyist der Entsorgungswirtschaft neben Vertretern von Umweltorganisationen, wenn es um die Zukunft der Müllverbrennung geht. In der Theorie soll so sichergestellt werden, dass Informationen aus verschiedenen Sichtweisen in die Suche nach einer allgemein verbindlichen Regelung einfließen.

Lobbyismus zeichnet sich durch ein Netz der Empfehlungen, Talente und Kompetenzen aus. Auch hier wirkt sich die Tendenz aus, Recherchen zu delegieren und auf diese Weise Transaktionskosten zu reduzieren. Solange die Einflussnahme transparent geschieht, ist dagegen auch nichts einzuwenden. Wenn allerdings Mitarbeiter großer Unternehmen – wie in Ministerien der Bundesregierung geschehen – konkret und verantwortlich an der Ausarbeitung von Gesetzestexten mitwirken, müssen sich die Auftraggeber kritische Fragen gefallen lassen. Lobbyismus kann in einer Demokratie nur funktionieren, wenn Entscheidungen, die für die Allgemeinheit verbindlich sind, auch zu deren Wohl gefällt werden. Dazu gehört es, dass Pro- und Contra-Positionen gleichermaßen zu ihrem Recht kommen. Wo eine Position – aus welchen Gründen auch immer – schon bei der Analyse der Entscheidungsoptionen bevorzugt wird, setzt sich das entsprechende Netzwerk dem Vorwurf der Korruption aus.

Wenn über persönliche Netzwerke im privaten Bereich Aufträge vermittelt werden, ist das prinzipiell kein Problem. Wenn aber die Steuerzahler oder Kunden für die Folgen einer Entscheidung zu zahlen haben, sind höhere ethische und legale Maßstäbe anzulegen. Wichtig wäre es deshalb, stets zu wissen, wer an welchen wesentlichen Stellen mitgewirkt hat. Netzwerke haben im öffentlichen Bereich nur eine Berechtigung, wenn sie ein Mindestmaß an Transparenz garantieren. Das kann geschehen, indem man in Gesetzesvorschlägen die verschiedenen inhaltlichen Positionen aufrichtig dokumentiert – und auch nachvollziehbar darlegt, wer an welcher Stelle des Textes mitgearbeitet hat. Genauso macht es Sinn, Verflechtungen von Politikern durch berufliches Engagement, Vereins-Mitgliedschaften und einträgliche Beraterverträge zu dokumentieren. Das Anti-Korruptionsgesetz in Nordrhein-Westfalen geht da in die richtige Richtung: Kommunalpolitiker in den Stadt- und Gemeinderäten müssen entsprechende Angaben machen, sie werden im Internet veröffentlicht. So kann sich jeder ein Bild davon machen, ob eine Befangenheit vorliegt, wenn etwa das Vorstandsmitglied einer Hilfsorganisation im Stadtrat über Zuschüsse für genau diese Vereinigung mit abstimmt. Ähnlich verhält es sich bei den Abgeordneten des Deutschen Bundestages, deren »Nebentätigkeiten« ebenfalls auf der Homepage des Parlaments für jeden öffentlich nachzuschlagen sind. Organisationen wie »lobbycontrol«

oder »transparency international« haben sich auf die Fahnen geschrieben, diese Informationsmöglichkeiten offensiv zu nutzen und Interessenkollisionen zur breiten gesellschaftlichen Diskussion zu stellen. Die Medien leisten dazu einen wichtigen Beitrag.

In diesem Zusammenhang darf nicht vergessen werden, dass Korruption seit dem Altertum allgegenwärtig ist. Strenge Strafandrohungen und aufgeregte Skandalisierung alleine können dieses Phänomen nicht hinreichend bekämpfen. Was wir brauchen, ist eine unaufgeregte Auseinandersetzung mit den Gefahren der Korruption. Auf der persönlichen Seite müssen sich Eliten immer wieder bewusst machen, auf welcher Stufe des »Klüngel-Modells« sie mit ihrem konkreten Verhalten stehen. Ansonsten setzt man sich stets der Gefahr aus, dass der politische oder wirtschaftliche Gegner, kritische Bürgergruppen oder die Medien diese Aufgabe übernehmen. Wer auf entsprechende Angriffe gedanklich nicht vorbereitet ist, droht zum Gegenstand eines Skandals zu werden. Nicht selten mündet eine solche Situation im Rücktritt des oder der Verantwortlichen (Beucker/Überall 2006). Insofern ist es nicht hilfreich, sich nur mit willfährigen Beratern zu umgeben, die sich nicht trauen, kritische Hinweise zu geben.

Diese Haltung ist bei Politikern und Managern in Machtpositionen zuweilen weit verbreitet: Statt hinter den Kulissen eine konstruktive Kultur der Auseinandersetzung zu pflegen, beschäftigt man Mitarbeiter, die dem Chef »nach dem Mund reden«. Positionen in Frage zu stellen, wird als eine Art Majestätsbeleidigung ausgelegt. Das gilt auch für Beamte, denen sogar gesetzlich das so genannte Remonstrationsrecht zusteht: Sie werden in der Theorie ausdrücklich ermutigt, abweichende inhaltliche Positionen zur Sprache zu bringen und vor Fehlentwicklungen zu warnen. Wer sich die Wirklichkeit zum Beispiel in Ministerien anschaut, stellt schnell fest, dass solche Kritiker nicht erwünscht sind. Zur Vermeidung von Reibungsverlusten im Sinne von bürokratischen Transaktionskosten werden Prozesse so organisiert, dass nur der Mainstream einer politischen Sichtweise einfließt. Auf Dauer kann das nicht gutgehen. Jedes konstruktive Netzwerk lebt davon, auch divergierende Interessen zu integrieren. Wo die auf Dauer ausgeblendet werden, ist die Grenze zur Korruption bald überschritten.

Zu einer Änderung dieser Management-Einstellungen wird es nicht von heute auf morgen kommen. Wichtig ist, dass man sich überhaupt mit den Gefahren auseinandersetzt, die durch negative Auswirkungen falsch ausgerichteter Netzwerke entstehen können. Sozial- wie Wirtschaftswissenschaften können einen großen Beitrag dazu leisten, dieses weite Feld theoretisch aufzuarbeiten, um letztlich wichtige Ansätze für die Praxis zu prägen. Die

Graubereiche menschlicher wie institutioneller Zusammenarbeit sind aber bisher wissenschaftlich noch zu wenig analysiert worden. Strukturen und Ethik des menschlichen Handelns, der Kommunikation und der Manipulation sind in den Lehr- und Forschungsplänen noch ein relativ junges Gebiet. Die Beschäftigung mit der Anwendung und Auswirkung von Macht in Netzwerken wirft naturgemäß viele Schwierigkeiten auf. Aktiv Beteiligte sind oft nicht geneigt, über ihre Handlungsweisen Auskunft zu geben. Wer überhaupt bereit ist, darüber öffentlich zu sprechen, wird seine Äußerungen mit einem subjektiven Filter versehen. Die bloße authentische Beschreibung wird quasi garniert mit impliziten Strategien der (Selbst-) Rechtfertigung. Schließlich unterliegt schon die Frage, was als Korruption gilt, zeitlichen und gesellschaftlichen Schwankungen.

Erst wenn es gelingt, Strategien der »Korruptionsethik« verständlich und nachvollziehbar zu machen, wird man eine intensivere Auseinandersetzung mit diesem Thema erreichen. Der Gewinn eines solchen Diskurses liegt jedoch auf der Hand: Die Ebene von Kooperation und Netzwerken würde von ihrem Malus befreit, auf Kosten Dritter oder gar der Allgemeinheit zu gehen. Indem man das demokratische Fundament personaler Beziehungs- und Handlungszusammenhänge illustriert, kann man Hinweise für Partizipation geben, was wiederum der Politik- und Wirtschaftsverdrossenheit entgegen wirkt. Die deutlichere Definition abweichenden Verhaltens würde gleichzeitig die Gefahr, damit aufzufallen und negative Folgen bewältigen zu müssen, erhöhen. Das wiederum müssten Entscheidungsträger dann in ihre Einschätzung von Transaktionskosten einfließen lassen. Der Fall des Großunternehmens Siemens (und vieler anderer ähnlich gelagerter Affären) hat gezeigt, dass man zwar einige Zeit mit korruptiven Handlungen enorme Gewinne einfahren kann. Irgendwann fällt so etwas aber auf: Und dann drohen hohe Strafzahlungen und ein Verlust des öffentlichen Rufes.

Literatur

BEUCKER, P. / ÜBERALL, F. (2011) Endstation Rücktritt? – Warum deutsche Politiker einpacken. Bonn: Bouvier

SCHEUCH, E. und U. (1992) Cliquen, Klüngel und Karrieren. Reinbek bei Hamburg: Rowohlt

ÜBERALL, F. (2008) Der Klüngel in der politischen Kultur Kölns. Bonn: Bouvier

ÜBERALL, F. (2011) Abgeschmiert: Wie Deutschland durch Korruption heruntergewirtschaftet wird. Köln: Bastei Lübbe

VON ARNIM, H. (1995) Staat ohne Diener. Was schert die Politiker das Wohl des Volkes? München: Kindler

VON ARNIM, H. (1999) Fetter Bauch regiert nicht gern. Die politische Klasse – selbstbezogen und abgehoben. München: Droemer Knaur

WEBER, M. (1992) Wirtschaft und Gesellschaft. Köln; Berlin: Kiepenheuer & Witsch

Differenz und Diversität im Netz

Verena Bruchhagen

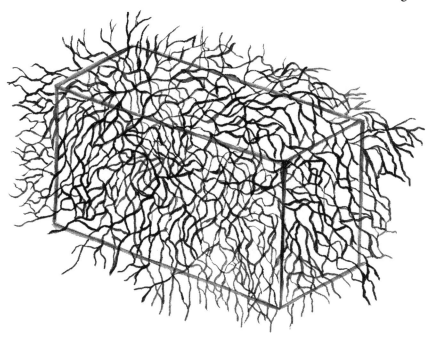

Networking erscheint als das Nonplusultra einer gelingenden Kommunikation in komplexen Beziehungskonstellationen. Networking all over! Auch meine eigene (Berufs-)Biografie ist von zahlreichen Netzwerken und entsprechenden Networking-Versuchen geprägt und durchsetzt. Desto mehr irritierte es mich, dass nach der anfänglichen Begeisterung darüber, für dieses Buch einen Beitrag zu schreiben, sich eine eher kühle Distanz und Reserviertheit gegenüber dem Thema breitmachte, die ich mir nur schwer erschließen und erklären konnte. Meine erste subjektiv tragfähige Annahme, dass es sich bei Netzwerken um äußerst konstruktive, strategisch sinnvolle und sozial ergiebige Sozialformate handele, wich zunehmend dem Gedanken, dass in solch einer idealisierenden Annäherung weit mehr die uneingelösten Wünsche und Projektionen zum Ausdruck kommen, die ich über Jahre mit dem Konzept der Netzwerkarbeit und ihrer Legitimierung pauschal aufrecht erhalten hatte.

Indem die Emergenz von Netzwerken über die Ebene der Einzelnen hinaus als Surplus eines qualitativ neuen Gewinns betont wird, enthält Netzwerken immer das Versprechen eines Mehrwerts. Doch eine heimliche Arbeitsthese stülpte sich gewissermaßen von innen über diese gedankliche Annäherung. Im Nachhinein – und hier nun als Leitthese vorangestellt – würde ich sagen: Netzwerken basiert auf einem Vorgang der dynamischen Identifikation mit spezifischen institutionellen Praxen. Es dient dem Versuch, sich in institutionellen Strukturen zu integrieren und zu positionieren, die dies jedoch nur sehr begrenzt zulassen! Die Anstrengungen des Netzwerkens stehen damit oftmals in einem ungünstigen Verhältnis zu tatsächlichen gesellschaftlichen Inklusionserfolgen. Folge ich also meinem Reserviertheitsgefühl, so bedeutet dies für die Wahrnehmung des Netzwerkens einen äußerst vulnerablen Prozess. Die Identifikation mit einem Netzwerk soll in der Regel den Zugang zu bisher un- oder schlecht erreichbaren Beziehungskonstellationen ermöglichen oder funktionale Alternativen und Äquivalente erschließen helfen. Doch letztlich verweisen Netzwerke darauf, dass sich konflikthafte gesellschaftliche Differenzierungsprozesse entlang sozialer Ungleichheitskonstellationen, inklusive der jeweilig bemühten strukturellen und kulturellen Reproduktionsmechanismen, nicht durch Introjektion institutioneller Dominanzkultur aufheben lassen. Hier schließt sich die kritische Frage an, inwieweit die Praxis des Netzwerkens unter Umständen zur Vermeidung einer bewussten Auseinandersetzung mit struktureller Diskriminierung oder Exklusionserfahrung beiträgt.

Netzwerk – Karriere eines Begriffes

Der Netzwerkbegriff und Netzwerke als soziale und kulturelle Phänomene haben in wenigen Jahrzehnten eine steile Karriere hingelegt. Wir beobachten und erleben seit den 80er-Jahren Netzwerkkulturen, die sich als Ergänzung zu bestehenden tradierten (und damit oft rigide ritualisierten) Formen gesellschaftlicher Integration verstehen. Viele von ihnen sind in den 80er Jahren im Kontext der Neuen Sozialen Bewegungen und in Abgrenzung zu bestehenden homogen geschlossenen Netzwerken, Seilschaften, Bündnissen entstanden.

Seit dieser Zeit werden sie auch verstärkt zum Gegenstand wissenschaftlicher Reflexion (Schenk 1983; Keupp/Röhrle 1988; Burmeister 1991). Dabei zeichnet sich laut Huber ein Paradigmenwechsel vom linearen zum vernetzen Denken ab (Huber 1989). Während dem alten Paradigma ein Funktionieren nach eindeutigen, festen Gesetzen, rationale Planbarkeit und Machbarkeit im Rahmen einer tendenziell autoritären Weltsicht zugeordnet war, wurde das neue systemisch-evolutionäre Paradigma als interaktives, kommunikatives und vernetztes System beschrieben. Der Leitgedanke (und gleichwohl die Zukunftsvision) der Beziehungsorientierung rückte in den Vordergrund. Sich dieser Bedeutung von Beziehung und Beziehungskonstellationen bewusst zu sein bedeutete auch, Verhalten in Netzwerken entsprechend eher pragmatisch als ideologisch zu begründen bzw. zu orientieren. So erhielt das eigenverantwortliche Handeln gegenüber der (auch in der Nachkriegszeit immer noch ausgeprägten Norm) des Gehorsams mehr Aufmerksamkeit. Damit in Zusammenhang stehen die seit den 80er-Jahren und nicht zuletzt durch die Neuen Sozialen Bewegungen beförderten Kritiken an gängigen Macht- und Hierarchiestrukturen. Autonomie und Selbstbestimmung versus Hierarchie hieß die Versuchsanordnung im Kontext vieler Netzwerkkulturen. Dieses hierarchiekritische, auf Dezentralisierung orientierte Potenzial der Praxis von Netzwerken korrespondiert mit zwei grundlegenden Aspekten der Netzwerk-Forschung: mit der Mobilität von Netzwerken, die durch lockere Verbindungen entsteht, und mit der Unabhängigkeit von einer zentralen Problemlage.

Mayr-Kleffel (2004) bietet in der Vielfalt der Netzwerkforschung eine Klassifizierung nach Egozentrierter Netzwerkanalyse und Struktureller Netzwerkanalyse.

Während unter Egozentrierter Netzwerkanalyse die soziale Integration verschiedener Populationen hinsichtlich der Unterstützungsqualität der persönlichen Umwelt, des Bewältigungshandelns und des psychisch-physischen Wohlbefindens der Subjekte oder Akteure gefasst wird, nimmt die Strukturelle Netzwerkanalyse regelmäßig andauernde Beziehungsmuster in Netzwerken als deren elementares, emergentes Verhalten in den Blick und versteht Netzwerke so als ganze Systeme (Mayr-Kleffel 2004, 304).

Meines Erachtens lässt sich mit dieser Klassifizierung aber auch eine doppelte Funktion von Netzwerken beschreiben: Für die Person ermöglichen sie die Erschließung optionaler Ressourcen, struktureller Anschlüsse und Möglichkeiten des Bewältigungshandelns, für das gesamte System erschließen Netzwerke tendenziell ungenutzte Potenziale und stellen darüber eine soziale Form der gesellschaftlichen, sozialen, beruflichen Integration zur Verfügung. Diese Verbindung von Handlung und Struktur ist ein unabgeschlossenes Thema in der Netzwerkforschung.

> »Strukturelle Zwänge werden größer bei den Netzwerkbeziehungen, die in der öffentlichen Sphäre entstehen, sei es im Berufs-, Vereins-, politischen Leben. Hier ist die Interdependenz von Beziehungen und damit der strukturelle Einfluss auf das Handeln von Netzwerkmitgliedern beträchtlich größer. Allerdings

sollten spezifische Rahmenbedingungen, die die Netzwerkbildung und die Mechanismen innerhalb der sozialen Netzwerke beeinflussen, genauer als bisher theoretisch und empirisch geklärt werden. (Mayr-Kleffel 2004, 309)

Eine grundlegende theoretische Stimmigkeit war für die Bewertung von Netzwerkpraxen meist weniger bedeutsam als Aspekte ihrer praktischen Bewährung und ihrer konkreten Ergebnisse im beruflichen, politischen oder sozialen Alltag.

Dies bedeutet, dass zur Diagnose von Phänomenen der modernen Gesellschaft der Netzwerkansatz zwar gefragt ist, aber oft mehr strategisch von ambitionierten Akteurinnen und Akteuren in politischer oder professioneller Orientierung genutzt wurde, um Möglichkeiten der (Selbst-)Steuerbarkeit in diversen Handlungskontexten zu erweitern. Vielleicht liegt die dabei genutzte affirmative Kraft von Netzwerken nicht nur in der Herausbildung relativ flexibler WIR-Vorstellungen, sondern in der Metapher des Netzes selber: Fischernetz, Sprungnetz, Einkaufsnetz, Haarnetz, Teenetz, Verkehrsnetz, Infrastrukturnetz ... Was sich bei konkret-gegenständlichen wie bei abstrakteren Netz-Metaphern an inneren Bildern herstellt und was sich als Analogieschluss als sinnvoll erweist, ist subjektiven und kulturellen Konstruktionen unterworfen, scheint aber in bestimmten Kontexten an Attraktivität seit den 80er-Jahren nichts verloren zu haben.

Sozialer Tausch, soziale Macht und soziale Beeinflussung sind drei Kernaspekte von Netzwerkanalysen (Jansen 1999), die darauf verweisen, dass es nicht allein der persönliche Gewinn des Individuums ist, der Netzwerke in Theorie und Praxis interessant macht, sondern die Verknüpfung von personalen und sozialen Systemen. Fokus ist die optimale Nutzung und Verbindung formaler und informeller Strukturen zur individuellen oder kollektiven Einflussnahme in und Gestaltung von sozialen Prozessen. Hinterfragen lässt sich selbstverständlich, inwieweit Netzwerke über die Mikroperspektive der personalen Förder- und Entwicklungsmöglichkeiten hinaus Lernanlässe zur Stimulierung von gesellschaftlichen Veränderungsprozessen bieten (können) – wie etwa der Entwicklung und Kultivierung innovativer, hierarchiearmer, bürokratiearmer, diskriminierungsarmer Sozialsysteme.

Networking trifft Managing Diversity

Eigentlich ist es hier nicht überraschend, dass sich (in Deutschland etwa seit Anfang der 90er-Jahre) nun das Konzept des Diversity Managements oder

Managing Diversity (»MD«) auf die Bühne schiebt – ein Konzept, das den Umgang mit sozialer Vielfalt und mit Dynamiken von Heterogenität und Homogenität nutzen will, um eine gesellschaftliche Gratwanderung neu auszuloten, nämlich die zwischen betriebswirtschaftlicher und organisationaler Perspektive des Managementhandelns und den Idealen und Perspektiven der Chancengleichheit und einer diskriminierungsfreien Organisationskultur. Wertschätzung und Bewusstsein für die Einzigartigkeit der Individuen wird in Diversity-Konzepten zum Wert erhoben. In sozialwissenschaftlich fundierten Ansätzen ist darüber hinaus die Orientierung auf einen bewussten Umgang mit dem *Doing Difference* und der Konstruktion sozialer Unterschiede sowie die daraus resultierende Entstehung von Diskriminierung und Dominanz thematisiert (Koall/Bruchhagen/Höher 2002). Beiden Ansätzen, dem MD wie dem Netzwerkansatz, ist gemeinsam, dass sie sich mit der Interdependenz personeller Beziehungen und organisationaler Kultur und Struktur(-entwicklung) befassen und die Funktion der Verbindung der zwischenmenschlichen, persönlichen Handlungsebene zur strukturellen Ebene gesellschaftlicher, ökonomischer und ökologischer Gestaltung thematisieren.

In der Perspektive eines Managing Diversity geht es unter anderem um die Überlegungen, welche optionalen Sozialformen und Beziehungen unter Einbeziehung bisher eher latent gehaltener Potenziale denkbar wären. Zur Diskussion stehen dabei auch Dynamiken, die bei der Orientierung auf neue Formen und Verhaltensmuster eher an »mitgebrachte« alte Muster im Umgang mit Unterschieden anschließen. Dieser Konservativismus bremst häufig aktuelle Lern- und Entwicklungsherausforderungen im Umgang mit Heterogenisierung, Diversität und Inklusion.

Wahrnehmungen, Selektionen, Entscheidungs- und Unterscheidungsmuster und -regeln kommen zu einem großen Teil als latente psychosoziale Modellierungsdynamiken zum Tragen, werden aber in ihrer Funktion als handlungs- und entscheidungsleitende Subsysteme sozialer Differenzierung wenig hinterfragt, da sie als »normal« erfahren werden. Je stärker ein außengeleitetes, nicht kritisch reflektiertes Anpassungsverhalten vorliegt (z. B. in Peer-Gruppen), desto stärker wird die Verwendung von gleichermaßen normierten wie normierenden Unterscheidungs- und Differenzierungskategorien als identitätsstiftend erlebt. Das berühmte Wir-Gefühl dient dann komplementär zum Ausgleich von Erfahrungen der Diskriminierung, der Exklusion oder zur Abwehr von Neuem, von Fremdheit, von Andersartigkeit.

Zur alltäglichen Herstellung von Normalität und Sicherheit verwenden wir Begriffe, Kategorisierungen, Ordnungen, Diskurse, die tendenziell die Funktion haben, Erwartungen, Vorstellungen und Gefühle zu einer

Komplexitätsreduzierung, das heißt zu Überschaubarkeit und Orientierung zu führen. Diese Konstruktionsprozesse scheinen legitimiert/legitim, weil sie als alltäglich, gewohnt, normal gelten. Allerdings wird diese Praxis der Herstellung von normalisierter Überschaubarkeit und Ordnung in der Regel nicht reflektiert. Der Preis für die so konstruierte Erwartbarkeit und Sicherheit, hergestellt durch Orientierung auf »sameness« und »normalcy«, ist gebunden an den Verlust von Komplexität. Wollen wir Irritationen vermeiden, reduzieren wir Offenheit, Neugier und Kreativität, Mehrdeutigkeit und Optionalität. Allerdings steht die so konstruierte *Normalität* in der Kritik eines sozialwissenschaftlich fundierten Diversity-Diskurses, da sie sich oft zu einer (Selbst-)Konstruktion der *superiority*, der Überlegenheit gegenüber dem Differenten entwickelt. Komplementär zu Überlegenheit, Privilegiertheit und Dominanz konstituieren sich Prozesse der Diskriminierung, der Exklusion. Diese Komplementarität von inkludierenden und exkludierenden Prozessen auf der Ebene personaler, sozialer und organisationaler Prozesse muss auch im Kontext von Netzwerken problematisiert werden, wird aber oftmals eher tabuisiert als thematisiert. Ich denke, dass diese Prozesse vor allem deswegen schwer bearbeitbar sind, weil sich das Ideal einer freien und flexiblen Beziehung unter Gleichen an das Bild des Netzwerks geknüpft hat, was wiederum nur zögernd kritische Fragen nach Bedeutungshierarchien, Vorrangigkeit und Nachrangigkeit, Dominanz und Subdominanz, Wirksamkeit und Gestaltungsmacht etc. im Beziehungsgefüge eines Netzwerkes zulässt.

Veränderung von Routinen institutioneller und organisationaler Praxis durch Networking?

Veränderung von Routinen institutioneller und organisationaler Praxis durch individuelles und organisationales Lernen gilt aus Sicht vieler Personen und Gruppen als erforderlich und wird affirmativ immer wieder bestätigt, wird aber andererseits ausgesprochen hartnäckig von Mechanismen der Lernabwehr verhindert. Anders gefragt: Verführen Netzwerke dazu, sich hinsichtlich bestimmter Lernanforderungen nicht zu strapazieren? Wird stattdessen der Erhalt unbewusster Vermeidungsdynamiken begünstigt? Beobachten lässt sich jedenfalls, dass sich nicht in der Netzwerkpraxis per se bereits eine Lernoffenheit diesbezüglich repräsentiert. Welche voraussetzungsreichen persönlichen (Netzwerk-)Kompetenzen sind also gefordert, um nicht als hochflexibilisiertes, hyperangepasstes Individuum zu gelten, dessen Konfliktfähigkeit durch seine institutionellen Identifikationswünsche reduziert und eingeschränkt wird? Der Wunsch nach Einbettung in ein tragfähiges Netz ist durchaus verständlich, denn was in den letzten Jahrzehnten an Anforderungen an die Gestaltung flexibilisierter Lebens- und Arbeitswelten zu beobachten war und ist, korreliert mit hoch ambivalenten Bewältigungsversuchen (Mobbing, Burnout, Depression als Volkskrankheit ...). Wie können sich Individuen durch persönliche (Netzwerk-)Beziehungen und durch die Kunst der durchlässigen Beziehungsgestaltung schützen, um im Spannungsfeld von Individuum und Sozialstruktur Kreativität, Arbeitsfähigkeit und Lebensfreude zu erhalten bzw. zu gewinnen? Oder wo bestätigt sich nur die komplementäre Struktur von exklusiven Elitenetzwerken einerseits und eng geknüpften, eher aufstiegshemmenden Netzwerken ressourcenschwacher Gruppen als deren subdominanter Version andererseits? Hier geht es sicherlich nicht nur um individuelle Bemühungen zum Empowerment, die Einstieg, Aufstieg und Karrieren garantieren oder promoten sollen, sondern um die Reichweite von Netzwerken beim Durchkreuzen relativ rigider gesellschaftlicher Strukturen und Beziehungsgefüge. Hier begegnen sich Diversitäts- und Netzwerktheorien, wenn sie die Begrenzung sozialer Formen durch homosoziale Beziehungen infrage stellen und weitergehend danach fragen, wie soziale Diversität inklusiv gestaltet werden kann.

Networking zur Korrektur von (Geschlechter-)Diskriminierung?

Es ist nicht verwunderlich, dass sich das neue Paradigma Networking auch im Kontext von Frauenbewegung und Frauenpolitik seit den 80er-Jahren als interessant und reizvoll erwies (Omran 1995), und zwar lange bevor der Begriff Gender hier konzeptionell zur Verfügung stand. Ich nehme einige Aspekte aus diesem Kontext im Folgenden exemplarisch für meine kritischen Überlegungen auf, um nach dem Umgang mit Differenz und Diversität in Netzwerken zu fragen. Interessant scheint mir dies, weil viele Frauennetzwerke in einem sehr dynamischen Dazwischen von autonomen, selbst organisierten, sozialen Bewegungsinteressen einerseits und Institutionalisierungs- und Formalisierungsinteressen andererseits entstanden sind.

Bis in die zweite deutsche Frauenbewegung hinein hat sich der Diskurs über die Aktivierung von Frauen auf der Ebene persönlicher Netzwerke erhalten. Es wird kontrovers diskutiert, ob dies einen Zugang zu Prozessen der politischen und ökonomischen Emanzipation und Teilhabe ermögliche oder ob dadurch etwa der sozialstaatliche Rückzug untermauert werde. Dies impliziert die Frage, welcher Anerkennungskultur Netzwerke eigentlich unterliegen und wie sich der Status von Netzwerken im Vergleich zu anderen, stärker institutionalisierten und formalisierten Sozial- und Organisationsformen behauptet. Bleibt der Effekt von Netzwerken nur ein interner (persönliche Beziehungen unterstützend) oder sind auch Effekte in der Außenwahrnehmung (bedeutungsvolle Sozialstruktur) geltend zu machen? Diese Frage lässt sich auch so formulieren: Wann sind Netzwerke selbstgenügsame Subkulturen oder marginale Sozialformen? Wann und wie machen sie in der Verbindung, in dem Dazwischen von Anerkennung und Marginalisierung eine Veränderung von Beziehungsformen geltend, die auch für die öffentliche Sphäre relevant ist?

Ein kurzer historischer Abriss soll darlegen, wie die Funktion von (Frauen-)Netzwerken hier eingeschätzt werden kann. Wenn wir über Netzwerke diskutieren, steht eigentlich immer ein – jeweils historisch gebundenes – Verhältnis verschiedener Sozialformen im Vergleich zur Diskussion. Gehen wir zunächst von traditionellen Führungs- und Entscheidungsstrukturen aus, wie sie im Verlauf des 19. Jahrhunderts und der Entwicklung einer bürgerlich-patriarchalen Kultur entstanden sind. Die Entwicklung einer politischen Teilhabe war insbesondere für Staatsbürgerinnen an das vorhergehende Engagement in Netzwerken und Vereinen gebunden, da der direkte Zugang zu politischer und gesellschaftlicher Teilhabe erst erkämpft und hergestellt werden musste. Phasen der Entwicklung, der Formalisierung und der Konsolidierung dieser Netzwerk-Engagements waren unterschiedlich ausgestaltet, wobei die (z. T. unterschiedlichen rechtlichen) Rahmenbedingungen (Pfanz-Sponagel 2005) auch Unterschiede in den Institutionalisierungsprozessen von Frauenorganisationen mit sich brachten.

Besonders interessant ist die zweite Hälfte des 19. Jahrhunderts, die – ausgehend vom deutschen Vormärz und den Versuchen der reaktionären Rückbindung gesellschaftlicher, sozialer und individueller Entwicklungspotenziale – die Formalisierung der Frauenemanzipation im 19. Jahrhundert maßgeblich geprägt hat. Die Entwicklung des Bürgertums und der bürgerlichen Kultur zeigt die Ambivalenzen auf, zwischen denen sich Forderungen nach Teilhabe und Mitgestaltung (in) einer Gesellschaft entwickelt haben. Auch aktuell stellt sich die Frage nach Inklusion und gesellschaftlicher Teilhabe ähnlich wie damals: Wie werden Interessen und Forderungen von Personen und Gruppen zwischen informeller Entwicklungsdynamik und institutioneller Einbindung anschlussfähig gemacht?

Menschen gründen Netzwerke,

– um Alternativen zu herrschenden Organisations- und Sozialformen zu finden,

- weil sie in bestehenden und als relevant geltenden Bündnissen nur marginal beteiligt sind,
- weil sie Diskriminierungserfahrungen mit den strukturell angelegten, aber als normal verstandenen Selektionsmechanismen machen,
- weil Netzwerke weniger auf die konservative oder konventionelle Reproduktion von Beziehungsstrukturen und -formen abzielen, also innovativeres Potenzial haben,
- weil Netzwerke Experimentierfelder als ein Dazwischen von »nicht mehr« und »noch nicht« ermöglichen,
- weil die Perspektive des handelnden, entscheidenden Individuums stärker im Blick ist und damit
- die Möglichkeit sozialer Teilhabe mit der selbstorganisierten und selbstverantworteten Wahl von Beziehungsgestaltung und Organisationsform in stärkerer Eigenregie gestaltet werden kann/muss.

Die Geschichte des Bürgertums und die Emanzipation der Frauen sind geradezu Paradebeispiele für die kontroverse Dynamik dieser Entwicklungsprozesse sowohl auf der politischen, der kulturellen wie der psycho-sozialen Ebene. Wie strapaziös und konfliktreich diese Prozesse sich darstellten, zeigt sich u. a. darin, dass die politischen Impulse aus der Revolutionszeit und die Aufbruchstimmung des Deutschen Vormärz fast zwangsläufig auch zur Entwicklung neuer sozialer Beziehungen, Beziehungsformen, Beziehungsanforderungen und Beziehungskulturen führten. Dieses Beziehungslernen, das oft mit ganz persönlichen Hoffnungen, Leiden und Schmerzen verbunden war, lässt sich bis heute beobachten. Wie gelingen Beziehungen jenseits gesellschaftlich geronnener Status- und Hierarchiegrenzen, was wird im Verhältnis von Privatheit und Öffentlichkeit zur Bewältigung der Lebens- und Arbeitssituation geleistet?

Die Bereitschaft von Frauen, sich in Vereinen zu organisieren, erhöhte sich, als 1908 das Vereinsrecht gelockert wurde. Die Unterscheidung zwischen der radikalen und der konservativen Frauenbewegung scheint unter dem Fokus der Bedeutung von Netzwerkbildungen zur Entwicklung neuer sozialer Beziehungen zu kurz gegriffen, zu binär. Eher ließe sich anmerken, dass ja gerade optionale Erweiterungen bisheriger sozialer Begrenzungen und Beziehungen aufgebrochen und neue Formen des sozialen Miteinanders erprobt wurden. Während die scheinbar geschlossenen politischen Lager (die Bürgerlichen, die Radikalen, die Gemäßigten) sich in Position brachten und ihre Grenzen ausloteten, wurden u.a. neue Formen der Geselligkeit in den bürgerlichen Salons, in künstlerischen Kreisen der Boheme oder beispielsweise in zahlreichen Künstlerkolonien in Europa entwickelt. Die Ambivalenzen zwischen Tradition und Innovation weisen auf historisch unterschiedliche Rahmungen eines »Unbehagens in der Kultur«. Gesellschaftliche Umbrüche und Veränderungen im Zusammenhang mit der historischen und sozialen Überbrückungsform der Netzwerke zu fokussieren, erlaubt es, die vielfältigen, z. T. sicherlich spannungsreichen Verknüpfungen von formalen und informellen Entwicklungsdynamiken zu würdigen. Doch je mehr Netzwerkarbeit als (in diesem Sinne explorative, neue Modelle entwerfende) Beziehungsarbeit verstanden wird, desto klarer wird sie im nachgeordneten sozialen Bedeutungsraum verortet. Die Arbeit vieler Frauengruppen galt früher und gilt heute oft nur als nachgeordnet – dies umso mehr, wenn sie sich in ihren Inhalten und ihrer Ausrichtung nicht an der herrschenden Dominanzkultur orientierten oder diese gar verweigerten. Viele Engagements, die sich anfänglich einer geradezu radikalen Praxis des politischen Sichtbarwerdens verpflichtet sahen, drifteten später ab und reduzierten sich in ihrer Zielsetzung wie in ihrer Außenwirkung auf persönliche Netzwerke oder karitative Tätigkeiten. In deren Rahmen konnten sich Frauen durchaus professionalisieren, doch auch hier muss unterschieden werden:

> »Niedrig qualifizierte Frauen erscheinen als Zaungäste der Vernetzungsaktivitäten von Frauengruppen, Verbänden u. a. Der Studie von Petra Frerichs und Heike Wiemert über Frauennetzwerke zu Folge sind es fast ausschließlich hochqualifizierte Frauen, die mit utilitaristischem Kalkül in Beziehungen investieren und von ihnen profitieren. Dabei agieren sie mehrheitlich mit sozial ähnlichen Frauennetzwerken, mit denen sich leichter Vertrauen aufbauen lässt.« (Mayr-Kleffel 2004, 308)

Hier ist es interessant, die Inklusionsbedürfnisse von Personen und Gruppen mit den zum Teil aggressiven Exklusionsattitüden und -interessen anderer gesellschaftlicher Gruppen zu vergleichen. Zum einen war es das Bürgertum, das im eigenen Interesse eines Aufstiegs maßgeblich an einem Umbau, einer Veränderung gesellschaftlicher Strukturen, beteiligt war und die Möglichkeiten der politischen Teilhabe als Pendant zu der längst vollzogenen ökonomischen Gleichrangigkeit forderte. Zum anderen war es ebenfalls das Bürgertum (in anderen Aspekten auch die Arbeiterschaft), das die Entwicklung durchlässiger kultureller und sozialer Beteilungsformen und adäquater Lebens- und Arbeitsformen verhinderte bzw. das mit konservativem Ressentiment reagierte, wenn neue Netzwerke sich bildeten und neue Sozialformen präsentiert wurden. Die Prozesse der Vereinnahmung bzw. Ausgrenzung diverser Ansätze und Potenziale durch die jeweilige Dominanzkultur war nicht etwa verhalten und dezent, vielmehr galten exklusive (patriarchale) Setzungen in politisch konservativen wie liberalen Kreisen als angesagt und identitätskonstituierend. Ein Mangel an Begeisterung ist bis heute beobachtbar, wenn sich gesellschaftlich marginalisierte Gruppen den Zugang zum Mainstream erarbeiten (wollen). Beobachtbar ist auch, wie sich prinzipiell vorhandene Infrastrukturen (Arbeitsgruppen, Öffentlichkeitsarbeit …) für die Neuanwärter plötzlich der Nutzbarkeit entziehen und die tatsächlich machtvollen Bereiche und Prozesse plötzlich ganz flexibel abwandern, sobald soziale Aufsteiger im Feld erscheinen.

Lockt(e) also einerseits der Beitritt zu formalisierten, scheinbar oder tatsächlich machtvollen sozialen Systemen und institutionellen Praxen, so wurde die prinzipielle Beteiligung oder Teilhabe zwar z. T. durchaus rechtlich abgesichert, faktisch war aber der Zugang zu Ressourcen und Entscheidungsmacht überhaupt nicht garantiert. Zu vermuten (oder auch zu beobachten) ist bis heute eher, dass machtvolle Insider-Clubs einfach die Ebene wechseln und sich der Prozess der Exklusion dann im Binnenraum der Organisation bzw. des sozialen Systems reorganisiert.

Die informelle Leistung der Netzwerkkommunikation hat dabei eine Funktion, die mit der Hausarbeit gegenüber der Erwerbsarbeit vergleichbar ist: sie kompensiert die Spaltung, in der sich diese Form der sozialen Differenzierung darstellt.

Dieser Teil einer unverzichtbaren kommunikativen Kompetenz (nämlich aus dem Excludiertwerden heraus die Beziehung aufrecht zu erhalten) erscheint meist nicht als Leistung, sondern als individuelle Beibringung von Anpassungsmodi. Diese Leistungsanforderungen gehen über die konformen Rollenanforderungen weit hinaus. Das »Please hold the line!« erscheint wie ein imperatives Schmiermittel mit der heimlichen Funktion, Störungen und Irritationen, die sich aus sozialen Differenzen/Differenzierungen ergeben, relativ einseitig aushaltbar und haltbar zu machen.

Welche Bedeutung haben Netzwerke also für wen? Wer nicht schon Ressourcen mitbringt, wird sie allein durch Netzwerkarbeit nicht herstellen – sie sind ja eher das, was in das Networking eingebracht werden soll. Viele Personen investieren viel, bereichert (im Sinne einer tatsächlichen Durchlässigkeit zu anderen Ressourcen und Repräsentationssystemen) werden sie eher wenig. Welche Projektionen, Fantasien etc. werden mit Netzwerken verknüpft, um diese Diskrepanz und entsprechende Spannungen aushalten zu können oder um sie nicht wahrnehmen zu müssen?

Aktuelle Irritationen – alte Bewältigungsmuster

Aktuell lassen sich (wieder einmal) äußerst kontroverse und widersprüchliche Phänomene und Prozesse der Auseinandersetzung mit Verschiedenheit beobachten. Während eine politische Debatte einerseits das Ende von »Multikulti« proklamiert, wird etwa in der Wissenschaft darum gerungen, sich den Herausforderungen einer angemessenen Bearbeitung von Differenz, Vielfalt und Verschiedenheit nicht nur theoretisch, sondern auch methodisch-methodologisch nähern zu können. Mit dem Begriff der Intersektionalität ist der Diskurs über Verfahren zur Kombination und Vernetzung unterschiedlicher sozialer Differenzkategorien in den letzten Jahren begonnen worden (Bruchhagen/Koall 2007). Diese Ansätze verfolgen die Absicht, nicht nur einzelne Kategorien sozialer Ungleichheit, sondern ihre komplexe Verschränkung in den Blick zu nehmen. Intersektionalität meint die Kombination analytischer und theoretischer Perspektiven, insbesondere in Hinsicht auf Hierarchien bzw. Hierarchisierungen, denen auch Kategorien sozialer Differenzierung unterliegen. Die Hierarchisierung oder auch Priorisierung solcher Kategorien ist nicht nur persönlichen Vorlieben geschuldet, sondern unterliegt historischen und kulturellen Entwicklungen. Doch während nun in Forschung und Wissenschaft die Korrespondenz diverser Dimensionen sozialer Ungleichheit zunehmend reflektiert und bearbeitet wird, haut man anderen Ortes eher auf den ideologischen Putz, was im Prinzip heißt, dass äußerst komplexe Sachverhalte unzulässig schlicht dargestellt werden. Wir beobachten diese Gleichzeitigkeit von Versuchen, der Komplexität einerseits mit angemessen ausdifferenzierten und z. B. inter- und transdisziplinär vernetzten Konzepten und Zugängen zu begegnen, während andernorts in einer verkürzten Rhetorik auf gesellschaftliche Problemlagen und Herausforderungen reagiert wird. Die beiden Systeme Wissenschaft und Politik werden aus unterschiedlichen normativen Setzungen gespeist. Regeln, Normen, Rollen, Gestaltungsziele und Steuerungsinstrumente sind je nach System unterschiedlich. Beiden Systemen kann jedoch (zeitweise oder teilweise zumindest) unterstellt werden, dass die konkreten Erfahrungen von Menschen kaum mit der jeweiligen (politischen oder wissenschaftlichen) Konstruktion von Wirklichkeit korrespondieren.

Was hat dieser Gedanke mit dem Netzwerken zu tun? Der Mangel an Wiedererkennbarkeit der eigenen Erfahrung (z.B. auch der Erfahrung von Diskriminierung oder Exklusion) führt zu der Notwendigkeit, sich nach Alternativen der Orientierung im Sinne der Erkennbarkeit, des Erkennens und des Anerkanntwerdens umzuschauen. Soziale Netzwerke scheinen diese

Lücke zwischen institutionalisierten, formalisierten gesellschaftlichen Praxen und den diversen situations- und interessengebundenen Möglichkeiten der Rezeption und Gestaltung von Normen, Regeln und Rollen zu bedienen. Darüber hinaus ermöglichen insbesondere informelle Netzwerke, offizielle Systemgrenzen zu ignorieren oder zumindest zu relativieren. Im Sinne einer persönlichen, sicherlich auch biografisch erworbenen und ausgetesteten Viabilität kann das Individuum strukturelle Zwänge und Bedingungsgefüge mit den eigenen Motivationen, Antrieben und Zielen konfrontieren – soweit es gelingt, diese Interessen, Wünsche, Motivationen in (Netzwerk-)Beziehungen ein- und unterzubringen und damit quasi sowohl sich als auch das Anliegen stark zu machen. Erst in der Verbindung der eigenen Anliegen (oder netzwerktheoretisch gesprochen: der Netzwerkelemente) mit anderen ergibt sich ja die Qualität der Emergenz, wie sie in dem allseits bekannten Ausspruch »Das Ganze ist mehr als die Summe seiner Teile« zum Ausdruck kommt. Die Dichte der Vernetzung wiederum ist es, die die Komplexität ausmacht und die nicht nur ein Gefühl von Sinn und Relevanz, sondern auch Optionen und Wahlmöglichkeiten entstehen lässt. Ob die Interaktionen, wie sie in Netzwerken zu beobachten sind, bereichern und neue Optionen erschließen, durch die auch tatsächlich eine Erweiterung und Verbesserung der Ressourcenlage zu verzeichnen ist, hängt u.a. davon ab, wie die individuellen Bemühungen und Anstrengungen um Zugang und Teilhabe mit der Macht der Exklusionskultur sozialer Systeme in Berührung kommen. Die Irritation bisher gültiger und praktizierter Ab- und Ausgrenzung scheint mir eine Voraussetzung für die Entstehung neuer durchlässiger Beziehungskonstellationen. Hier wäre die weitere Verbindung von Diversity-Ansätzen und Netzwerkkonzepten durchaus attraktiv, auch wenn mit Blick auf andere, z.T. vorausgegangene Ansätze nach ihrer Reichweite und Tragfähigkeit gefragt werden kann.

Soziale Netzwerke basieren in der Regel auf Freiwilligkeit. Sie leben vom persönlichen Einsatz und Engagement der einzelnen Beteiligten ebenso wie von ihrem Bedarf an Bewältigungsstrategien im Feld öffentlicher, beruflicher, professioneller Herausforderungen. Stellen wir Gruppendynamik und Netzwerkarbeit als historische Phänomene nebeneinander, so wird deutlich, dass der zunehmende Individualisierungsgrad und die Orientierung an persönlichem Nutzen stärker in den Vordergrund gerückt sind. Während z. B. die Gruppendynamik anfangs mit hohen Erwartungen an gesellschaftliche Veränderungen gestartet war, wurde später eher eine eingeschränkte Reichweite als Instrument zur persönlichen Kompetenzerweiterung konstatiert. Was sich hier als Widerspiegelung gesellschaftlicher Entwicklungen auf der Ebene eines Konzeptes abzeichnet, weist vielleicht auch auf Entwicklungen des Netzwerks und des MD als eines historisch und gesellschaftlich je passenden, anschlussfähigen Modells zur Entwicklung und Beobachtung sozialer Kommunikation und Kooperation hin.

Fazit

Netzwerke als Sozialform standen gesellschaftlich im Vordergrund und wurden attraktiv, als es galt, die Nachhaltigkeit hierarchischer und monokultureller Strukturen infrage und ihnen Orientierungen auf dezentrale, stärker partizipative und überschaubare Alternativen entgegen zu stellen. So gesehen erscheinen Netzwerke zunächst als überbrückendes soziales Format: Es dient der Entwicklung von personalen Handlungsoptionen, unterstützt nicht nur die Erschließung von Ressourcen und Leistungspotenzialen, sondern erleichtert auch Zugänge zu Wissensbeständen, bündelt Expertisen, schafft solidarische, kooperative und kommunikative Anschlüsse, ermöglicht mehr oder weniger inklusive Zugänge zu sozialem oder professionellem Kapital etc. Darüber hinaus ermöglichen Netzwerke bestenfalls die Entwicklung innovativer Systembildungsprozesse, wenn es gelingt, über den rein persönlichen Income hinaus zu einer Außenwirkung zu gelangen.

Doch genau hier setzen meine Bedenken ein: Ist das Netzwerken tatsächlich eine Praxis, die es ermöglicht, Außenseiter zu integrieren, soziale Ungleichheit nicht zu reproduzieren und stattdessen die soziale Durchlässigkeit zu begünstigen? Wenn es so wäre, dass sich hier doch ein allzu ideales Bild konfliktfreier oder zumindest konfliktarmer sozialer Beziehungsgestaltung abzeichnet, hätten wir allen Grund, uns viel intensiver mit Netzwerken als Konstellationen sozialer Angstabwehr zu befassen.

Netzwerke leben von der Idee einer spezifischen Überbrückung (altes vs. neues Paradigma, Innenperspektive vs. Außenperspektive, Individuum vs. Sozialstruktur). Sie können in diesem Sinne als Lerntransite verstanden werden. Allerdings ist seit den 80er-Jahren einiges geschehen: So sind etwa Prozesse der Arbeitsverdichtung, der Beschleunigung, der Individualisierung überall in der Diskussion. Die neue Norm der Selbstorganisation in vernetzten Kontexten ist dabei quasi zur professionellen und persönlichen Pflicht geworden. Kritisch lässt sich fragen, inwieweit die Anpassung an und Bewältigung von Veränderungsanforderungen heute eher thematisiert zu werden scheint als die Entwicklung von Alternativen zu diesen »herrschenden«, der Dominanzkultur zuzurechnenden Organisations- und Beziehungsformen. Meist geht es um die

Frage der Passung, also des Verhältnisses von Anpassung und Abgrenzung in der Dynamik sozialer (Wechsel-)Beziehungen.

Sowohl in beraterischen Kontexten wie im Bereich des universitären Lernens beispielsweise ringen wir häufig um die Entwicklung und Kultivierung einer kritischen Distanz und einer reflexiven Durchdringung, weil ein stringentes Anpassungslernen allein nicht zum Erfolg führt. Letztlich sind genau die Ressourcen und Kompetenzen gefordert, die in Netzwerkprozessen auch gefragt sind: die Entfaltung persönlicher und sozialer Potenziale in vielfältigen, vertikalen wie horizontalen, formellen wie informellen Beziehungen in ihrer Interdependenz zu strukturellen Einflüssen und Begrenzungen.

Doch das macht das Netzwerkpotenzial meines Erachtens nach aus: die Fähigkeit, das Agieren in einem Dazwischen nicht als defizitären Zustand zu beklagen, sondern ihn als temporär gekennzeichnete Lernmöglichkeit zu verstehen. Dazu braucht es aber auch die Fähigkeit, sich nicht den Kränkungen des Nicht-komplett-dazu-Gehörens hinzugeben, sondern die innersten Wünsche nach Anerkennung, Passung und Erfolg ebenso wie die Erfahrungen und das Erleben von mühsamer Vernetzung jenseits idealer Vorstellungen in ihrer Ambivalenz auszuhalten. Netzwerkpotenziale basieren auch auf Anerkennung von Verletzlichkeit, Unfertigkeit und Unabschließbarkeit.

Als relativ gering wird Netzwerkkultur dann eingeschätzt, wenn die Orientierung auf machtvollere soziale Systeme möglich scheint. Überzeugend vertreten wird dann gerne die relative Bedeutungslosigkeit von Netzwerken im Verhältnis zu dem Arbeitsaufwand und dem kommunikativen Aufwand, der in Netzwerken auf horizontaler Ebene durchaus groß ist.

Netzwerkpotenziale optimal nutzen zu können, setzt die Anerkenntnis einer Innen-Außen-Paradoxie (d.h. der Gleichzeitigkeit von möglicher Grenzerweiterung und struktureller Begrenzung) sowie die Berücksichtigung latenter Anteile voraus. Mehr noch: Viele Netzwerke sind nur in ihrer Latenz wirksam. Können Netzwerke oder Networking als Ausgleichsmechanismus (Strategie, Konzept) im Dazwischen verstanden werden oder sind sie ein eigenständiges Format, um Alternativen zu dominanzkulturellen Exklusionspraxen zu ermöglichen? Der Bereich der nachgeordneten sozialen Praxis von Netzwerken ist gegenüber den meist statushöheren formellen Formen sicherlich nur dann eine attraktive und sinnvolle Option der Gestaltung gesellschaftlicher Praxis, wenn die Netzwerkakteure und -akteurinnen sich nicht auf die unreflektierte Reproduktion hierarchisierender und diskriminierender Mechanismen reduzieren lassen. Stattdessen geht es meiner Einsicht nach darum, die immer wieder eingeführte binär-komplementäre Struktur *wirklich* durch vernetztes

Denken und Handeln zu irritieren. Mehr ist manchmal nicht möglich, denn die Korrektur der Machtverhältnisse durch Netzwerke stellt sich doch als ein nicht unmögliches, wenngleich sehr begrenztes Unterfangen dar.

Literatur

BURMEISTER, K. (Hg.) (1991) Netzwerke: Vernetzungen und Zukunftsgestaltungen, Dokumentation des Symposions »Vernetzungen – Zukunftsgestaltung« am 9.12.1989 in Berlin. Weinheim, Basel: Beltz

FRERICHS, P. / FRANZKE, H. (1998) Die Netze der Frauen – eine Quantité négligeable? *Zeitschrift für Frauenforschung*, 16, 4: 90-104

FREVERT, U. (1986) Frauengeschichte. Zwischen bürgerlicher Verbesserung und neuer Weiblichkeit. Frankfurt a.M.: Suhrkamp

GERHARD, U. (1990) Unerhört. Die Geschichte der deutschen Frauenbewegung. Reinbek bei Hamburg: Rowohlt

HUBER, J. (1991) Die Netzwerk-Idee – Rückblick und Ausblicke. In: Burmeister, K. (Hg.) Netzwerke: Vernetzungen und Zukunftsgestaltungen, Dokumentation des Symposions »Vernetzungen Zukunftsgestaltung« am 9.12.1989 in Berlin. Weinheim, Basel: Beltz

BRUCHHAGEN, V. / KOALL, I. (2007) Loosing Gender-Binary? Winning Gender-Complexity! Intersektionelle Ansätze und Managing Diversity. *Journal Netzwerk Frauenforschung NRW*, 22, 1: 32-42

JANSEN, D. (1999) Einführung in die Netzwerkanalyse. Grundlage, Methoden, Anwendungen. Opladen: Leske und Budrich

KEUPP, H. / RÖHRLE, B. (Hg.), (1987) Soziale Netzwerke. Frankfurt: Campus

KOALL, I. / BRUCHHAGEN, V. / HÖHER, F. (Hg.) (2002) Vielfalt statt Lei(d)tkultur – Managing Gender & Diversity in Theorie und Praxis. Münster, Hamburg, London: LIT

KORTENDIEK, B. (1999) Bewegte Vernetzung? Das Modell »Netzwerk Frauenforschung NRW« als Konzept innovativer Forschungs- und Hochschulpolitik. *Zeitschrift für Frauenforschung*, 17, 4: 93-102

MAYR-KLEFFEL, V. (2004) Netzwerkforschung. Analyse von Beziehungskonstellationen. In: Becker, R. / Kortendiek, B. (Hg.) Handbuch Frauen- und Geschlechterforschung. Theorie, Methoden, Empirie. Wiesbaden: VS Verlag für Sozialwissenschaften. 304-310

MAYR-KLEFFEL, V. (1991) Frauen und ihre sozialen Netzwerke. Auf der Suche nach einer verlorenen Ressource. Opladen: Leske und Budrich

OMRAN, S. (1995) Bewegung im Historischen Wandel. Aktuelle Politik- und Mobilisierungsstrategien von Frauen. Pfaffenweiler: Centaurus

PFANZ-SPONAGEL, C. (2005) Vom Frauenverein zum Mandat, online verfügbar unter http://www.sehepunkte.de/2005/06/7729.html

SCHENK, M. (1983) Das Konzept des sozialen Netzwerks. *Kölner Zeitschrift für Soziologie und Sozialpsychologie*, Sonderheft 25, 88-104

TABRIZI, S. (2006) »Netzwerk-Kommunikation als Bedingung von Identitätsbildung in Unternehmen«. Dissertation zur Erlangung des sozialwissenschaftlichen Doktorgrades der Sozialwissenschaftlichen Fakultät der Georg-August-Universität Göttingen, Göttingen, http://webdoc.sub.gwdg.de/diss/2007/tabrizi/tabrizi.pdf

VON WRANGELL, U. / CORNELISSEN, W.(1999) Zur Arbeit der Vernetzungsstelle für kommunale Gleichstellungsbeauftragte. *Zeitschrift für Frauenforschung*, 17, 4: 103-131

Jenseits von Mainstream und Nische –
Das Internet als Plattform für politische Vermittlungsarbeit

Antje Schrupp

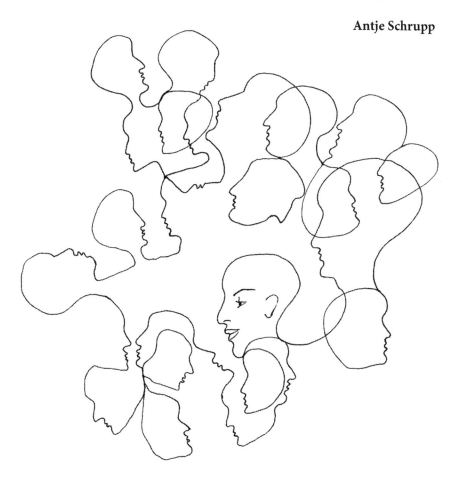

Einmal wäre ich fast in eine Fernseh-Talkshow eingeladen worden. Eine Frau vom Redaktionsbüro rief an, ich sei ihr empfohlen worden. Das Thema sollte »Pornografie« sein. Ich als Feministin sei doch bestimmt dagegen? So pauschal könne ich das nicht sagen, erwiderte ich, es sei ja ein komplexes Thema. Ach wie schade, bedauerte die Redakteurin, dann käme ich leider nicht infrage. Man wünsche sich eine »pointierte Position«. Ob ich nicht vielleicht jemanden wüsste?

Das Beispiel zeigt gut, warum es so schwierig ist, dissidente Themen einer breiten Öffentlichkeit über die klassischen Medien zu vermitteln. Entweder kommt man dort gar nicht zu Wort oder aber die eigenen Positionen werden auf eine Weise zugespitzt, die letztlich kontraproduktiv ist. So oder so ist der Mainstream der Maßstab. Eigentlich blieben vor Erfindung des Internets nur zwei Optionen: Entweder man passte sich an und übernahm die Rolle der »pointierten Gegenposition« – wie es Alice Schwarzer in Deutschland für den Feminismus tat – oder man gründete eigene Nischenmedien, etwa Zeitungen mit Kleinstauflagen, in denen die eigenen Themen und Positionen differenziert und auch kontrovers diskutiert werden konnten – allerdings um den Preis, dabei mehr oder weniger unter sich zu bleiben.

Mit dem Internet und speziell mit den sozialen Netzwerken, die sich im Internet organisieren, ist diese Zweispaltung, wenigstens im Prinzip, überwunden. Dissidente Inhalte müssen nicht mehr den »Mainstream-Test« bestehen, bevor sie publiziert werden können. Sie sind, ohne den Filter traditioneller Redaktionen durchlaufen zu müssen, weltweit öffentlich, also zugänglich für alle, die sich dafür interessieren. Sie müssen auch nicht wie in klassischen Netzwerkstrukturen (s.o. Bruchhagen in diesem Buch, S. 71-87) mit hohem kommunikativem Aufwand verankert werden, da das Networking im Internet, durch entsprechende Software unterstützt, erheblich leichter ist und sich anhand der eingespeisten Inhalte quasi von selbst ergibt.

Etwas vereinfacht gesagt: Ich muss mir keine Netzwerke mehr suchen, sondern ich werde, indem ich mich mit meinen Inhalten am Diskurs beteilige, im Lauf der Zeit automatisch ein Teil der entsprechenden Netzwerke. Nicht nur, weil es sehr viel leichter und unaufwändiger ist, in einen kontinuierlichen Kontakt mit Gleichgesinnten zu treten, wenn ich dabei auf Algorithmen zurückgreifen kann, die mir zum Beispiel Personen mit ähnlichen Interessen und Themen anhand von Suchbegriffen automatisch vorschlagen oder weil die Kontaktaufnahme mit jeder beliebigen Person extrem niedrigschwellig und unkompliziert ist. Sondern vor allem, weil ich von anderen auch aufgrund meiner Inhalte ohne eigenes Zutun gefunden werde, und zwar sehr viel schneller und unkomplizierter, als das in »Offline-Netzwerken« bislang möglich war.

Welche Folgen das langfristig für die politische Kultur hat, ist noch nicht abzusehen. Wir befinden uns diesbezüglich noch im Stadium des Experimentierens. In diesem Beitrag möchte ich einige Erfahrungen aus meiner Praxis als Bloggerin (seit 2006) sowie bei *Facebook* und *Twitter* (seit Anfang 2009) beisteuern.

Die diskursiven Orte »Nische« und »Mainstream« sind im Internet natürlich nicht einfach so aufgehoben. Auch hier reproduzieren sich konventionelle Hierarchien: Dass ein feministischer Text im Internet steht, bedeutet ja noch nicht, dass er auch gelesen wird – oder zumindest nicht von vielen. Auch im Netz haben Mainstream-Medien höhere Zugriffszahlen, und der *Brigitte*-Blog wird öfter angeklickt als der eines unabhängigen feministischen Forums.

Doch der wesentliche Unterschied ist, dass jetzt ein direkter Austausch zwischen Nische und Mainstream möglich ist, und zwar im selben Medium. Die Spalte für Leserinnenbriefe, früher die einzige Option, um auf falsche Berichterstattung, fehlende Perspektiven oder einseitige Einflussnahme aufmerksam zu machen, ist im Internet nicht mehr nur ein Randphänomen, sondern die logische Grundlage des Mediums selbst. Ob es um kleine Blogs geht, um die Bewertungen von Kundinnen auf großen Plattformen, um Kommentare oder um Links bei *Facebook* oder Retweets bei *Twitter*: Ein Link ist ein Link, ob er nun zu einem Artikel auf *Spiegel Online* führt oder zu einem Blogeintrag. Das Internet gewährleistet es erstmals, dass man einer Quelle nicht auf den ersten Blick ansieht, ob sie Nische oder Mainstream ist. Der Weg – der Klick auf den Link – ist exakt derselbe. Wir bewegen uns alle im selben Umfeld.

Die Frage nach der Relevanz eines Themas, eines Beitrags verlagert sich dadurch: Zuständig für ihre Beantwortung sind nicht mehr die Redaktionen der großen Leitmedien, sondern die vielen, die mit ihren Reaktionen, Kommentaren und Empfehlungen ein Thema relevant machen. Und es zeigt sich, dass die rein quantitativen Relevanzkategorien der »Vor-Internet-Zeit«, wie beispielsweise Auflagenhöhe, Einschaltquote etc., sich eigentlich überholt haben. Ein Blogpost, der zwei Leute zum Umdenken bringt, hat mehr politischen Einfluss und ist also relevanter als einer, der zweitausend Leute in ihrer Meinung bestätigt. Auch wenn er vermutlich deutlich seltener angeklickt wird.

Ein leicht einsichtiger Vorteil der sozialen Netzwerke ist natürlich die Möglichkeit, sich mit Leuten zu vernetzen, die an ähnlichen Themen interessiert sind. Auch wer offline gut vernetzt und informiert ist, wird im Internet noch viele andere, ähnlich interessierte Menschen finden. Und da es mit den Tools leichter ist, Kontakte zu pflegen, zerfließt die Grenze zwischen »uns« und »den anderen« tendenziell. Die relative Unverbindlichkeit von Web 2.0-Kontakten (im Vergleich mit klassischen politischen Gruppen) hat meinen Horizont und meine »Reichweite« erheblich erweitert. Ich bin inzwischen in Kontakt mit einem sehr viel breiteren Spektrum an feministischen Strömungen als vorher.

Bevor ich *Facebook* und *Twitter* nutzte, informierte ich mich so: Ich bekam Tipps von den politischen Freundinnen, mit denen ich in Diskussionsgruppen oder in Mailinglisten Kontakt hatte, ich las die einschlägigen Fachzeitschriften und manchmal googelte ich noch oder hörte zufällig etwas. Es ist offensichtlich, dass hier die Wahrscheinlichkeit groß war, etwas Relevantes oder Interessantes zu verpassen – zumal dann, wenn es sich außerhalb meines engeren »Dunstkreises« abspielte.

Wenn ich mir heute die richtigen Kontakte zulege, kann ich ziemlich sicher sein, dass jede interessante neue Entwicklung automatisch in meine Timeline gespült wird (wer im Internet nur »Schrott« findet, ist selbst dran schuld). Und dieser Informationsfluss wird auch noch aggregiert: Je häufiger etwas erwähnt wird, für desto wichtiger scheint es meine selbst zusammengestellte Referenzgruppe zu halten. So gesehen sind Timelines, also etwa die bei *Twitter* abonnierten Feeds, eine Art persönliches Fachjournal: Relevant ist für mich, was mir von – bestimmten – Menschen empfohlen wird.

Wobei dieses Prinzip im Bezug auf den Feminismus leider bislang nur mit Einschränkungen funktioniert. Denn viele Feministinnen nutzen das Internet noch eher konservativ: zum Recherchieren und Mailen, vielleicht haben sie den ein oder anderen Newsletter abonniert. Aber nur eine Minderheit von ihnen bloggt oder ist in sozialen Netzwerken aktiv. Ihre Expertise fehlt dort natürlich. Sicher gibt es inzwischen eine ganze Reihe Foren, Blogs und Seiten zu feministischen Themen. Ich wüsste aber aus dem Stand noch viele, die in meiner Timeline schmerzlich fehlen.

Wer im Internet nicht präsent ist, kann dort auch die Diskussionen und die Gesprächskultur nicht beeinflussen oder eigene Ansichten beisteuern. Viele »Offlinerinnen« unterschätzen dieses Potenzial enorm. Es ist ihnen nicht bewusst, dass sie sich damit aus einem größer werdenden Debattenkontext selbst ausschließen. Immer noch bekomme ich zum Beispiel Hinweise auf Veranstaltungen oder interessante Texte als E-Mail mit einer PDF-Datei im Anhang. Damit kann ich aber nichts anfangen. Ich kann diese Mail natürlich per Hand an ausgewählte Zielgruppen weiterleiten – aber über den Kreis der einschlägig Verdächtigen kommt das eben gerade nicht hinaus. Um eine Information im Netz zirkulieren zu lassen (und es gibt eine größer werdende Gruppe von Menschen, die sich ausschließlich über das Internet informiert), braucht sie einen Link. Nur mit Link ist sie »retweetbar« und damit überhaupt in diesem Kontext existent.

Natürlich muss man auch tatsächlich wollen, dass die eigenen Ideen über den Kreis der »üblichen Verdächtigen« hinaus zirkulieren. Damit setzt man sich ja auch Kritik aus. Menschen, die mir, aus welchen Gründen auch immer, auf *Twitter* folgen, bekommen schließlich regelmäßig meinen feministischen Senf zu allem Möglichen zu lesen. Allerdings sind meine Erfahrungen überwiegend positiv. Tatsächlich gefallen meine Tweets offenbar auch solchen, die selbst keine Feministinnen sind (was durchaus gerne mal betont wird). Meine *Facebook*-Kontakte, die vielleicht nur daher rühren, dass wir früher einmal auf derselben Schule waren, können mitverfolgen, wie ich mit anderen Feministinnen diskutiere. Sie erleben quasi »Feminismus live«, und das, ohne dafür in ein Frauenzentrum gehen zu müssen, also an einen für sie kulturell fremden Ort. Solche Schwellen gibt es im Internet nicht.

Sicher können soziale Netzwerke keine Wunder vollbringen, aber sie bieten nicht nur eine Möglichkeit zur klassischen Informationsverbreitung, sondern sind Plattformen für eine qualitativ neue Form politischer Vermittlungsarbeit. Hier wird eine politische Position nicht nur postuliert (wie etwa in einer Pressemeldung oder auf einem Flugblatt), sondern sie kann sich im Alltag bewähren und an unterschiedlichen aktuellen Anlässen neu ausformuliert werden, was ihre Reichweite enorm erhöht. Wenn ich mich zu tagespolitischen Themen wie Burkaverbot, Sorgerechts-Urteilen, Elterngeld und dergleichen äußere, steigen die Zugriffszahlen und Retweets stark an. Inzwischen werden sogar direkte Anfragen an mich gestellt, meine Follower fordern mich auf, zu diesem oder jenem Sachverhalt etwas zu sagen. Damit bin ich nicht mehr in der Rolle der feministischen Missionarin, die mit ihrem ständigen Bezug auf das Genderthema nervt, sondern vielmehr in der Rolle der Freundin, die sich bei einem bestimmten Thema gut auskennt und die man anfragt, wenn man etwas wissen will oder eine Einschätzung braucht. Ein Rollenwechsel, der natürlich auch höhere Aufmerksamkeit für das, was ich dann sage, mit sich bringt.

Die Chance für die Vermittlung dissidenter Perspektiven liegt dabei in der Kontinuität der Kontakte bei gleichzeitiger relativer Unverbindlichkeit. Natürlich kann ich nichts erzwingen. Viele Leute werden meine Tweets nur nebenbei an sich vorbeirauschen lassen, manche finden mich trotz allem nervig oder uninteressant und »entfolgen« mich wieder. Wenn ich feministische Themen differenziert und komplex diskutieren möchte, dann geht das natürlich nicht von jetzt auf gleich. Aber im Blog und auf den sozialen Netzwerken bin ich als Person präsent, ich äußere mich zu diesem und jenem, kommentiere bei anderen mit, verteile Links und so weiter. Ich stelle Themen und Thesen kontinuierlich und in »kleinen Häppchen« zur Diskussion. Ich texte die anderen nicht einfach mit meinem Kram zu, sondern beziehe mich auf Themen und Ereignisse, die gerade aktuell sind und die die Menschen bewegen. Durch diese Kontinuität wächst die Wahrscheinlichkeit, in einem bestimmten Augenblick doch die nötige Aufmerksamkeit zu bekommen, um etwas anstoßen zu können oder eingefahrene Denkmuster aufzuweichen.

Wobei das keine Einbahnstraße sein darf. Wer das Internet nur als weiteren Vertriebsweg benutzt, um die eigenen Positionen unters Volk zu bringen, hat das eigentliche Potenzial des Mediums nicht erkannt. Auch ich selbst muss mich für Neues öffnen, mich herausfordern lassen, meine Ansichten zur Debatte stellen – und das Risiko eingehen, dass am Ende ich es bin, die ihre Meinung geändert hat. Das ist im Internet nicht anders als im wirklichen Leben.

Auch in einer anderer Hinsicht sind diese »kleinen Formate« übrigens hilfreich: nämlich zur kritischen Begleitung der öffentlichen Debatte. Wenn etwa wieder einmal auf einem Podium ausschließlich Männer sitzen oder eine sexistische Werbekampagne am Start ist, kann ich hier kurz und knapp darauf hinweisen und das Ganze mit einem bissigen oder ironischen Kommentar versehen. So entgehe ich dem klassischen Dilemma, solche Stereotype entweder gar nicht zu beachten oder aber ihnen gerade durch die Kritik mehr Raum und Aufmerksamkeit zu verschaffen, als sie eigentlich verdienen. Sexistischer Unsinn ist im Allgemeinen nicht mehr wert als einen Tweet – der aber ist notwendig, damit das nicht unkommentiert stehen bleibt.

Durch die auf Beziehungen und Kontakte gegründeten Informationsflüsse in den sozialen Netzwerken, die durch Kommentare und Pingbacks entstehenden Querverbindungen zwischen einzelnen Bloggerinnen, ergeben sich Gespräche und ein Austausch, der erstmals in der Geschichte der Menschheit nicht mehr nur auf die kleine Gruppe der anwesenden Beteiligten beschränkt bleibt, sondern öffentlich ist. Mit dem Internet ist es erstmals möglich, Massenkommunikation und interaktive Kommunikation zu verknüpfen.

Kommentare von anderen in meinem Blog steuern zum Beispiel Informationen und Aspekte bei, auf die ich selbst nicht gekommen bin. Sie weisen mich auf Ungereimtheiten in der eigenen Argumentation hin – und auf mögliche andere Themen, an denen ebenfalls Interesse besteht. Der größte Pluspunkt gerade für die Vermittlung von »nicht-mainstreamigen« Positionen ist dabei, dass die Rückmeldungen mir die Gelegenheit geben, auf gängige Vorurteile gegenüber »dem Feminismus« zu reagieren. Wenn entsprechende Einwände oder Nachfragen kommen, dann gibt mir das die Gelegenheit, den einen oder anderen Bereich zu vertiefen – und zwar einem interessierten Kreis von Leserinnen und Lesern. Ich verstehe Kommentare nicht als lästige Kritik (von den Trollen einmal abgesehen), sondern als weitere Wissensquelle: Sie vermitteln mir einen Eindruck von der jeweiligen Mainstream-Position zu meinem Blogpost, und zwar verbunden mit der Möglichkeit, das zu erläutern und richtigzustellen oder unter Umständen auch noch einmal neu über den einen oder anderen Aspekt nachzudenken.

Allerdings ist der Diskussionsstil im Internet durchaus oft problematisch, was viele momentan noch abschreckt (mehr Frauen als Männer, wie ich glaube). Der Ton in Kommentaren ist häufig besserwisserisch und polemisch, und zwar nicht nur bei den üblen Pöbeleien, die man ohnehin gleich weglöscht, sondern auch bei ernsthaften Mitdiskutanten (mehr bei Männern als bei Frauen). Ich habe gute Erfahrungen mit einer eher restriktiven Kommentarpolitik gemacht. Und zwar nicht, weil ich mit harter Kritik nicht umgehen könnte, sondern im Interesse der Qualität der Kommentardiskussion insgesamt. Denn je rüder der Ton, desto weniger Lust haben andere, möglicherweise interessantere Leute, sich daran zu beteiligen. Von daher: Mit Kommentaren muss man experimentieren. Und man muss nicht alles freischalten, auch wenn viele dann empört »Zensur« rufen. Als »Hausherrin« im eigenen Blog bestimme ich die Gesprächskultur, und mit Zensur hat das nichts zu tun. Das Netz ist schließlich groß, und wer einen anderen Diskussionsstil bevorzugt, kann dafür ja ein eigenes Blog aufmachen.

Oft höre ich auch den Einwand, dass dieses Internet doch sehr viel Zeit frisst. Besteht nicht die Gefahr, dass diese Energie quasi von meinem eigentlichen politischen Engagement abgezogen wird? Mir erscheint der Zeitaufwand, gemessen an den Vorteilen, relativ klein. Ich setze mich aber auch nicht hin und nehme mir viel Extra-Zeit, um zu überlegen, was ich bloggen und schon gar nicht, was ich twittern will. Sondern ich schreibe einfach genau das, was mir ohnehin durch den Kopf geht. Das Denken lässt sich ja schließlich nicht abstellen, irgendetwas denkt man immer, Gedanken schießen mir automatisch durch den Kopf, wenn ich etwas lese, sehe oder höre. Und das wird dann, je nach Gewicht, zu einem kleinen Tweet oder einem längeren Blogpost verarbeitet.

Sicher, das braucht etwas Übung und anfangs ist es durchaus auch zeitaufwändig. Aber meiner Erfahrung nach wird es irgendwann so selbstverständlich, dass es wie nebenbei läuft: Es kostet mich weniger Energie, einen Gedanken, einen Ärger rasch zu bloggen, als ihn tagelang mit mir im Kopf herumzuschleppen. Aber natürlich ist es auch eine Frage der Prioritätensetzung: Je mehr ich mich im Internet informiere, desto seltener nutze ich andere Medien (vor allem das Fernsehen habe ich inzwischen vollkommen abgeschafft). Und je mehr ich im Internet schreibe, desto weniger schreibe ich woanders, etwa in Zeitschriften oder Büchern.

Das liegt einfach daran, dass ich das Schreiben im Internet – aus den genannten Gründen – spannender und wichtiger finde. In gewisser Weise bringt es uns wieder zurück zu dem, was die alten Griechen »Polis« nannten: also einer Gesellschaft, die davon lebt, dass alle (bei den alten Griechen waren es nur die freien Männer, aber sagen wir heute mal wirklich alle) sich an der »öffentlichen Meinungsbildung« beteiligen. Eine Gesellschaft, die Politik als Diskurs der Verschiedenen versteht und im Gespräch, Austausch und Konflikt unter diesen vielen versucht, eine gute Lösung herauszufinden.

Politische Meinungsbildung wäre dann nichts mehr, das ausgewiesenen »Expertinnen« zugeschrieben werden kann, sondern wir alle sind dafür verantwortlich. Insofern ist die aktive Beteiligung am Web 2.0 aus meiner Sicht nicht ein Spaß, ein Luxus, den man sich leisten kann, wenn man grade nichts Besseres zu tun hat, sondern tatsächlich so etwas wie »Bürgerinnenpflicht«. Das gilt zwar besonders, aber nicht nur für speziell politisch Interessierte. Alle Menschen wissen Sachen, haben Erfahrungen, sind originell, können Ratschläge geben oder kennen meinetwegen auch tolle Kochrezepte. Wir alle haben schließlich auf Kosten der Allgemeinheit eine Ausbildung genossen. Wäre es da nicht auch angemessen, davon der Allgemeinheit wieder etwas zurückzugeben? In Form von klugen Tweets oder Blogposts etwa? Oder auch in Form von Kommentaren und Replies? Ist es, anders gefragt, nicht ziemlich geizig und egoistisch, das eigene Wissen für sich selbst zu behalten, indem man aus dem Internet zwar gerne alle möglichen Sachen herausholt – aber selbst nichts dazu beiträgt?

Natürlich gibt es nicht wirklich eine Pflicht zum Bloggen, Twittern und Facebooken. Doch gibt es heute eine viel größere Verantwortlichkeit für die Art und Weise, wie sich der oder die Einzelne am öffentlichen Diskurs beteiligt – oder eben auch nicht. Die Entscheidung dagegen ist jedenfalls genauso kritisch zu hinterfragen, wie die Entscheidung dafür.

In Netzen werken – m/ein Geschäftsmodell

Edeltrud Freitag-Becker

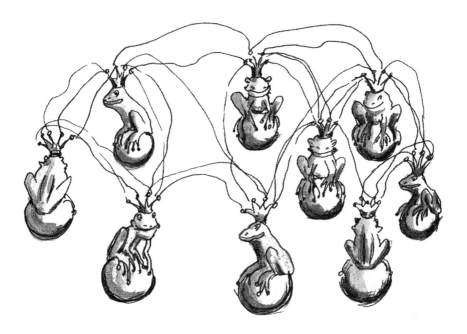

»Unternimm dich selbst,
Unternimm für andere,
Unternimm die Zukunft«
(Götz W. Werner)

Seit 25 Jahren bin ich als Beraterin für Organisationsentwicklung, Supervision, Coaching und Training selbstständig tätig. Das »Spinnen des eigenen Fadens« und »die Kunst, Knoten zu knüpfen« sind Bilder, die bereits meine Kindheit begleitet haben und die sich in meiner privaten wie beruflichen Geschichte weiterentwickelt haben. Die Entwicklung meiner Professionalität sowie das Standing im Umgang mit Vielfalt, Unterschiedlichkeit und Konflikten habe ich unterschiedlichen Netzwerken zu verdanken, die mich herausgefordert haben, mich einerseits für die jeweilige Aufgabe zu engagieren und andererseits die persönliche Note nicht zu verlieren: sei es in der Association of National Organisations for Supervision in Europe (ANSE), dem Netzwerk für Betriebliche Gesundheitsförderung und dem Netzwerk für Interkultur bei der Deutschen Gesellschaft für Supervision (DGSv), dem Nationalen Forum Beratung in Bildung, Beruf und Beschäftigung (NFB), in der Verantwortung für ein Netzwerkprojekt des BMFSJ »Kulturelle Vielfalt als Impuls für Entwicklung und Wachstum: Wertschöpfung durch Wertschätzung« oder im NetzwerkRheinland, einem Netzwerk von Beraterinnen und Beratern für Unternehmensentwicklung.

In das NetzwerkRheinland möchte ich Sie zunächst mitnehmen. Ich lasse Sie teilhaben an meiner subjektiven Reflexion von Aspekten, Stolperstellen, Möglichkeiten und Begrenzungen des von mir verstandenen Geschäftsmodells. Sie entstand durch mein Interesse, Netzwerke in ihrer Dynamik besser verstehen zu wollen und durch die Recherche zu diesem Buch. Gestützt wird die persönliche Darstellung durch gemeinschaftlich veröffentlichte Texte des Netzwerkes auf einer Tagung über Geschäftsmodelle 2008 in Bregenz und auf einer Netzwerktagung 2009 in Essen.

In einem zweiten Teil vernetze ich biografische und berufliche Netzwerkerfahrungen und wende mich dem erlebten Sinn der vernetzenden Arbeit zu. Auch hierzu lade ich Sie ein. Vielleicht motiviert es Sie, den eigenen Netzwerkfaden aufzunehmen.

Ein Netzwerk von Beraterinnen und Beratern für Unternehmensentwicklung – eine persönliche Auseinandersetzung

Ein Auftrag aus einem Arbeitsfeld motivierte einen Kollegen, fünf weitere KollegInnen anzusprechen, sich zu einer Feldforschungsgruppe zusammenzusetzen. Wir wollten das Feld besser verstehen sowie effizienter und ertragreicher auf die Kundenanliegen reagieren können. Fallarbeit und Feldrecherche waren die Inhalte der Treffen. Aus einem einmaligen Treffen wurden halbjährliche, schließlich monatliche ganztägige Treffen. Prägend in dieser Phase war die vertrauensvolle und faktische Unterstützung bei diversen Aufträgen, die wir zunächst alleine und dann zunehmend auch zu zweit oder dritt bearbeiteten. Wünsche nach einem progressiveren Außenauftritt sowie die Gründung einer Beraterfirma entstanden und verschwanden wieder.

Das Netzwerk blieb viele Jahre personell stabil und pflegte durch unterschiedlichste Kontakt- und Kommunikationsformen das Beziehungsnetz.

Die Treffen fanden in den jeweiligen Beratungsräumen der KollegInnen statt. Die jährlichen Klausurtagungen wurden durch mehrstündige Wanderungen »angereichert«. Anstehende Netzwerkkosten (Öffentlichkeitsarbeit, Veranstaltungen, Projekte) wurden gemeinsam finanziert.

»Das tragende Element von Netzwerken ist das Element Beziehung, das Element Kommunikation und das Element Kooperation und Unterstützung. Werden diese Elemente aktiviert, so die Annahme, werden Netzwerke zu Ressourcenpools.« (Miller 2001, 112)

Das entwickelte Geschäftsmodell fokussierte den Tausch des Humankapitals in Form von Kunden, Wissen, Beziehungen und stellte nicht den finanziellen Mehrgewinn des Netzwerkes in den Vordergrund. Die gesetzten Strukturen bildeten den haltenden Rahmen. Entscheidend war, dass es kein gemeinsam formuliertes Geschäftsmodell unseres Netzwerkes gab und gibt. Wenn man so will, gibt es möglicherweise inzwischen neun Vorstellungen – nach meiner Wahrnehmung aber eine durchgängig gelebte, wie der beschriebene Prozess zeigen wird.

»In Netzwerken mit dem Fokus auf soziale Unterstützung durch Tausch liegt die Belohnung nicht im Verteilen eines materiellen Gewinns, sondern vorrangig in der Gewährung sozialer Unterstützung, durch Bereitstellung gegenseitiger Hilfe und Unterstützungsleistungen.« (Koremann 2005, 46)

In den weiteren Jahren erfolgten die Weiterentwicklung individueller Produkte und die Schärfung der einzelnen Profile. Die Angebotspalette für die Kunden wurde dadurch reichhaltiger und unterschiedlicher. In gleichem Maße nahm die Konkurrenz im Netzwerk zu. In dieser Phase gewann die Suche nach festeren Organisationsstrukturen und einem gemeinsamen Marktauftritt wieder die Oberhand. Die Einrichtung einer Website und die Suche nach gemeinsamen Produkten begann. Das Netzwerk bewegte sich nun zwischen dem persönlichen Identitätszuwachs seiner Mitglieder und einer neu erworbenen Netzwerkidentität. Das Investment der Einzelnen veränderte und erhöhte sich und führte somit zu weiteren Differenzierungen.

Die Pflege des Beziehungsnetzes ermöglichte, dass Konkurrenz, Kompetenzerweiterung und Wachstum kritisch überprüft und konfrontiert werden konnten. In dieser Phase wurde jedoch dadurch auch eine Öffnung nach außen erschwert, respektive verhindert.

»Ein Netzwerk verknüpft, bindet ein, gleicht unterschiedliche Kräfte aus und bietet dennoch […] innovative Chancen; es lässt Variationen und Mutationen zu – und regelt beiläufig neu, was sich verzerrt und verspannt. Dabei ist es insgesamt weniger störanfällig. Pannen und kritische Vorfälle setzen zwar gelegentlich ein Teilsystem matt, aber dies kann in den meisten Fällen durch die anderen kleingliedrigen Systeme in ihren dezentralen Verknüpfungen aufgefangen und kompensiert werden. Die eine zentrale Funktion, deren Versagen kurzfristig alle Systeme lahm legen kann, gibt es nicht.« (Doppler 2002, 56)

Die Sorge, das Netz könnte die Spannung nicht halten, trug mit dazu bei, dass wir aktiv im »verflixten 7. Jahr« auf einer Tagung in Bregenz 2008 über Berater-Geschäftsmodelle unser Geschäftsmodell vorstellten. Die dafür erstellte Netzwerkanalyse verdeutlichte uns die Innendynamik. Sie gab Aufwind und motivierte zur weiteren Zusammenarbeit. Es folgten weitere gemeinsame Veranstaltungen und schließlich eine erfolgreiche Fachtagung zum Thema »Wie können Netzwerke gelingen?«. Im Anschluss spiegelte uns Harald Payer, den wir als Berater hinzugezogen hatten: »Dieses Netzwerk ist eine Marke! – Wonach suchen Sie?«

Wir beschlossen die Öffnung der Gruppe (bezogen auf Anzahl und Diversität) und eine Veränderung der Arbeitsstruktur. Die Entscheidung für einen festen Veranstaltungsort, einen komplexeren Tagesablauf und für neue Mitglieder mit anderem Beratungs-Know-how stieß einen erneuten Prozess an: mehr Distanzierung im Miteinander; Kooperationen Einzelner waren nicht mehr für alle präsent; und was unter dem Label Netzwerk verkauft werden durfte, wurde heftig diskutiert. Die Auseinandersetzungen entzündeten sich zusehends deutlicher an den Finanzierungsfragen. Geld war im doppelten Sinne die bare Münze, die etwas verdeutlichte: es ist faktisch, es zählt, es markiert die Abhängigkeit (z. B. bei der Raummiete), es verdeutlicht den monetären Gewinn.

Vielleicht haben wir darum den weiteren Komplexitätszuwachs viele Jahre gescheut, denn durch die Gewinnung weiterer KollegInnen bekam der gruppendynamische Prozess einen bereits bekannten und doch wiederum neuen Aufwind: Suche nach dem Selbstverständnis, dem Sinn und der Struktur, nach der Marke, dem Markt, der Macht und dem gemeinsamen Geschäftsmodell.

Die Dynamik, die uns all die Jahre begleitet und die meines Erachtens das Geschäftsmodell markiert, setzt sich aus drei Aspekten zusammen:

1. Die Potenz des Netzwerkes zeigt sich in der Kompetenz, ein Feld und somit die Anfrage und Kultur eines Kunden gemeinsam zu erschließen und entsprechende Handlungsoptionen entwickeln zu können. Der Austausch

der Ressourcen (Wahrnehmungen, Perspektiven, Haltungen, Analysen, Bewertungen, Wissen, Konzepte, Kontakte, Kunden, Aufträge) ermöglicht einen individuellen wie kollektiven Gewinn und erhöht die Professionalisierung aller.

2. Der Wunsch, mit dieser Kompetenz als Marke auf dem Markt sichtbar zu werden, stößt auf die Notwendigkeit, sich an die Gesetzmäßigkeiten des Marktes anpassen und entsprechend Kompromisse eingehen zu müssen.
3. Das Anliegen, als UnternehmerIn jeweils selbstständig bleiben zu wollen, existiert parallel ungebrochen und schränkt somit den einen oder anderen Prozess ein.

Es bleibt die spannende Frage, wie »intelligent« unser Netzwerk mit den anstehenden Themen und Stolperstellen umging und umgeht (nach Baecker 1999).

> **Intelligenter, da kontinuierlich fragend:**
> Netzwerke beantworten Fragen temporär – sie beantworten sie somit nicht abschließend, vielmehr werfen sie weitere Fragen auf. Die kontinuierliche Fragehaltung hält den Prozess länger offen und ermöglicht eine erweiternde Expertise.

Die fragende erkundende Haltung, das explorierende Vorgehen, das Geschehen in der Schwebe halten – dies gehört zur Haltung unseres Netzwerkes und markiert gleichzeitig unsere Qualität wie auch partiell unsere Überforderung.

> **Intelligenter, da freier:**
> Lernen und Arbeiten bleiben im Prozess des vernetzten Denkens: selbst verantwortet, selbst gelenkt, selbst belebt, selbst gestaltet und im Kontakt mit den jeweils anderen Impulsen der beteiligten NetzwerkerInnen. (nach Baecker 1999) Somit ist der Prozess sowohl frei gewählt als auch verantwortlich mitgestaltet.

Der gepriesene Umgang mit der Unterschiedlichkeit (bezogen auf Persönlichkeit und Kompetenz) konfrontiert unseren Fortbestand. Die gewollte Integration von Managing Diversity führt zur Dauerbelastung, führt doch die kleinste Veränderung im Profil des anderen zu einer steten Überprüfung des eigenen.

Es gibt so gut wie keinen Rückzug. Sehen und gesehen werden, teilnehmen und teilhaben, neugierig sein und Distanz halten, sich positionieren und sich verbinden, immer wieder die Aufforderung zu einem erneuten oszillierenden Verstehen. Dies alles bestimmt den immer wiederkehrenden Reigen im gruppendynamischen Prozess. Die Konkurrenz wird belebt, die Eigenständigkeit betont und die Wertschätzung bleibt stellenweise auf der Strecke.

> **Intelligenter, da flexibler:**
>
> »Es gibt nicht nur eine Organisationsform für die Erledigung der Aufgaben, sondern man entwickelt für jede Aufgabe eine eigene Organisation.« »Wie man sich organisiert, so löst man die Aufgaben«, schreibt Jochen Schmidt in seinem Artikel ›Von der Linie zu Netzwerken‹. (Schmidt 1993, 40).

Oh ja, darin sind wir genial. Ist der Auftrag konkret, finden wir Organisationsformen und Lösungen. Wollen wir eine gemeinsame Idee spontan auf die Bühne bringen, gibt es kreative und handfeste Umsetzungen. Doch führen diese Erfahrungen zu der Absicht, eine gemeinsame Marke und die dazu erforderlichen Strukturen aufzubauen, verlangsamen sich die Prozesse und es stellt sich ein schales Gefühl ein. Jeder organisiert sein eigenes Unternehmen, aber wie man ein Netzwerk mit Selbstständigen organisiert, wissen wir anscheinend immer weniger. Wir kommunizieren und diskutieren, vermeiden aber die Hierarchisierung und somit die handfeste Umsetzung.

Wenn wir denn gemeinsam auf den Markt zugehen wollen, dann braucht es eine entsprechende Positionierung und ein gemeinsam formuliertes Geschäftsmodell. Das Wissen um die jeweils eigenen Organisationsstrukturen führt dazu, dass wir uns eine mögliche gemeinsame Organisationsform omnipotent ausmalen. Idealisierte Zielsetzungen und das Festhalten einer über viele Jahre gelebten Netzwerkphilosophie (über Freiheit und Flexibilität) vereiteln die Entwicklung einer nun notwendig gewordenen Organisationsstruktur.

> **Intelligenter, da mehr Lernen erforderlich:**
>
> Voraussetzung für den Nutzen aus der Netzwerkarbeit ist, dass die Mitglieder und weitere Projektpartner im Netz über vergleichbare Werte und Leistungsziele diskutieren (können) und dass sie den beschriebenen Prozess als Lernprozess deklarieren. Dieses Lernen ist der »Kitt«, wie Baecker ihn benennt, der das Eigenverhalten des Netzwerkes bezogen auf Ressourcen und Motive verbindet (nach Baecker 1999, 365).

Dieses Lernen war zunächst lustvoll und entdeckend besetzt. Darüber entwickelte sich das Kennenlernen und die professionelle Weiterentwicklung. Doch mit zunehmender Komplexität und knapperen Zeitressourcen verliert sich das Interesse am gemeinsamen Lernen. Für die kritische Analyse der Arbeit fehlt oft die Zeit und entsprechend wird das Wissensmanagement vernachlässigt. Das vernetzte Denken und die kollektive Kompetenz werden zunehmend weniger genutzt. Der Kitt droht, bröckelig zu werden und entsprechend verliert das spezifische Humankapital an Wert.

> **Intelligenter, da herausfordernder:**
> Und genau dies ist die Herausforderung. Die Spannung zwischen der individuellen Entwicklung des »Ich« und des Marktauftritts des »Wir« fordert eine stets neue Balance zwischen Identität und Differenz (nach Orthey 1999) und entsprechend eine Organisation dieser Differenziertheit (nach Beck 1997).

Konstitutiv war und ist die Bedingung, dass jedes Netzwerkmitglied die jeweils persönlich akquirierten Aufträge (im Kontext der eigenen Beratungsfirma) und die dann gewählten Kooperationen und Arbeitsbündnisse autonom behandelt und somit auch entsprechende finanzielle Vereinbarungen trifft. Das Anliegen des Netzwerkes ist, dass diese Kooperationen transparent sind und dass die Mitglieder des Netzwerkes bei den Kooperationen berücksichtigt werden. Somit entsteht ein Reichtum an Möglichkeiten, Verbindungen und Quervernetzungen. Jedoch führen zu große Unterschiede in der Stabilität der jeweils eigenen Firma der NetzwerkpartnerInnen und dem entsprechenden finanziellen Umsatz zu weiterem Konfliktpotenzial.

Aber wie lassen sich die Bewegungen zwischen
- Unabhängigkeit und Abhängigkeit
- Reaktion und aktive Selbstverantwortung
- Verbindlichkeit und Unverbindlichkeit
- Gewinn und Verlust
- Wunsch nach Vielfalt und Wunsch nach »Einfalt«
- Leichtigkeit und Schwere
- Veränderungsvermögen und Beharrungskompetenz
- Einblick gewähren und Abgrenzung vornehmen
- ein sicherer Ort sein und zu sicherer Ort sein

managen und regeln? Nur in der wiederholten Aufnahme des Reflexionsprozesses, der kollektiven Potenzialanalyse, der Abgrenzung, der kollektiven Unterstützung und der transparenten Auseinandersetzung sowie durch die kritische Überprüfung der Zielsetzung: Was ist für die einzelnen NetzwerkerInnen entwicklungsrelevant und was ist für die Organisation Netzwerk marktrelevant?

Profitiert der Kunde von alldem?

Der Kunde profitiert von den Prozesserfahrungen der NetzwerkerInnen. Er kann einerseits davon ausgehen, dass durch die erlebte und verarbeitete Mehrdimensionalität im Netz der Blick auf die Veränderungsdynamik in Organisationen und ihre Auswirkung auf zu gestaltende Arbeitsprozesse sozusagen erprobt und kritisch reflektiert sind. Und dass die BeraterInnen belastbar sind, diese vielschichtigen Prozesse begleiten, steuern und halten zu können. Zudem erschließen multiprofessionelle Kooperationen einen Reichtum im Umgang mit Unterschieden und fordern entsprechende kreative Arbeitsweisen und Problemlösungen ein. Unsere Kunden nehmen die Vernetzung ihrer Beraterin oder ihres Beraters gerne mit in Anspruch und je nach Anfrage wird eine entsprechende Beratercrew zusammengestellt.

Profitiert das Netzwerk?

Letztendlich beweist sich die Sinnhaftigkeit unseres Netzwerkes in dem Finden und Entwickeln »intelligenter« Kommunikations- und Konfliktlösungen sowie in der Akzeptanz eines Ordnungsrahmens und einer minimalen, an der Aufgabe orientierten Hierarchie. Diese ist notwendig für den Erhalt von Entscheidungen und eine Umsetzung in Handlungen, denn Netzwerke und Teams kommunizieren, Hierarchien handeln. Dies umfasst neben den beschriebenen Prozessaspekten die Notwendigkeit, die Netzwerkanalyse mehr als Qualitätsverfahren zu nutzen, damit der beschriebene Lernprozess mit all seinen Stolperstellen so genutzt werden kann, dass Wachstum und Veränderung möglich bleiben. Dies beinhaltet u. a.:

- Überprüfung der Erfolgsfaktoren im Hinblick auf die Qualität der beteiligten PartnerInnen
- Vereinbarung von Spielregeln
- Klärung der Formen der Zusammenarbeit
- Verantwortungsteilung
- ein umgesetztes Konfliktmanagement.

Und nicht zuletzt ist nach den vielen Jahren die Verdeutlichung eines gemeinsamen Geschäftsmodells genauso nötig wie die Aufrechterhaltung eines von Neugier geprägten kollektiven Lernprozesses.

Und was ist mein Profit?

Wir wissen von allem den Preis, aber von nichts den Wert (Oscar Wilde). Auf der Suche nach dem persönlichen Sinn und Profit

In meiner *Ursprungsfamilie* gab es reichhaltige Erfahrungen im Umgang mit sozialen Netzwerken, Kreativität und Experimentierfreudigkeit. »Aus nichts etwas machen« hieß die Herausforderung und dazu wurden alle möglichen Materialien handwerklich genutzt. Diese Fähigkeiten so umzusetzen, dass daraus ein eigenes Gewerbe hätte werden können, dazu fehlte meinen Eltern der Mut. Dieser fehlte jedoch nicht, wenn etwas unmöglich schien, wenn alternative Lösungen gefunden werden mussten oder wenn man für die Realisierung eines Anliegens weitere helfende Hände benötigte. Man kannte jemanden, der jemanden kannte, der half. Das soziale Netz war spürbar, für uns Kinder manchmal zu kontrollierend, insgesamt jedoch stabilisierend und ermutigend. Ein Zentralpunkt in dieser Großfamilie (zehn Personen und das eine oder andere Kind dazu) war der große Küchentisch. Er war der Mittelpunkt des Familiengeschehens, bot Platz für alle, die Hunger hatten. Dort fanden die meisten Auseinandersetzungen und Planungen statt, hier wurden Hausaufgaben gemacht und kontrolliert – und die Jüngsten mit dem Ernst des Lebens konfrontiert. Dort wurde gewerkelt, gesponnen und die kreativen Ideen in Produkte umgesetzt. Das Haus war stets offen, die Eltern stellten sich den Herausforderungen einer wachsenden Kinder- und Freundesschar und balancierten den Umgang mit Gewohntem und Fremdem, mit Kontrolle und Freiraum.

Ermutigt durch diese Erfahrungen war ich viel in und mit *Gruppen* unterwegs. Prägend waren Erlebnisse mit unterschiedlichen Aufgaben, Rollen und Positionen in Groß- und Encountergruppen sowie das Experimentieren mit alternativen Theaterformen.

Mitnehmen konnte ich aus dieser Zeit:
- Freiräume ermöglichen Wachstum und den Umgang mit Verunsicherung.
- Deutliche Versorgungsgrenzen mobilisieren die Selbstverantwortung.
- Respektvoller Umgang und das Zutrauen motivieren zum Leben in alternativen Lebensgemeinschaften.

- Persönliches Nichtkönnen und Nichtwissen kann in Gruppen kompensiert werden.
- Die Aufrechterhaltung des Ichs, die Entwicklung eigener, egoistischer, selbstbestimmter Themen und Prozesse benötigt viel Durchsetzungskraft und eigene Räume.
- Zentralpunkte oder -orte sind notwendig, damit von dort aus etwas geschehen kann.
- Die geforderte Balance fordert zur stetigen Überprüfung derselben auf.

Privat mündeten die positiven Großfamilien- und Gruppenerfahrungen in die Gründung einer Familienwohngemeinschaft (zwei Elternpaare, sechs Kinder und dazu ein Nest für das eine oder andere weitere Kind).

Nach fünf Jahren Wohngemeinschaft gratulierten uns Freunde und Nachbarn. Sowohl von ihnen als auch von uns wurde Wohngemeinschaft erlebt als:

Wagnis	Organisation	Heimat	Nachsicht
Gastfreundschaft	Einfallsreichtum		Machen
Energien	Individualität	Naturkostküche	Spielen
Chaos	Frühstücksdienst	Humor	Ausdauer	Trubel

Diese Wohngemeinschaft existiert seit nunmehr 26 Jahren, mit veränderten Lebensrhythmen, individuelleren Zeitressourcen, ohne Kinder im Haus, dafür mit Familienzuwachs und punktuellen Großfamilientreffen – und auch hier ist die Küche und der Tisch der Lebensmittelpunkt dieser Gruppe. Ein oft kritisch beäugtes altes Modell hat sich bewährt.

Beruflich entschied ich mich, nach zwölf Jahren Organisationszugehörigkeit, den Sprung in die Selbständigkeit zu wagen. Der Impuls kam aus dem Erleben konzeptioneller Enge und diverser Zwänge in den Institutionen. Kreative und lebendige Prozesse fanden kaum Platz, Normatives wurde dem Situativen vorgezogen. Die Arbeit in Projekten brachte mir die eigentliche Motivation und ermunterte mich zu weiteren Arbeitsexperimenten. Unterstützt durch die damaligen sozialpolitischen Themen und Prozesse schien der Gang aus der Organisation der einzig wahre Entwicklungsschritt. Diese ersten Berufsjahre im Jugend- und Bildungsbereich waren bereits durch vernetzende Arbeit geprägt: Konzeptdiskussionen auf Bundesebene, Entwicklung von Bildungsmaßnahmen durch die Kooperation mit verschiedenen Trägern, offene Denkräume, Einladungen zu Kamingesprächen, Jugend- und berufspolitische Arbeit, Aufbau eines bundesweiten Netzwerkes für Spiel- und Theaterpädagogen. In dem Spagat, Organisationsansprüchen und Klientenbedürfnisse gleichermaßen gerecht werden zu wollen, waren die Jugendlichen in dieser Zeit meine prägendsten Lehrer. Ich hatte mit ihnen in unterschiedlichen Kontexten zu tun und begegnete ihnen in Jugendzentren, in der Schule, auf der Straße, in Gruppen, im Knast und auf der »Platte«. Sie lehrten mich, mich einzulassen, zu vertrauen, mich auseinanderzusetzen, genau zuzuhören und hinzuschauen, den Umgang mit Nichtwissen und wiederum den Umgang mit der erlebten eigenen Grenze sowie den Spaß an gemeinsamen Aktivitäten. Die eine oder andere verwirrende und chaotisch wirkende Situation gehörte einfach dazu.

In einer Projektgruppe beschäftigten wir uns mit dem Thema Lebenskunst. Dazu recherchierten und bewerteten wir diverse Jugendprojekte und schrieben:

> »Ein gelingendes Leben ist kein glücklicher Zufall oder ein günstiges Schicksal. Leben gelingt dann, wenn es selbst bestimmt, selbst entworfen und gestaltet werden kann und wenn man sich in der Arbeit durch die Schaffung kultureller Produkte verwirklichen kann.« (Baer/Freitag-Becker/Rolland 1987, 7)

Wir formulierten drei Voraussetzungen, die zu einem Prozess der selbstbestimmten Gestaltung gehören:
1. Rechtliche und materielle Möglichkeiten, zwischen Alternativen in allen Fragen der Lebensgestaltung entscheiden zu können;
2. die Fähigkeit, eine eigene Identität zu entwickeln, die Ziele, Wertvorstellungen und ein Bewusstsein für die eigene Lebenslage enthält;
3. das Vermögen, Ideen zur Lebensgestaltung zu kommunizieren (wahrnehmen, entwickeln, auswählen, formulieren, austauschen).

Das Ziel pädagogischer Aktivitäten wäre (und war) somit: Das Leben gestalten und genießen können. Carpe diem. (nach Baer/Freitag-Becker/Rolland 1987, 7)

Wenngleich dieser Text noch nicht geschrieben war, als ich die Selbstständigkeit begann, beschreibt er doch die Herausforderungen, die ich in ihrer Tragweite in der Startsituation zwar ahnte, aber noch nicht wirklich erfassen konnte.

Die Selbstständigkeit begann ohne Gründungsberatung und ohne Strategie- und Finanzplan. Dafür gab es viel Enthusiasmus, viel Spaß mit der Arbeit, viele Ideen, gute tragfähige Kontakte. Drei Ziele waren prägend:

1. Ich wollte aus dieser neu erworbenen Profession meinen Beruf machen.
2. Ich wollte mit meinem Profil erkennbar bleiben.
3. Ich wollte mit KollegInnen in Projekten zusammenarbeiten.

Weitere Lernschritte wurden nötig, andere Kenntnisse mussten erworben werden (Akquise und Marketing, Finanzplanung, Felderweiterungen) und weitere Ausbildungen wurden für die Profilschärfung wichtig (Gruppendynamik, Gruppenanalyse, Organisationsentwicklung).

So gelang die Annahme von Beratungs- und Fortbildungsaufträgen aus unterschiedlichen Arbeitsfeldern, die Erfassung neuer Organisationskulturen und das Erlernen neuer Themen, die Auseinandersetzung mit neuen Rollen und Verantwortungen, sowie die Gestaltung von Veränderungsprozessen und die Erprobung ungewohnter Handlungsschritte.

Die Mitarbeit und Verantwortungsübernahme in fach- und berufspolitischen Netzwerken (DGSV – Deutsche Gesellschaft für Supervision, ANSE – Association of National Organisations for Supervision in Europe, NFB – Nationales Forum für Bildung, Beratung und Beschäftigung) war selbstverständlich, die aktive Unterstützung des Aufbaus fachlicher Netzwerke (Netzwerk Rheinland – Netzwerk Interkultur, Netzwerk Betriebliche Gesundheitsförderung) gebot sich fast von selbst (vgl. Freitag-Becker 2001, 2003, 2005). Und dass sich in der Arbeit bald die Anfragen nach Beratung von Netzwerken, Verbundsystemen und Matrixorganisationen (regional und bundesweit) einstellten, war für mich somit nicht überraschend.

In der Zusammenfassung meiner Netzwerkerfahrungen lassen sich folgende Aspekte betonen:

Komplexe Anforderungen benötigen vernetztes Denken und Handeln. »Wenn wir zu lange in konventionellen kollektiven Prozessen verharren, kehren sich die schöpferischen Potenziale in Destruktivität um«, schreibt C.G. Jung (1990, 48). Und dennoch erlebe ich, dass wir BeraterInnen genau dies oft tun, obwohl wir es besser wissen und systemisches und psychodynamisches

Denken gelernt haben. Wir verharren oft in uns bekannten Strukturen und schauen uns komplexe Gebilde, Situationen oder Aufträge aus einem Blickwinkel an, nehmen Trennungen vor, konzentrieren uns auf Teilstücke, zergliedern, sind vernarrt in Details. Wir gehen davon aus, dass, wenn alles gut vorbereitet, genügend Fach- und Sachwissen vorhanden ist, Abläufe definiert sind und gut ineinander laufen, Stolperstellen bedacht sind, das Zusammenspiel all dieser Faktoren einfach funktionieren muss und zum Erfolg führt.

Doch Dinge schaukeln sich auf und entwickeln sich anders, Ergebnisse ergeben keinen positiven Ertrag mehr, nicht bedachte Einflussfaktoren machen sich bemerkbar, Spätfolgen tauchen auf und schon führt das Zusammenspiel zum Chaos, zum Misserfolg – und bekommt destruktive Züge. Es wirkt, als hätten wir Angst vor komplexen Situationen und uns erscheint das lineare, kausale Denken wie eine umsetzbare und tragfähige Lösung. Wer eine Lösung sucht, hat ein Problem, schreiben die Kollegen des ManagementZentrumWitten. Wer sich aber der Herausforderung stellt, die jeweilige Organisationsform für die anstehende Aufgabe zu entwickeln, muss sich vergegenwärtigen, dass diese Antwort temporär und somit nicht abgeschlossen ist und bereits weitere Fragen beinhaltet.

> »Netzwerke sind (somit) eine Form des Management von Komplexität und weniger das Management von Komplexität. Sie sind der Hierarchie einerseits voraus und andererseits sehen sie durch Intensivierung der Kommunikation von ihr ab. Sie machen Kommunikation zwischen Organisationen notwendig und sie machen es unmöglich, von Kommunikation abzusehen« (Baecker 1999, 189).

Dieses Doublebind muss persönlich wie kollektiv gehalten und gestaltet werden. Und dies setzt einerseits eine Auseinandersetzung mit den persönlichen Wünschen, Idealen und realen Möglichkeiten im Hinblick auf Vernetzung voraus. Und andererseits beweist sich die Intelligenz des Netzwerkens an der jeweils entwickelten »intelligenten« Kommunikations-, Konflikt- und Lösungsstruktur. Diese benötigt im Detail folgende Kompetenzen der Mitwirkenden:

- Kooperationsfähigkeit, Aushandlungskompetenz
- Offenheit und Vertrauen, sich auf andere und anderes einlassen und
- der Tragfähigkeit trauen
- Freigiebigkeit und Großzügigkeit
- Komplexität und Komplementarität herstellen und nutzen wollen

- im System denken, das Mögliche suchen, dem Machbaren trauen
- mit dem Unmöglichen spielen
- Fähigkeit, Kontakte aufzunehmen und diese auch zu halten
- Empathie, Achtsamkeit und Konfliktfähigkeit
- die eigene Kompetenz kennen, mit Ungewissheit, Widersprüchen
- Frustration und Dilemmata umgehen
- Spannungen »containen«
- Reflexions-, Abstraktions- und Konkretionsfähigkeit
- Freude an Veränderungen und Entwicklungen, den eigenen Leidenschaften folgen
- Vielfalt als einen Gewinn betrachten und nicht (nur) als Plage
- Rollen übernehmen und Mitverantwortung tragen
- Selbstbewusstsein und Abgrenzungsfähigkeit
- Verbindlichkeit, Verlässlichkeit, Loyalität
- Mut, Geduld, Haltevermögen

(Ergebnis einer Befragung von NetzwerkkollegInnen. Die Frage lautete: »Was sind deiner Meinung nach die fünf wesentlichsten Kompetenzen, die eine Netzwerkerin / ein Netzwerker in einem Netzwerk für Beraterinnen und Berater mitbringen sollte?« Befragt wurden 50 KollegInnen, geantwortet haben 35.)

Der Zentralpunkt all dieser Kompetenzen ist für mich der Umgang mit dem Nichtwissen, der darin liegt, dass die Komplexität über ein Wissen des Nichtwissens repräsentiert wird. Netzwerke machen es notwendig, über Kontakte zu kommunizieren. Und sie machen es unmöglich, dies nicht zu tun. Aber ihre Pointe liegt darin, dass jeder Kontakt unkalkulierbar andere Kontakte, seien es eigene, seien es die des Geschäftspartners, mit zu repräsentieren erlaubt, über die man nichts weiß (nach Baecker 1999, 191). Dies erfordert ein Wissen um die Bedeutung des Nichtwissens und setzt ein hohes Maß an Vertrauen sowie den kontrollierten Umgang mit der eigenen Risikobereitschaft voraus. Und dieses Ringen gelingt meines Erachtens erfolgreicher in Face-to-face-Situationen, sind doch die diversen Herausforderungen, Spannungen und Ansprüche nicht nur les- und hörbar, sondern auch spürbar.

Die Erfahrungen in den sozialen Netzwerken zeigen mir, dass die elektronische Verbindung und Kontaktpflege lediglich stützende und zeitsparende Aspekte liefert, den Austausch von Informationen sichert und zur Verbreitung von

Positionen beiträgt, jedoch den realen Kontakt nicht ersetzen kann. So waren für mich während der Arbeit im Kontext der ANSE die Treffen an den unterschiedlichsten Orten in Europa unerlässlich für das Verstehen der jeweiligen Kulturen, Denksysteme und Haltungen. Das Erspüren der Dynamik hinter den Worten und Tagesordnungspunkten waren wichtige Zusatzinformationen für das Ringen um Verstehen und für die Planung gemeinsamer Strategien. Ich schließe mich der kritischen Position Peter Sloterdijks zu den Gründen des Zusammenseins an, die er zwar im Hinblick auf Nationen formuliert, die ich jedoch hier auf die Netzwerkarbeit übertragen möchte:

> »Ich möchte mich des Verdachts vergewissern, dass Nationen, wie wir sie kennen, möglicherweise nichts anderes seien als Effekte von umfassenden psycho-akustischen Inszenierungen, durch die allein tatsächlich das zusammenwachsen kann, was sich zusammen liest, was sich zusammen fernsieht, was sich zusammen informiert und aufregt.« (Sloterdijk 1998, 27)

Mein eigenes Beratungsunternehmen entwickelte sich und ich bin nach wie vor gefordert, mir die eigenen Organisationsstrukturen, Zwänge, Abhängigkeiten, Unabhängigkeits- und Kooperationswünsche anzuschauen. Vielfältige Kooperationen sorgen mit dafür, dass die Aufträge umgesetzt werden können. Die Fülle ist nach wie vor reichhaltig und meine Gestaltungslust ungebrochen. Somit ist die Netzwerkarbeit für mich nach wie vor ein integraler Bestandteil meiner Arbeit. Dafür bin ich bereit, ein entsprechendes Investment einzubringen. Die immer wiederkehrende Gestaltung der Balance zwischen den individuellen Wünschen und den Netzwerkinteressen trainiert mich, mit vergleichbaren Prozessen in den Organisationen umgehen zu können:

Kooperieren, sich vernetzen, über den Tellerrand hinaus blicken und handeln, fremde Tätigkeiten aufnehmen, experimentieren, Unbekanntes wagen und andere an diesen Kontakten und Vernetzungen teilhaben lassen.

Beziehungsnetze spinnen, leben im Netz und über dem Auffangnetz; Sicherheit und Risiko; Normales und Artistisches; Bekanntes und Fremdes. Das Halten und bewusste Gestalten dieser Widersprüche ist für mich eine stete Herausforderung. Dabei ist das Wesentliche für mich, mit beiden Beinen auf der Erde zu stehen, verwurzelt zu sein, wertzuschätzen, die Realität im Blick zu halten und eine soziale Stabilität und Authentizität zu besitzen.

Das ermöglicht mir, flexibel und beweglich sein zu können, Neues zu wagen, eben das Leben zu leben und zu lieben.

Nicht zuletzt sind für mich Netzwerke Orte, wo kooperativ Perspektiven mit verschiedenen organisationalen und/oder politischen Akteuren entwickelt werden. Trotz oder gerade wegen der benannten Schwierigkeiten ermutigen die Erfahrungen mich, mich weiterhin in andere organisatorische Regelwerke einzumischen, kritische Positionen zu erarbeiten und weiterhin einer politischen Utopie von Gerechtigkeit und Solidarität zu folgen. Auch dies wissen meine Kunden und kaufen sich die entsprechende Haltung und Kompetenz ein.

Literatur

BAECKER, D. (1999) Organisation als System. Frankfurt a.M.: Suhrkamp

BAER, U. / FREITAG-BECKER, E. / ROLLAND A. (1997) Lernziel: Lebenskunst. Seelze: Kallmeyer

BECK, U. (1997) Was ist Globalisierung. Frankfurt a.M.: Suhrkamp

DOPPLER, K. / LAUTERBURG, C. (2002) Change Management: den Unternehmenswandel gestalten. Frankfurt a.M., New York: Campus-Verlag

FREITAG-BECKER, E. (2001) Supervision in alternativen Kollektiven. In: Oberhoff, B. / Beumer, U. (Hg.) Theorie und Praxis psychoanalytischer Supervision. Münster: Votum Verlag. 231-246

FREITAG-BECKER, E. (2003) Im Dialog mit der Andersartigkeit. *Forum Supervision*, 22: 70-89

FREITAG-BECKER, E. (2005) Von der Stressbewältigung zur betrieblichen Gesundheitsförderung. *Forum Supervision*, 25: 96-110

JUNG, C.G. (1990) Vom Schein und Sein. Einsichten und Weisheiten. Olten: Walter-Verlag

KOREMANN, L. (2005) Mentoring und soziale Netzwerke – Theorie und Praxis. *Zeitschrift für Gruppendynamik*, 36, 1: 45-60

MILLER, T. (2001) Netzwerke – ein überstrapaziertes Konzept. *Grundlagen der Weiterbildung*,12, 3: 112-115

ORTHEY, F. (2005) Lernende Netzwerke? *Gruppendynamik und Organisationsentwicklung*, 36, 1: 7-22

SCHMIDT, J. (1993) Von der Linie zu Netzwerken – Design für einen ungeplanten Sprung in der Organisationsentwicklung. *Organisationsentwicklung*, 12: 40-51

SLOTERDIJK, P. (1998) Der starke Grund zusammen zu sein. Baden-Baden: Edition Suhrkamp

VESTER, F. (1999) Die Kunst vernetzt zu denken. Stuttgart: DVA

Energie im Kulturwandel durch Netzwerken auf Führungsebene

Beatrice Conrad

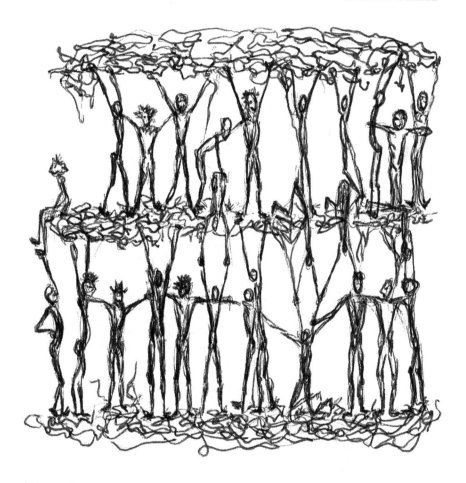

Vorwort

Der erste von mir gewählte Titel lautete: »Netzwerke bilden durch Weiterbildungen für Führungskräfte und damit neue Führungskultur (er)schaffen. Und sie bewegen sich doch ... «

So, dachte ich, wird gleich zu Beginn deutlich die Haltung vermittelt, dass es ein langsamer und schwieriger Weg ist, eine neue Führungskultur zu erschaffen, die nur behutsam und schwer steuerbar zu bewältigen ist. Und auch, dass sich Führungskräfte gemeinsam zu einer selbst ernannten Führungskultur hin bewegen. Nun, von diesem Titel habe ich Abstand genommen – keine Ironien sollten dort hinein interpretierbar, keine Allmachtsfantasien einer externen Instanz denkbar sein. Und auch die aktiv steuer- und planbare Handlung mit dem Ergebnis, ein Netzwerk bilden zu können, sollte nicht als Bild entstehen.

> Auf die Dauer der Zeit nimmt
> die Seele die Farbe der Gedanken an.
> (Marc Aurel)

Ich möchte von einem unterdessen sechsjährigen Prozess berichten, in dem eine große Organisation mit über 5000 Mitarbeitenden auf der Führungsebene gemeinsam ins Gespräch kommt, ähnliche Gedanken zur Führung entwickelt und individuell und doch mit einem gemeinsamen Sog ein Bild entwickelt, in dem Leitsätze zum Umgang mit KundInnen/PatientInnen, Mitarbeitenden und Partnern lebendig werden. Meines Erachtens, aus der Beobachtungsposition heraus, geschieht das im »Dazwischen«, wie es im Vorspann des Buches genannt wird.

Schließe ich mich der Aussage Marc Aurels an, sehe ich den Gewinn des Netzwerkens genau im Dazwischen: In dem, was entsteht, treffen Menschen aufeinander. Wirkung, und daraus abgeleitet Handlungsvielfalt und -fähigkeit, entsteht nicht in einem linearen Ablauf, sondern gilt für mich als ein fortwährender Suchprozess, der durch den Fokus auf Differenzen Aufmerksamkeit und Achtsamkeit fordert und etwas erschafft, etwas Neues, Drittes.

> Jeder Freund repräsentiert eine Welt in uns.
> Eine Welt, die bis zu seinem Erscheinen ungeboren ist.
> Und erst durch diese Begegnung
> wird eine neue Welt geboren.
> (Anais Nin)

Ausgangslage

Eine Universitätsklinik in der Schweiz führt seit sechs Jahren Führungsweiterbildungen im mittleren Management für NeueinsteigerInnen in der

Führung und für langjährige Führungskräfte mit viel Erfahrung durch, ebenso für das Topmanagement im Rahmen eines Nachdiploms. Jedes Jahr werden diese KursteilnehmerInnen, quer aus allen Jahrgängen und allen drei Weiterbildungen, zu einem gemeinsamen Event mit der Krankenhausleitung eingeladen, um voneinander zu hören, zu lernen, sich auszutauschen und die neuesten Erkenntnisse aus der Führungstheorie und Praxis miteinander auf ihre Übersetzbarkeit in die Krankenhauslandschaft zu prüfen und passend aufzugreifen. Netzwerken ist angesagt!

Damals

Um das ganze Konzept und den heutigen Stand nachzuvollziehen, gehen Sie mit mir doch gedanklich noch einmal sechs Jahre zurück.

Konkreter Ausgangspunkt war der Auftrag der Krankenhausleitung, in Zusammenarbeit mit seiner Personalentwicklungsabteilung und einer externen Beratungsfirma ein sehr innovatives und ungewöhnliches Development-Programm zu konzipieren und dieses zu implementieren. Die Führungskräfteentwicklung sollte nicht nur eine individuell orientierte Schulung bieten, sondern gleichzeitig einen Input zur Führungskultur-Entwicklung am Universitätskrankenhaus leisten. Mit internen Weiterbildungen auf der mittleren und oberen Führungsebene wurden Führungsphilosophie und die entsprechende Haltung weitergegeben und diese direkt am obersten Management angebunden. Das entsprechende Führungshandwerkszeug wurde vermittelt, gleiche Tools und Grundlagen dienten im Praxistransfer für die »gleiche Sprache«.

Das Management Development-Konzept soll damit sowohl die individuelle Ebene der Qualifizierung als auch die der Organisation (Führungskulturentwicklung) erreichen, fördern und verbinden.

Heute

Das Konzept wurde erstellt und schrittweise umgesetzt und besteht heute aus sieben Elementen, die auf zwei Ebenen realisiert sind: auf der individuellen Ebene mit Kursen und auf der Organisationsebene mit Vernetzungsveranstaltungen.

Die vier Kurse eignen sich für unterschiedliche Anspruchsgruppen in der Führung, für das obere Management, für das schon lange in der Führung tätige mittlere Management, für die Neueinsteiger ins mittlere Management (Führungskräfte, die entweder neu in der Organisation sind oder neu in die Führung aufsteigend), und ein Vertiefungsangebot zielt auf diese letztere Gruppe.

Die drei Angebote auf der Organisationsebene sind nun die Veranstaltungen, die das »Dazwischen« darstellen. Ein Management-Network für alle, die die Weiterbildungsseminare für das obere Management besucht haben, ein Vertiefungstag für alle, welche die Seminare für Neueinsteiger besucht haben, und ein jährliches Großevent für die Absolventen aller Seminare, bei dem sich alle diejenigen treffen, die an dem Development-Programm teilnehmen. Hier kommen in der Regel bis zu 150 Mitarbeitende zusammen. Diese Tage oder Abende sind freiwillig, ermöglichen Kontakt mit denen, die zuvor den Kurs besucht haben, bringen deklariert wenig neue Inhalte, dafür aber Austausch als zentrales Thema. Und das Ergebnis zeigt: Sie werden rege genutzt, und es wird bedauert, wenn man nicht teilnehmen kann. Netzwerken wird hier als Begriff von den Aktiven eingesetzt, ohne als Begriff auf der Tagesordnung vorgegeben zu sein. Ich gehe später noch darauf ein.

Das Konzept wurde mit einigen zentralen Ideen zu Management und Organisation von Krankenhäusern geleitet und in Programme umgesetzt und reagiert gleichzeitig auch auf die Besonderheiten dieses Universitätskrankenhauses, wie jedes große Krankenhaus seine typischen Eigenarten hat. Grundsätzlich geht man in der Forschung davon aus, dass Krankenhäuser spezielle Organisationsdynamiken und Herausforderungen haben und sich damit von anderen beschriebenen Organisationen in Wirtschaft und Produktion unterscheiden. Management Development im Krankenhaus hat sich mit den Besonderheiten dieses Typs Organisation und den daraus erwachsenden Management-Problemen auseinanderzusetzen. Relevant für jede Konzeption für Organisationsentwicklungsprozesse sind die sich aus diesen Besonderheiten ergebenden Management-Anforderungen. Bei einer Führungskulturentwicklung, die in einem solchen Weiterbildungskonzept mit enthalten sein und diesem Rechnung tragen soll, geht man davon aus, dass Erfahrungslernen, Wissen und Auseinandersetzung mit der eigenen Organisation (und dem Arbeitgeber) automatisch das »Etwas« generiert, das dem Ziel eines sich unterstützenden und lebendigen Netzwerkes innerhalb der Organisation nahe kommt.

Um dieses nicht konkret planbare, aber dringend gewünschte Ergebnis zu erreichen, wird vereinbart, folgende Punkte zu beachten:
- Interdisziplinarität in den Seminaren
- Betonung der Vernetzung in allen Bereichen
- Nicht nur Qualifizierung von Personen, sondern Beiträge liefern zur (Führungs-)Kultur-Entwicklung
- Durch die Programme wird Wissen ebenso wie Haltungen und Skills vermittelt

- Führung/Management soll inspirierend sein
- Die Krankenhausleitung und der Kontext des Krankenhauses wird intensiv eingebracht und mitberücksichtigt

Hier im Überblick die Seminare und Vernetzungsangebote:

INDIVIDUELLE EBENE	ORGANISATIONSEBENE
Seminare	**Vernetzungsveranstaltungen**
• **Krankenhausmanagement heute:** Dieses Seminar bindet die Krankenhausleitung wie auch andere Krankenhausrepräsentanten stark ein und fordert die Teilnehmenden zusätzlich mit einer Projektarbeit, deren Ergebnis im Krankenhaus öffentlich präsentiert wird. Dieses Seminar müssen z. B. alle Ärzte belegen, die Leitende oder Chefärzte werden wollen oder es gerade geworden sind.	• **Management Networking:** Eine jährliche Abendveranstaltung für alle Absolventen der Seminare, um mit der Krankenhausleitung übergreifende Themen zu diskutieren.
• **Erfahrene Führungskräfte aus dem Mittleren Management:** Eingeladen sind hier Mitarbeitende, die schon seit Jahren in der Führung engagiert sind, aber noch wenig oder schon lange nichts mehr an Führungs-Weiterbildung erfahren haben. Die Besonderheit dieses Programms liegt darin, die eigenen Erfahrungen in den Vordergrund zu stellen und eigene Führungsmodelle entwickeln zu lassen.	• **Großveranstaltung zu Führung:** Zu der einmal pro Jahr durchgeführten innovativen Großveranstaltung sind alle Führungskurs-Absolventen eingeladen. Im Rahmen einer Großgruppenveranstaltung werden spezielle Themen aus dem Krankenhaus konkret oder zur aktuellen Führungslehre aufgriffen und bearbeitet. Diese Veranstaltungen zeigen oft auch unkonventionellere Formen der Zusammenarbeit auf, immer mit der Idee und dem Ziel, das Management Development nachhaltig weiterzutragen.
• **Neu Führen im Mittleren Management:** Dessen Besonderheit besteht darin, dass die Teilnehmenden eine Art 360°-Feedback durchlaufen, welches von den Kursteilnehmenden selbst durchgeführt und ausgewertet wird. Damit ergibt sich eine ausgezeichnete Möglichkeit, Fremd- und Selbstbilder zu kombinieren, sowie verschiedene, interdisziplinäre Perspektiven zu nutzen.	
• **Aufbau Neu Führen im Mittleren Management:** Aufgrund der Bedarfsmeldungen von ›Neu Führen‹-Absolventen wurde ein Fortsetzungsseminar für diese entwickelt, das fokussiert mit der Wirkung von Führungskräften arbeitet. Gewährleistet wird dieses durch Videoarbeit und Shadow-Coaching am Arbeitsplatz.	• **Vertiefungstage:** Alle Teilnehmenden des Lehrgangs ›Neu Führen‹ werden einmal pro Jahr zu einem Vernetzungstreffen eingeladen, bei dem ein aktuelles Führungsthema vertieft wird. Daran nimmt auch ein Mitglied der Krankenhausleitung mit einem Input und für weitere Diskussionsmöglichkeiten teil.

Was wir nicht denken können,
können wir auch nicht tun.
(Unbekannt)

Konzeptioneller Hintergrund und Haltung

Management Development (MD) wird heute nicht mehr nur als die Entwicklung persönlicher Kompetenzen betrachtet, sondern genauso in den Bezug zur Entwicklung der Organisation gestellt. Führung findet statt, beeinflusst und wird ihrerseits geprägt in und von der Kultur der Organisation, d. h. von den Werten, Normen und Verhaltensmustern sowie den Thematisierungs-, Reflexions- und Lernmöglichkeiten auf der Ebene der Organisation. Jede ernst zu nehmende Führungsentwicklung muss beide Aspekte berücksichtigen.

Um in Netzwerken agieren zu können, diese zum Leben zu erwecken und in der Gemeinsamkeit mit dem »Dazwischen« arbeiten und dieses nutzen zu können, braucht es Beziehungsaufbau, dessen Pflege, die Möglichkeit, Vertrauen zu schaffen, mit anderen in unterschiedlichen Rollen und Kombinationen zusammenarbeiten zu können. Das sind zentrale Themen für erfolgreiches Managen im Krankenhaus. Laterales Führen ist ein wesentliches Element. Die Fähigkeit, in den komplexen sozialen Netzwerken des Krankenhauses seinen Einfluss – auch ohne Nutzung der formal-hierarchischen Möglichkeiten – geltend zu machen und »common ground« zu gewinnen, ist eine Kernaufgabe und Kompetenz, die es zu schulen (und entdecken) gilt.

Im methodischen Konzept für effektives Führungslernen wurden folgende Aussagen getroffen und mit der Krankenhausleitung abgestimmt:

- Effektives Führungslernen bezieht sich immer auf Wissen und Verhalten. Jedes Angebot hat entsprechende Settings und Formen zu offerieren. Es bedarf sowohl der Vermittlung von Wissen über Führung als auch des Bezugs auf die eigene Person, letzteres in reflexiver wie verhaltensbezogener Hinsicht. Alle diese Dimensionen sind zu berücksichtigen und zu kombinieren.

- Effektives Führungslernen wird durch Feedback zum eigenen Verhalten herausgefordert und beschleunigt und durch Raum für Neues ermöglicht.

- Nachhaltiges Führungslernen bedeutet einen Prozess über die Zeit und des wiederholten Aufgreifens von konkreten, persönlichen Erfahrungen.

- Allgemeines Management- und Führungswissen ist ungenügend, entscheidend ist jenes, welches auf die Besonderheiten des konkreten Kontextes Bezug nimmt.

- Führungslernen ist immer auch ein kollektiver Prozess. Der Etablierung einer förderlichen Lernkultur und dem Bezug zur Organisationskultur ist Aufmerksamkeit zu schenken. Gelebte und erlebte Vernetzung ist zentral.
- Führung soll attraktiv sein und muss inspirierend, aber auch fordernd angeboten werden.
- Effektives Führungslernen braucht Commitment sowohl der Individuen als auch der Organisation.
- Führungslernen wird umso ausgeprägter stattfinden, je klarer die Rahmung des Angebots ist (Unterstützung von oben, Auswahl Teilnehmer, Umsetzungsmöglichkeiten etc.) und je prägnanter die Bedeutungsgebung ist (strategische Gewichtung, Präsenz der obersten Führung, Einspielen wichtiger Organisationsthemen etc.). Faustregel: Die Hälfte eines Trainingserfolgs resultiert aus Faktoren außerhalb des Trainings (individuelle und organisatorische Voraussetzungen, Unterstützungen, Transfer- und Umsetzungsmöglichkeiten etc.).

Entsprechend diesen Prämissen wurde sorgsam auf die Rahmung, die Einbettung in die Organisation wie auch auf die Gestaltung der einzelnen Programme geachtet. Auf die konkrete Umsetzung dieser drei Punkte möchte ich nicht vertieft eingehen, aber zwei Beispiele sollen den Blick auf die konkrete Realisierung lenken: Bei der Rahmung sind z. B. das Commitment und Auftritte der Mitglieder der Krankenhausleitung an den Vernetzungsveranstaltungen vereinbart und das einjährig regelmäßig stattfindende gemeinsame Abendessen mit unterdessen doch fast 300 Führungskurs-Alumni. Für die Einbettung in die Organisation gilt als Beispiel das 360°-Feedback, das erhoben wird und nach dem die Vorgesetzten für einen halben Tag in den Kurs eingeladen sind, um Themen aus den Feedbacks gemeinsam mit ihren Führungskräften zu diskutieren.

> Grenze des Denkens ist der Denkraum,
> und Denkräume sind zugleich Wirkungsräume.
> (Unbekannt)

Konkretes Erfahren

Um dann auf die Auswirkungen – und das »Dazwischen« – dieser sehr vernetzt gestalteten Führungsweiterbildung zu kommen, möchte ich eine weitere Reaktion, die im System ausgelöst wird, aus einer der Weiterbildungen beschreiben. Ein wichtiger Erfolgsfaktor von Führung ist die Reflexion der eigenen Wirkung als Führungskraft, weshalb ein 360°-Feedback integriert ist. Das ganze System des Arbeitsumfeldes soll miteinbezogen werden, mit konkreten Rückmeldungen, aber auch durch gemeinsames Arbeiten und Reflektieren.

Als theoretischer Hintergrund gilt dabei die bekannte, von Kurt Lewin beschriebene Formel: $V = w (P + U)$ [Verhalten entsteht aus Wahrnehmen von Person und Umwelt] (s. Kasten).

$V = w (P + U)$
Verhalten entsteht aus Wahrnehmen von Person und Umwelt.
Zwei Varianten in der eigenen Wahrnehmung sind hierbei ausschlaggebend:

$P < U$ eigenes Verhalten wird eher fremdbestimmt erlebt, von der Umwelt abhängig.

$P > U$ eigener Handlungsspielraum wird erkannt und ausgeschöpft, ich bin Gestalter des eigenen Lebens und Schicksals.

Umfeld
Wissen über das eigene Umfeld. Um handeln zu können, braucht es Informationen.

Erwartungen
Eigenständigkeit braucht Orientierung im eigenen Umfeld, z.B. an internen wie externen Kunden, der Unternehmensleitung, der eigenen Führungskraft, Kolleginnen und Kollegen, MitarbeiterInnen, KooperationspartneIInnen.

Leistung
Die eigene Leistung evaluieren durch Bewusstsein der eigene Stärke und Schwäche. Dieses erlaubt Lern- und Entwicklungsfelder zu identifizieren. Klarheit, wie meine Arbeit von anderen gesehen wird, ist eine unentbehrliche Rückkoppelung zu meinem Verhalten.

Person
Sich selbst gut kennen. Dies ermöglicht Sicherheit in einem offenen, manchmal chaotischen Umfeld. Innere Sicherheit und Selbstbewusstsein der Mitarbeitenden kann ein Unternehmen fördern.

In der konkreten Umsetzung dieser Anforderung orientieren sich die Teilnehmenden in Trios: Die Interviews über A, vor allem mit den Vorgesetzten, werden von Kollege/Kollegin B durchgeführt. Dies führt zu einer neuen Ebene von Fremd-Perspektive. Einzelne Interviews, z.b. mit Mitarbeitenden, führt A selbst. C ist in der Auswertung der Feedbacks von B an A als Beobachter mit einer weiteren zusätzlichen Außenperspektive beauftragt und schließt mit seiner Rückmeldung ab.

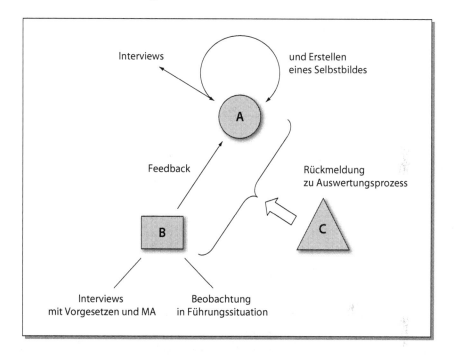

Das bekannte 360°-Feedback wird so ergänzt durch verschiedene neue Perspektiven und Erfahrungen. Eine anregende Herausforderung ist es, bei den Fremdinterviews in anderen Fachgebieten anzudocken, d.h. die unterschiedliche Sprachen innerhalb einer Organisation und auch andere Kulturen konkret zu erleben. Eine Oberärztin, die die Leitung in der Hauswirtschaft interviewt, eine Apothekerin, die eine Pflegeleitung befragt oder ein Leiter des Transportdienstes, der einen leitenden Arzt interviewt: Hier wird nicht nur das eigene Selbstverständnis herausgefordert, sondern auch die Fähigkeit, die andere Sprache zu sprechen und in einer ungewohnten Umgebung relevante Arbeitsergebnisse zu erzielen. Ebenso braucht es eine Reflexion über das eigene Verständnis von Hierarchie (und Macht), da die zu interviewende Person in der Hierarchie der Organisation über einem steht. »Ich befrage den Vorgesetzten meiner Kollegin über ihre Führungsqualitäten« – dies setzt soziale und kommunikative Kompetenzen voraus und Selbstwertgefühl, was für Führungskräfte auch mit als Schlüsselkompetenzen betrachtet werden dürfte.

Eine weitere besondere Herausforderung bildet die konkrete Rückmeldung der Informationen mit potenziell heiklen Inhalten, eine Aufgabe, die von Führungskräften selten geübt werden kann. Einen Interviewinhalt als »Entwicklung anregendes Feedback« an das Gegenüber zurückzugeben – im Wissen, dass Interviewter und die Person im Fokus nach dieser Sequenz weiterhin gut und vertrauensvoll zusammen arbeiten sollen – setzt Wissen über Gesprächsführung sowie soziale Intelligenz und Einfühlungsvermögen voraus. Und Mut. Diese Aufgabe sorgfältig und bewusst anzugehen ist ein weiterer Schwerpunkt der Führungskräfteentwicklung.

Auch mit der Aufgabe, die die Teilnehmenden als praktisches Erfahrungsfeld nutzen, eine fremde Führungssituation in unbekanntem Umfeld zu beobachten, wird das eigene Verständnis von Haltung und Kultur hinterfragt. Wie auch beim Führen der Interviews in einem fremden Umfeld wird beim Beobachten gefordert, eigene Rückschlüsse und Bewertungen in Bezug zu einem eigenen Führungsverständnis herzustellen und mit diesem abzugleichen sowie anschließend das Wahrgenommene mit dieser Differenziertheit zurückzuspiegeln. Es stellt Anforderungen an das Tolerieren von Unterschiedlichkeit, an das Verstehen mit verschiedenen Möglichkeiten ein Ziel zu erreichen – und Gleichwohl an das Erkennen von Gemeinsamkeiten innerhalb der Organisation. Zwischen der Vermittelbarkeit des Beobachtbarem und der Sprache noch ein Drittes, die Wirkung, zu erkennen und dieses als Entwicklungsmöglichkeit dem Gegenüber zu vermitteln, ist vielfältig und ungewohnt im Führungsalltag.

Entwicklungsprozesse sind vielstufig, vielschichtig, nicht linear. Persönliche Entwicklungsprozesse sind nicht voraussehbar, da sie auch vom Hintergrundswissen der Teilnehmer abhängig sind. Beobachten (Daten sammeln) und Begreifen (nach bekannten Regeln klassifizieren und zu Informationen verarbeiten) findet statt. Das Beobachten, also bewusstes Sehen, wird zu einem großen Teil von unbewussten Interessen mit gesteuert. Im Bereich des Verstehens (Informationen verknüpfen und zu Wissen verarbeiten) tritt bereits vorhandenes Wissen (inklusive Werte und Motive) in Erscheinung. Bewusst werden kann die eingeschränkte Gültigkeit privaten Wissens, wenn dieses mit Mitmenschen geteilt und offensichtlich eingesetzt und angewendet wird. Dann kann sichtbar werden, dass es verschiedene Möglichkeiten gibt, Dinge und Prozesse zu sehen. Einiges Verständnis (und Empathie) braucht es im nächsten Schritt, um die Tatsache annehmen zu können, dass nicht einfach die eigene Sicht der Dinge die richtige ist und es durchzusetzen gilt, sondern dass das Gegenüber vielleicht genau so Recht hat – aus seiner Perspektive.

Konkretes »Dazwischen«

Diese Weiterbildungen, das Development-Programm, bietet viel »Dazwischen«. Die Beobachtungen, das Eintauchen in andere Bereiche, die wie fremde Länder anmuten, das Erleben unterschiedlicher Führungsstile, das Besprechen anderer Wahrnehmungen und Interpretationsspielräume und das Erkennen verschiedener Facetten einer Person in ihren jeweiligen Rollen, das Vernetzen auf anderen Hierarchiestufen, das Hinterfragen eigener Muster und Denkweisen findet in Zwischenräumen statt, gewollten und ungeplant entstehenden. Und es bilden sich Netzwerke, im Trio, aber auch innerhalb der Bereiche, aus denen man kommt, werden neue Verknüpfungen und Annäherungen möglich. »Die hat mich über dich diese Dinge gefragt, über die ich noch nie nachgedacht habe.« Man kommt ins Gespräch über Wahrnehmen und Auswirkungen. Und nicht nur Kursteilnehmer vernetzen sich. Über die Kurse hinweg werden Netze gespannt, da man weiß und darauf vertraut, dass diese und jene Person auch das Gleiche erlebt hat – und diese Themen sind, bedingt durch Erfahrungen mit demselben Handwerkszeug, demselben Spiel, denselben Übungen, Diskussionen, besprech- und hinterfragbar.

Gemeinsames Erleben bindet, auch wenn es nicht gemeinsam erlebt wurde! Die Lust an Führung kann geteilt werden, auch wenn sie zeitversetzt entsteht. Das Verständnis für die Organisation steht auf gleichen Füßen, die Sorgen, aber auch die Freude, in dieser Organisation zu arbeiten, sind nachvollziehbar verständlich und man spricht darüber in derselben Sprache.

An den Großveranstaltungen, an denen sich die Führungskräfte aus allen Hierarchiestufen und Abteilungen treffen, kann gemeinsam gearbeitet werden und das fachübergreifend, ohne dass viel erklärt werden muss. Und die Gruppen setzen sich automatisch interdisziplinär zusammen, weil ihnen sonst ein nun gewohnter Input fehlt. Netzwerken ist entstanden, ohne es einzufordern oder zu initiieren. In den Bereichen haben sich Gruppen gebildet, die miteinander ihre Arbeitsthemen besprechen, freiwillig. Und an den Vertiefungstagen kommen Alumni einmal jährlich zum siebten Mal. Führungskräfte empfehlen es ihren Kolleginnen, legen ihnen diese Erfahrung ans Herz: »Damit du auch vernetzt bist!«

Was hat diese Haltung ermöglicht in der Organisation Krankenhaus, die als differenzierteste Organisation gilt? Mit der höchsten Diversität in seinen Professionen und einer Vielfalt an unterschiedlichsten Aufgaben und mit einer ausgeprägten Hierarchie. Wie kam die Bewegung in Gang, sich zwischen den Alltagsanforderungen einander zuzuwenden bezüglich Führungshaltung – und Entwicklung?

> Neue Wege entdecken, unvermutet,
> ihnen Raum und Öffnung geben.
> (Unbekannt)

Netzwerke, Orte des »Dazwischen«

Kultur wird definiert (u. a.) als das, was vorgibt, wie Menschen miteinander, mit ihrer Umwelt, mit Vergangenheit und Zukunft umgehen. Kultur dient als Orientierung und Motivation für Handeln. Kultur basiert auf Werten, auf Commitment, d. h. auf Engagement und Verpflichtung. Nach Kant sind Mensch und Kultur ein Endzweck der Natur. Dabei ist mit diesem Endzweck der Natur die moralische Fähigkeit des Menschen verbunden »Handle nur nach derjenigen Maxime, durch die du zugleich wollen kannst, dass sie ein allgemeines Gesetz werde« (kategorischer Imperativ nach Kant). Organisationskultur beschreibt die Entstehung, Entwicklung und den Einfluss kultureller Aspekte innerhalb von Organisationen. Organisationskultur wird als Netzwerk interner Strukturen und Prozesse beschrieben, welche die Selbstwahrnehmung einer Organisation kontinuierlich sowohl erzeugt als auch verstärkt. Sie wirkt sich auf alle Bereiche des Managements aus, jede Aktivität in einer Organisation ist durch ihre Kultur gefärbt und beeinflusst. Ein Verständnis für die Organisationskultur erlaubt es den Mitarbeitenden, ihre Ziele besser zu verwirklichen, und es kann Außenstehende unterstützen, die Organisation besser zu verstehen.

Wenn nun dieses Management-Development-Programm mit seinem Aufbau und der Vermittlung von Inhalten nebenher zusätzlich dazu anregt, dass sich die Kultur der Vernetzung, der unabgesprochenen Haltungseinnahme, des Führungsstiles in Kooperation und in gemeinsamer gewünschter Entwicklung niederschlägt, ist meines Erachtens, im Hinterfragen der eigenen Wahrnehmungen, etwas von diesen oben beschriebenen theoretischen Aussagen zum Leben erweckt worden. Energetisch, machtvoll, unabwendbar kam Kulturentwicklung in Gang. Und nicht im theoretischen Wissen hat sie sich niedergeschlagen, sondern im Erleben. Nicht (nur) im direkten Begegnen findet Entwicklung statt, sondern ebenso im »Dazwischen«. Wo auch immer dieses sich dann befinden mag.

Literatur

SCHMITZ, C. (2010) Management Development, College M.
WEICK, K. (1985) Der Prozess des Organisierens. Frankfurt a. M.: Suhrkamp
WILLKE H. (1994) Systemtheorie. Frankfurt a. M.: Suhrkamp
BERTHOIN, A. (2006) Reflections on the need for «between times« and «between places«. *Journal of Management Inquiry*, 15, 2: 154-166.
KOLB, A / KOLB, D. (2009) Experiential learning theory: A dynamic, holistic approach to management learning, education and development. In: Amstrong, S.J. / Fukami, C.V. (Ed.) The sage handbook of management learning, education and development. London: Sage, 42-68

»Dazwischen kann man durchfallen«
Mentoring und Networking – erfolgreiche Instrumente im Übergangsmanagement

Barbara Baumann

Einleitung

Ein Artikel über Mentoring in einem Buch, in dem es um die Netzwerkbildung geht? Was zunächst scheinbar nicht zusammenpasst, sollte nicht bereits im Vorfeld als zwei verschiedene Seiten einer Medaille beurteilt werden. Schon zu Beginn ist festzustellen, dass beide, Mentoring und Netzwerkbildung, sich aktuell einer großen Aufmerksamkeit rühmen können. In immer mehr

Bereichen und in vielfältigen Formen werden heute Mentoringprogramme installiert und durchgeführt. Und ebenso rasant steigen die Formen und Anlässe der Netzwerkbildung. Warum?

Im Bereich der beruflichen Karriereentwicklung, insbesondere bei der Förderung von Führungsnachwuchskräften, tauchen in unterschiedlichsten Zusammenhängen beide Begrifflichkeiten auf. Manchmal scheint es so, als ob für Nachwuchskräfte diese beiden Instrumente schon die halbe Miete für die Karriere seien und damit der Weg in eine rosige, erfolgreiche Zukunft vorprogrammiert sei.

Was ist dran an diesen Hoffnungen, woher kommen und was nährt sie? Was liegt vor der Hoffnung? Welche Schwierigkeiten und Probleme tauchen heute für Nachwuchskräfte auf, dass diese hoffnungsstiftenden Instrumentarien nötig erscheinen? Wie wirken die Instrumente Mentoring und Netzwerkbildung (oder Networking, wie der häufiger gebrauchte Begriff lautet) zusammen, wo ergänzen sie sich, welche Unterschiede machen sie aus? Die Beantwortung dieser Fragen kann den Blick auf die Erfolgskriterien freigeben und das konstruktive Potenzial beider sichtbar werden lassen.

Dann gilt es aber auch, ehrlicherweise die Begrenzungen und möglichen Stolpersteine beider zu beleuchten, um mögliche und notwendige Weiterentwicklungen aufzuzeigen. Ebenso sollen jene Potenziale in den Blick genommen werden, die bisher kaum oder gar nicht im Bereich der Netzwerkbildung und insbesondere auch im Bereich des Mentorings ausgeschöpft werden. Insofern geht es nicht um die Entdeckung eines Juwels, sondern eher um das Schleifen, um die Feinbearbeitung, damit dieser Juwel noch stärker zu strahlen vermag.

Die Überlegungen dieses Artikels basieren unter anderem auf den Erfahrungen des Projekts »NetWork 21. Leben und Arbeiten in der transkulturellen Gesellschaft« – ein Modellprojekt des Bundesministeriums für Familien, Senioren, Frauen und Jugend. Der Projektträger war die Thomas-Morus-Akademie in Bensberg. Das Projekt, das in dem Zeitraum von September 2006 bis Februar 2010 durchgeführt wurde, war sehr erfolgreich und ist bereits vor seinem Abschluss an unterschiedlichen Stellen gewürdigt worden. Es gilt als »Leuchtturmprojekt« für den Bereich Integration und wurde unter anderem vom Bündnis für Demokratie und Toleranz im Rahmen des Wettbewerbs »Aktiv für Demokratie und Toleranz 2010« mit einem Preis ausgezeichnet.

Zum Projekt gehören ein Mentoring- und Bildungsprogramm mit den Themenbereichen Gender, Interkulturalität und zivilgesellschaftliches Engagement im Übergang vom Studium in den Beruf und in der Berufseinstiegsphase.[1]

Obwohl sie unterschiedliche thematischen Schwerpunkten aufweisen, ist allen Mentoringprogrammen eines gemeinsam: sie sind im Übergangsbereich angesiedelt, ob vom Studium in den Beruf, von der Schule in die Ausbildung oder an unterschiedlichen Stufen auf der Karriereleiter. Aber warum stellt gerade die Situation des Übergangs einen idealen Ort für Mentoringprogramme und vielleicht auch für Netzwerke dar?

Mentoring, ein neues (altes) Förderinstrument

Die Mentoring-Landschaft ist vielfältig geworden, und dies meint sowohl die Orte als auch die Formen des Mentorings. In Wissenschaft, Wirtschaft und Gesellschaft werden nun seit über zehn Jahren immer mehr formelle Mentoringprogramme aufgelegt. Dies können z.B. Programme für weibliche Führungskräfte sein, die innerhalb des Unternehmens oder als Cross-Mentoring organisiert werden. Mittlerweile werden aber auch im Handwerk im Bereich der Unternehmensnachfolge Mentoringprogramme mit Erfolg implementiert.

In der Gesellschaft finden sich Programme u.a. im Gender- und/oder Integrationsbereich, in der Wissenschaft mehren sich Mentoringprogramme an Universitäten oder Fakultäten mit dem Ziel, mehr Wissenschaftlerinnen zur Habilitation und in die wissenschaftliche Karriere zu führen.

Innerhalb der universitären Landschaft gibt es mittlerweile eine sehr gute Vernetzung, die eine gemeinsame Reflexion und die Entwicklung gemeinsamer Standards ermöglicht.[2]

Was meint Mentoring?

Zunächst beschreibt Mentoring die Beziehung zwischen einer erfahrenen Person zu einer unerfahrenen Person. Der/die MentorIn unterstützt die/den Mentee in seiner persönlichen und beruflichen Entwicklung.

Aus diesem Grund steht auch wohl Mentor, der Freund des Odysseus, der dessen Sohn Telemachos während der zahlreichen Reisen seines Vaters betreut und begleitet hat, als Namensgeber für dieses Instrumentarium und diese Beziehungsart. Denn zunächst geht es um eine individuelle, persönliche Beziehung, die nicht aufgrund von geregelten Verwandtschaftsbeziehungen zustande kommt, deren Charakter aber durchaus an alte Vorstellungen von Patenschaften und anderer Formen der individuellen Beziehungen zwischen den Generationen erinnert.

Mentoringbeziehungen hat es vermutlich seit Menschengedenken gegeben. Sie finden sich in zahlreichen Märchen und Mythen. Auch heute gehört die Förderung der jüngeren Generation z. B. mit zu den Leitbildern studentischer Verbindungen. In all diesen Formen der informellen oder teilformellen Mentoringbeziehungen spielen ebenso Netzwerke eine entscheidende Rolle. Empfehlungen werden ausgesprochen, Kontakte werden vermittelt etc.; mancher Held in den alten Märchen und Sagen kann sein Abenteuer nur bestehen, weil er an unterschiedlichen Orten weiß, wen er ansprechen kann, da er ein Empfehlungsschreiben bei sich trägt oder sich auf seine UnterstützerIn berufen kann.

Bereits hier wird ein wichtiger Zusammenhang zwischen Mentoring und Netzwerkbildung deutlich: Im Mentoring stellt der/die MentorIn ihre/seine Netzwerke dem/der Mentee zur Verfügung. Diese Netzwerke, wie die Mentoringbeziehung selbst, beruhen nicht auf verwandtschaftlichen Beziehungen, aber ebenso wie diese sind sie intergenerativ[3] wirksam.

Mentee und MentorInnen gehen eine (meist) befristete, persönliche Beziehung ein. Diese dient bestimmten, vorher verhandelten Zwecken und Zielen, ist freiwillig und beruht in erster Linie auf Vertrauen und Autorität. Die Mentees vertrauen sich MentorInnen an und sprechen ihnen die Autorität zu, in der aktuellen Lebensphase BeraterIn, WegbegleiterIn, RatgeberIn, vielleicht auch FreundIn zu sein. Entscheidend bei der Mentoringbeziehung, z. B. im Gegensatz zu Patenschaftsbeziehungen, ist, dass die Beziehungsinitiierung und Aktivierung von der/dem Mentee, also dem/der Jüngeren, Unerfahreneren, ausgeht.

Die Idee und die Praxis des Mentorings sind also nicht neu, sondern uralt. Neu ist, dass dieses Instrumentarium im Rahmen von formellen Mentoringprogrammen in einem öffentlichen, formellen Rahmen zum Tragen kommt und von Mentorinnen/Mentoren und Mentees genutzt wird, die zuvor über keinerlei Verbindungen verfügten bzw. sich nicht in gleichen Netzwerken bewegten. Die Mentoringprogramme bilden somit den Rahmen, damit ein erfolgreicher individueller Matchingprozess gelingen kann und unterschiedliche Netzwerke und Personen miteinander in Berührung kommen können. Damit bieten Mentoringprogramme häufig den Ort, an dem milieu-, fach- und kulturübergreifende Netzwerkbildung zur Förderung Einzelner geschehen kann.

In den Mentoringprogrammen erhalten gerade die Personen Zugang zu diesen fördernden Netzwerken und Mentoringbeziehungen, die ansonsten vielleicht ausgeschlossen wären. So sind z. B. die ersten formellen Mentoringprogramme entstanden, um jungen Frauen Zugang zur beruflichen Karriere zu ermöglichen. Denn immer schon war es eigentlich klar: Die fachliche Qualifikation alleine reicht nicht für eine erfolgreiche Karriere. Ebenso wichtig, wenn nicht sogar noch wichtiger, sind die Beziehungen und Netzwerke. Und diese konnten die Männer in weit größerem und ausgeprägterem Maße vorweisen als die Frauen.

Der Erfolg der Mentoringprogramme gibt diesen formellen Projekten Recht. Mentoring hat sich als ein sehr erfolgreiches Förderinstrument der individuellen Karriere und des beruflichen Fortkommens erwiesen. Und bis heute entstehen gerade an den Stellen neue Mentoringprogramme, wenn auch mit anderen thematischen Ausrichtungen, an denen bestimmte Personengruppen nur schwer Zugang zu entscheidenden Netzwerken bekommen.

Mentoringprogramme – Instrument des Übergangsmanagements

Mentoring ist mittlerweile als ein unterstützendes Instrument in Phasen des Übergangs (Kindergarten – Grundschule; Schule – Studium; Schule – Berufsausbildung; Studium – Beruf; Ausbildung – Beruf; Promotion – Habilitation etc.) akzeptiert und vielerorts implementiert. Wissenschaftlich nachgewiesen ist, dass sowohl im Bildungs- und Wissenschaftsbereich als auch im Unternehmensbereich in Übergangsphasen Selektionsprozesse zu beobachten sind. Die Notwendigkeit eines konstruktiven, fördernden Übergangsmanagements ist erkannt worden, die Mentoringprogramme bieten hier nachhaltige Hilfestellungen. Mentoringprogramme tragen erfolgreich zur Beseitigung von Benachteiligungen und Behinderungen bei.

Das Problem mit dem Übergang

Spätestens seit der ersten Pisa-Studie und den nachfolgenden Untersuchungen wächst das Bewusstsein, dass Deutschland Probleme im Bildungsbereich hat. Ein Fokus richtet sich dabei auf die Übergangsbereiche im deutschen Bildungssystem. Untersuchungen zeigen, dass gerade hier diskriminierende Dynamiken zum Tragen kommen. Und dies betrifft nach wie vor *alle* Bereiche des Bildungsbereichs.

Ein erster entscheidender Übergang ist der von der Grundschule zu den weiterführenden Schulen. Die Empfehlungen der Grundschule, die heute weitreichende Folgen für die Betroffenen haben, sind längst nicht so objektiv wie erwartet. Nicht selten sind das Engagement der Eltern, soziale Netze und die

Hartnäckigkeit gegenüber dem Lehrpersonal mindestens ebenso entscheidend für die Empfehlung wie die konkreten Leistungen der GrundschülerInnen.[4]

> *Dies zeigt auch ein reales Beispiel aus dem Mentoringprogramm Net-Work21:*
> *Eine Mentee, Salia, die kurz vor ihrem zweiten juristischen Staatsexamen stand, berichtete, dass sie in der Grundschule zunächst nur die Hauptschulzulassung erhielt und nur auf Intervention einer Freundin ihrer Mutter, die Gymnasiallehrerin war, dann doch auf das Gymnasium gehen durfte. Sie durchlief das Gymnasium ohne Probleme und schloss mit gutem Abitur ab. Sie selbst war als Dreijährige während des Balkankrieges mit ihrer Familie nach Deutschland gekommen. Ihre Mutter und die fünf Kinder erhielten eine dauerhafte Duldung, nachdem ihr Vater plötzlich verstarb. Auf Nachfrage der befreundeten Lehrerin bei Salias Klassenlehrerin, warum sie denn nur die Hauptschulempfehlung ausgesprochen habe, erklärt diese, dass es doch wichtig für die Familie sei, dass Salia die Schulzeit möglichst schnell durchlaufe, um dann ihre Mutter beim Unterhalt für die gesamte Familie unterstützen zu können.*
> *Gut gemeint, aber leider sehr kontraproduktiv – so könnte man das Handeln der Klassenlehrerin beschreiben.*

Aber das ist kein Einzelfall, und dabei ist den Lehrkräften und EntscheidungsträgerInnen, wie dieses Beispiel zeigt, nicht einmal eine böse Absicht zu unterstellen.

Selektive, diskriminierende Dynamiken finden sich nicht nur in der Übergangsphase von der Grund- auf die weiterführende Schule, sondern ebenso beim Übergang vom Schulabschluss in die berufliche Ausbildung oder ins Studium, oder auch vom Studium in den Beruf. Und auch hier ist das Ende der Diskriminierungslinie noch nicht erreicht. Letztlich stellt jeder Karriereschritt eine Übergangsphase dar und bietet Ansatzpunkte für selektive, diskriminierende Dynamiken.[5]

Übergangsphasen – Orte der Fragilität

Jede Phase des Übergangs ist in sich fragil und bietet vielfältige Anknüpfungspunkte und Wirkorte für unbewusste Dynamiken. Bei einem Ortswechsel gibt es gleich mehrere Ansatzpunkte für diese Dynamiken: der Ort, den man verlässt, die Wegstrecke zwischen den Orten und der Ort, an den man gelangen will. All diese Orte wirken auf die Übergangsphase ein, bestimmen deren Verlauf und Ergebnis. Und gleichzeitig ist derjenige, der den Übergang zu bewerkstelligen hat, nicht mehr geschützt durch die Eindeutigkeit des einen Ortes, zu dem er gehört(e). Jede/r in der Phase des Übergangs befindet sich sprichwörtlich auf dem Sprung, hängt in der Luft, betritt Niemandsland.

Und genau an dieser Stelle kann man durchfallen – wie der Titel dieses Artikels beschreibt. Denn passen Ausgangs-, Zielort und Wegstrecke nicht zusammen, so kann es zu Schwierigkeiten, Stolpersteinen und Umleitungen oder sogar zu Sackgassen kommen.

Gleichzeitig sind Phasen des Übergangs durch den Verlust der strukturellen Sicherheiten geprägt. Die haltenden, systemischen Seile, Orientierungsleinen etc. sind nicht mehr zu greifen. Stattdessen geschieht ein freies Spiel der Kräfte. Dies ermöglicht auf der einen Seite Veränderung und Entwicklung im positiven Sinne. Gerade Übergangsphasen sind immer auch Phasen der persönlichen Reifung und Fortentwicklung. Auf der anderen Seite bergen sie die Gefahr von Verunsicherung, Niederschlägen, Scheitern etc.

Übergänge – Orte der Beziehungen

Jede/r hat den Übergang selbst zu managen. Dies gilt sowohl für den privaten als auch für den beruflichen und öffentlichen Raum. Und dennoch ist man (hoffentlich) nicht beziehungslos.

Im Gegenteil verstärkt der Verlust von Strukturen die Bedeutung von Beziehungen, denn diese sind nicht fest an sie gebunden. Die Bedeutung dieser Beziehungsqualität der Übergangsphasen lässt sich unter anderem auch daran erkennen, dass diese Phasen nach wie vor noch Orte von Ritualen sind – auch im beruflichen Kontext.[6]

Phasen des Übergangs sind immer auch Phasen intensiven Beziehungsgeschehens, Phasen des Abschieds, der Beziehungsvergewisserung, der Beziehungsneuorientierung. Auch im beruflichen Kontext und Bildungsbereich gewinnen einzelne Personen massiv an Bedeutung. Da sind es die KollegInnen, von denen man sich verabschieden will/muss. Die/der Vorgesetzte ist gefordert, noch einmal passende Abschiedsworte zu finden. Und auch auf der anderen Seite des Übergangs stehen zunächst Personen im Fokus. Da lernt man im Bewerbungsgespräch vielleicht zum ersten Mal die neue Chefin kennen. Am ersten Arbeitstag ist entscheidend, wie der erste Eindruck von den neuen KollegInnen ist. Auf der neuen Schule ist jede/r gespannt, wie sich der neue Klassenlehrer verhält, welcher Typ das ist etc.

Einzelne Personen werden so zu Repräsentanten der Organisation, des Unternehmens. In ihnen personifizieren sich das alte und das neue System.

Die Tore, durch die man hinaus und hineingeht, werden durch Personen gebildet. Die einen begleiten einen bis zur äußersten Grenze des Systems, das man verlässt, die anderen begrüßen einen an der äußersten Grenze des neuen Systems, in das man hineintritt.

Diese Dynamiken und ihre Bedeutung sind umso klarer zu erkennen, je deutlicher sich die Orte des Vorher und Nachher unterscheiden. Aber bei genauem Hinsehen trifft dies auch z.b. innerhalb eines Systems beim Übergang von einer Rolle zur nächsten, beim Übergang in eine andere Hierarchieebene zu. Jedes System ist auch in sich durch unterschiedliche Räume geprägt – der Wechsel vom einen zum anderen Bedarf des Übergangs. Von der Mittelstufe zur Oberstufe, vom Gruppen- zum Abteilungsleiter, von der Doktorandin zur Habilitandin etc. Dies alles sind Übergangsphasen, die von den zuvor beschriebenen Dynamiken geprägt und beeinflusst sind. Die starke Wirksamkeit der Beziehungsebene in diesen Phasen des Übergangs ermöglicht, dass (unbewusste) Wertvorstellungen, Prägungen der beteiligten Personen in weit größerem Maße zum Tragen kommen können als im strukturierten und organisierten Alltag. Diese können fördernd, unterstützend und gewinnbringend sein, ebenso aber auch diskriminierend, hemmend und behindernd.

Formelle Mentoringprogramme versuchen den fördernden Teil dieser Übergangsdynamiken zu verstärken. Mentorinnen und Mentoren sind WegbegleiterInnen der Mentees in wichtigen Phasen des persönlichen und beruflichen Übergangs. Hierin liegt vielleicht eines der wichtigsten Erfolgsrezepte des Mentorings. Denn Mentoringprogramme nehmen das »Dazwischen« als eigentlichen Handlungsort wahr und bieten ein personales (Begleit-)Angebot. Somit erhält die Phase des Übergangs beides: organisatorische, strukturelle Rahmung und Beziehung.

Übergänge brauchen tragende, ggf. auffangende Netzwerke

Im Übergang, im Dazwischen, ist man allein. Oder auch nicht. Denn ist es gelungen, bereits vor dem Übergang, vor dem »Dazwischen«, Beziehungen aufzubauen, die im wahrsten Sinne des Wortes tragend sind, so stehen diese WegbegleiterInnen auch in der Phase des Übergangs zur Seite. Sind die eigenen Beziehungen an dieser Stelle aber nicht tragfähig, so bieten Mentoringprogramme hervorragende Kompensationsmöglichkeiten.

Die persönliche Face-to-face-Beziehung zwischen Mentee und MentorIn bietet Beziehungssicherheit im Vollsinn des Wortes in einer Phase, die ansonsten von Beziehungsunsicherheit, Beziehungsverlust und dem Zurückgeworfensein auf die eigene Person bestimmt ist.

Die Netzwerkbildung verstärkt dies noch einmal. Die sich für die Mentees in den Mentoringprogrammen entwickelnden Netzwerke können bereits in der aktuellen Übergangsphase wichtige Halteseile darstellen und noch einmal mehr die Netzwerke, die den Mentees durch die MentorInnen zur Verfügung gestellt werden.

Wie in vielen anderen Mentoringprogrammen haben auch die Mentees im Projekt NetWork21 untereinander und mit den MentorInnen ein starkes Netz aufgebaut, das sich als hilfreich und unterstützend erwiesen hat. Die Mentees haben von den Netzwerken der Mentorinnen und Mentoren profitiert, sei es durch Hospitationen, Praktika oder bis hin zur Vermittlung von Vorstellungsgesprächen, bei Fragen von Auslandsaufenthalten, bei juristischen Fragen, bei der Wohnungssuche am neuen Arbeitsort ... Fast immer gab es im Netzwerk des Projekts eine Person, die Antwort wusste, oder zumindest einen kannte, der Antwort wusste, und die Verknüpfungen waren schnell hergestellt. Bei den Fragen, die sich im Bereich des Übergangs stellen, konnte das vielfältige Netz wirksam zum Tragen kommen.

An dieser Stelle wird deutlich, dass Mentoring und Netzwerkbildung zwei Seiten einer Medaille sind. Im Mentoring geht es immer um den Aufbau, die Erweiterung und die Pflege der eigenen Netzwerke und das Nutzen »geliehener« Netzwerke, z. B. der der MentorInnen. Gleichzeitig wird deutlich, dass Mentoring und Netzwerkbildung wichtige Instrumentarien sind, um in der Phase des Übergangs, des »Dazwischen«, nicht durchzufallen, sondern tragfähige Sicherungsnetze im wahrsten Sinne des Wortes darstellen. Vielleicht liegt gerade hierin ihr eigentliches Potenzial mit Blick auf die individuelle Förderung.

Mentoring – der Blick auf die systemische Ebene

Mentoring wird allgemein verstanden als ein Instrument der individuellen Karriereförderung und ist als solches in Wissenschafts- und Wirtschaftsbereichen, an Hochschulen und in Unternehmen mittlerweile fest etabliert. Und als individuelles Förderinstrument wurde es auch zu Beginn der Projektlaufzeit von NetWork.21 verstanden. Durch das Projektdesign und die konsequente Nutzung und Vernetzung der einzelnen Projektbausteine hat sich dieses Verständnis im Laufe der Projektlaufzeit erweitert. Mentoring besitzt im Verständnis des Projekts NetWork.21 Auswirkungen und Potenziale sowohl auf der individuellen als auch auf der systemischen Ebene.

Im Projekt NetWork.21 wurden die Erfahrungen, Ereignisse etc. in den Tandems, die Erfahrungen der MentorInnen und Mentees, nicht nur auf der individuellen Ebene in ihrer Bedeutung für die Mentees, Mentorinnen oder Mentoren selbst reflektiert. Sie besaßen immer auch eine Bedeutung auf der systemischen Ebene, z. B. für die Reflexion der Fokusthemen des Projekts Gender, Interkulturalität und zivilgesellschaftliches Engagement, für gesellschaftliche oder politische Fragestellungen. In dem Moment, in dem die Erfahrung eines Tandems nach der gemeinsamen Reflexion als bedeutsam bewertet wird, ist davon gleichzeitig ausgegangen worden, dass diese Erfahrung auch eine Bedeutsamkeit für das System, das Projekt, die Themenbereiche des Projekts besitzt bzw. zumindest auf ihre mögliche Bedeutsamkeit hin zu überprüfen ist. Ausgehend von der Hypothese, dass individuelle Erfahrungen in Organisationen immer auch einen Spiegel für Dynamiken der Organisation als Ganzes darstellen, galt es *eigentlich* nur, diese Ebene bewusst mit einzubeziehen und hierfür Reflexionskompetenzen und Reflexionsorte zu schaffen.

Im Verständnis von Projekt NetWork.21 ist Mentoring zwar ein individuelles Förderinstrument, aber zugleich auch ein Instrument mit unternehmerischem und gesellschaftspolitischem Bezug. Durch diese konsequent vernetzte Betrachtung und Reflexion von individueller *und* systemischer Ebene rückt ein anderer Fokus mit in den Mittelpunkt – die Ebene der Organisations- bzw. Unternehmensentwicklung, der gesellschaftlichen Entwicklung. Mentoring kann dabei nicht als ein Instrument der Organisationsentwicklung im herkömmlichen Sinne verstanden werden. Es stellt nicht eines der klassischen Tools dar, kann aber im Sinne der Diagnostik hervorragend genutzt werden – und zwar im Sinne eines Seismografen. Mentees und MentorInnen besitzen eine Seismografenfunktion im Hinblick auf die systemische Ebene. Mentoring als Instrument des Verstehens auf der systemischen Ebene zu sehen bedeutet, Mentees und MentorInnen in ihrer Seismografenfunktion z. B. für die Organisation zu autorisieren und ihre Erfahrungen in diesem Sinne zu nutzen. Von der individuellen Ebene wird der Blick auf die Organisation gelenkt und ggf. auch noch darüber hinaus.

Allerdings bedarf es sowohl geeigneter Räume und Instrumentarien, damit diese Wirkung sich entfalten kann, als auch eines Grundverständnisses, das beide Seiten in den Blick nimmt. Für heutige Mentoringprogramme gilt dies in der Regel nicht. Damit geht aber ein großes Potenzial des Mentorings verloren.

Systemische Implikationen des Mentorings

Wie vielfältig das individuelle Förderinstrument Mentoring auch für die systemische Ebene genutzt werden könnte, soll hier kurz anhand von vier Aspekten verdeutlicht werden. Gleichzeitig stellen einige dieser Aspekte natürlich auch die Punkte dar, in denen sich Mentoringprogramme noch weiter entwickeln könnten, um ihr Potenzial voll zu entfalten.

Mentoringprogramme setzten politische Zeichen

Im Unterschied zu informellen Mentoringbeziehungen oder teilformellen Mentoringbereichen (als solche können wie oben erläutert z. B. die studentischen Verbindungen betrachtet werden) besitzen formelle Mentoringprogramme immer auch eine politische Implikation, da sie sich ja gerade an diejenigen wenden und denen zur Verfügung stehen, die von Diskriminierungs- bzw. Selektionsdynamiken eher betroffen sind, die aus den normalen Beziehungs- und Netzwerkbildungsprozessen herausfallen bzw. erst gar keinen Zugang dazu haben.

Damit zeigen Mentoringprogramme immer zugleich auf, welche Defizite bestehende Systeme aufweisen, welche Benachteiligungen sie produzieren etc. Ob Mentoringprogramme dies deutlich genug thematisieren und nach vorne holen, bzw. aus welchen Gründen dies vielleicht nicht in dem Maße geschieht, wie es möglich wäre, kann hier nicht ausführlich behandelt werden. Würden die Indikationslagen für die Implementierung von Mentoringprogrammen mehr hervorgehoben und die dafür Verantwortlichen klar benannt, so wäre sicherlich ein deutlicheres Zeichen gesetzt. Allzu häufig reduzieren sich Mentoringprogramme leider zu sehr auf die Funktion der Unterstützung für die Mentees und bearbeiten nicht gleichzeitig die verursachenden Dynamiken. Dadurch können die Systeme leider zunächst so bleiben wie sie sind, oder es wird auf die langfristige Wirksamkeit durch das Wirken der Projektbeteiligten in den Systemen gehofft.

Generell sind Mentoringprogramme aber immer auch ein Fingerzeig auf systemische Defizite, indem sie aufzeigen, wer aus bestimmten Systemen ausgeschlossen bleibt oder nur schwer Zugang findet.

Die systemische Ebene des Mentorings – Es geht um das Ganze der Konditorei

Die unbedingte Befürwortung von Mentoringprogrammen im Hinblick auf die individuelle Förderwirkung dieses Instrumentariums ist nur noch einmal zu unterstreichen. Kein anderes Förderinstrument kann derart produktiv in unterschiedlichsten Feldern und Themenstellungen eingesetzt werden. Zugleich ist festzustellen, dass in den meisten Mentoringprogrammen die Möglichkeiten dieses Instrumentariums bei weitem nicht ausgeschöpft werden und Mentoringprogramme nicht ihre potenziellen Anlagen entfalten.

Um es einmal in einem Bild zu umschreiben, dass bereits früh im feministischen Diskurs verwendet wurde: Es geht nicht um die Hälfte des Kuchens, es geht immer auch um das Ganze der Konditorei.

Viele Mentoringprogramme begnügen sich nur mit der Hälfte des Kuchens. Sie setzen sich allein das Ziel, Benachteiligungen und Diskriminierungen durch individuelle Förderung zu beseitigen bzw. diesen Dynamiken entgegen zu wirken. Frauen oder Menschen mit Migrationshintergrund sollen individuell in ihren Karrierewegen unterstützt werden, um z. B. deren Anteil in Führungsetagen von Unternehmen und Organisationen zu erhöhen und mehr Frauen in die Spitze der Wissenschaft zu bringen. Doch die ganze Konditorei gerät nicht in den Blick. Die häufig festgefahrenen, überlieferten Strukturen und Gegebenheiten der Konditorei bleiben so, wie sie sind. Die Konditorei wird nicht wirklich infrage gestellt. Gerade hierin besteht die (selbstgewählte) Reduktion der Wirksamkeit von Mentoringprogrammen.

Es geht aber immer auch um das Ganze der Konditorei, d.h. es geht um die Veränderung von Unternehmen und Organisationen, von gesellschaftlich verantworteten Leitbildern, Normen und Werten. Individuelle und systemische Ebenen gehören unabdingbar zusammen, müssen in ihrer Wechselwirkung betrachtet und reflektiert werden.

Der vergesellschaftete Generationenvertrag

Die große Anzahl der Bewerbungen um das MentorInnenamt hat im Projekt NetWork.21 den Blick auf die Motive der Mentorinnen und Mentoren zu diesem Engagement geschärft. Eine wichtige Motivation ist die Weitergabe von eigenen Erfahrungen (das Rad muss nicht jedes Mal neu erfunden werden), die Erkenntnis, dass man selbst ein solches Unterstützungssystem hätte brauchen können oder es sogar genossen hat. Die jüngere/nachwachsende Generation soll von den eigenen Erfahrungen profitieren, sie sollen es »besser, leichter haben«. Der alte innerfamiliäre Satz wird hier noch einmal in einen neuen Kontext gestellt.

Damit erweist sich das Mentoring auch als ein Bereich, der zeigt, dass die Unterstützungssysteme sich schon lange nicht mehr nur auf den innerfamiliären Bereich beschränken. Gerade im Bereich der beruflichen Entwicklung, im Karrierebereich, besitzen andere Beziehungen eine weitaus größere Bedeutung als die familiären Bindungen. Es ist im Gegenteil festzustellen, dass die Bereitschaft der MentorInnen, auch ihnen völlig unbekannte Personen in diesem Bereich zu unterstützen, sehr hoch ist. Insbesondere dann, so hat das Projekt NetWork.21 gezeigt, wenn MentorInnen keine eigenen Kinder haben. Dies hat im Projekt NetWork.21 dazu geführt, dass von dem »vergesellschafteten Generationenvertrag« gesprochen wurde.

Angesichts der Diskussionen um die Aufkündigung der Solidargemeinschaft und des Generationenvertrags stellt der Bereich des Mentorings damit einen neuen, nicht zu unterschätzenden gesellschaftlichen, intergenerativen Handlungsbereich dar. Mentoring, mit seiner Grundbedingung der zunächst zeitlich befristeten, aber dennoch persönlichen Beziehungsgestaltung, erweist sich als attraktives Modell für ein zivilgesellschaftliches Engagement zwischen den Generationen.

Übergangsmanagement – Systeme in die Pflicht nehmen

Mentoringprogramme werden als Instrument des Übergangsmanagements mit Erfolg eingesetzt. Der Erfolg liegt wie aufgezeigt insbesondere darin, dass Defizite von Herkunfts- und Zielorten kompensiert werden. Die Frage ist aber, ob man sich allein mit dieser Kompensation zufrieden gibt. Im Mentoring können, bei adäquaten Reflexionsräumen, wichtige Erkenntnisse zu diesen Defiziten generiert werden. Und diese gilt es, an die entsprechenden Orte zurückzumelden. Denn nur so können sich diese so verändern, dass Übergänge nicht länger Orte der Diskriminierung, der Selektion und des Scheiterns sind, sondern sich gerade als Orte der Förderung, des Getragenseins, der Erfolge erweisen, damit nicht das geschieht, was in der Überschrift dieses Artikels benannt ist: das Durchfallen im Dazwischen.

Auch hier gilt es also, die Zuschreibung der Verantwortlichkeit auf Individuen zu durchbrechen und die systemische Dimension hervorzuheben und zu betonen.

Mentoring und Netzwerkbildung – was für das eine gilt, kann auch für das andere gelten

Die Beispiele zeigen, dass Mentoring eine weit über den individuellen Bereich hinausgehende Wirksamkeit beinhalten und entfalten kann, wenn denn der Blick auch auf diese Ebene gerichtet wird.

Gleiches kann meines Erachtens auch für den Bereich der Netzwerkbildung – unabhängig von einer Einbettung im Mentoring – gelten. Und das, was oben in der Bedeutung des Mentorings für den Bereich des Übergangsmanagements gesagt wurde, kann ebenfalls in gleicher Weise für Netzwerke gelten.

Daher seien einige Aspekte im Folgenden nur noch einmal kurz gezielt mit Blick auf die Netzwerke aufgeführt.

Netzwerke – Orte der Beziehungen

Netzwerke leben von und in Beziehungen. Netzwerkkompetenz und Beziehungskompetenz korrelieren miteinander. Und gerade hierin zeigt sich die Bedeutung von Netzwerken in Zeiten des Übergangs. Wie oben beschrieben, ist die Zeit des Übergangs geprägt davon, dass strukturelle Sicherheiten verloren gehen und Beziehungen an Bedeutung gewinnen. Insofern ist das bewusste Leben in Netzwerken ein Training im doppelten Sinne auch für Zeiten des Übergangs. Zum einen wird die eigene Beziehungsfähigkeit immer wieder gefordert und gefördert, zum anderen werden Beziehungen aufgebaut und gepflegt, die unabhängig vom Ort des Übergangs existieren und so genau dann zum Tragen kommen können, wenn an anderen Orten die strukturelle Sicherheit verloren geht.

Da auch Netzwerke selbst von Krisen und der Notwendigkeit eines Übergangs geprägt sein können, ist dies gleichzeitig ein Plädoyer für den Aufbau und die Pflege von mehreren und unterschiedlichen Netzwerken. Die Vielfalt, die Diversität der eigenen Netzwerke erhöht die Differenziertheit der eigenen Beziehungskompetenz und die Diversität der Beziehungen.

Netzwerke – Orte von Mentoringbeziehungen

Wurde in der Darstellung des Mentorings die Bedeutung der Netzwerke bzw. der Netzwerkbildung unterstrichen, so kann an dieser Stelle auch das Umgekehrte gelten. Netzwerke sind nicht selten Orte, an denen es zur Bildung von Mentoringbeziehungen kommt. Vielleicht werden sie nicht immer explizit so benannt, aber Netzwerke zeigen ihre Qualität gerade auch dann, wenn fördernde Beziehungen möglich und bewusst intendiert sind, und zwar nicht nur im Sinne des Tauschgeschäfts »Gibst du mir, gebe ich dir«, sondern auch im Sinne einer intergenerativen Förderung, indem erfahrene Netzwerkmitglieder unerfahrene Netzwerkmitglieder begleiten und unterstützen und indem sie informelle Mentoringbeziehungen eingehen, diese vielleicht auch im Sinne des Mentorings bewusst vereinbaren und für eine zeitlich befristete Zeit mit einer spezifische Aufgaben-/Fragestellung installieren.

Netzwerke – in Zeiten des Übergangs

Mentoringprogramme haben sich als hilfreiches Instrument in Zeiten des Übergangs erwiesen. Nur werden sich nicht für alle Übergangssituationen entsprechende Mentoringprogramme finden lassen. Aber hier können gute Netzwerke Gleiches oder Ähnliches gewährleisten. Denn auch sie sind Orte, an denen sich in persönlichen oder beruflichen Übergangssituationen unterstützende Kontakte finden bzw. reaktivieren lassen.

Übergangssituationen können hier im Sinne der persönlichen oder beruflichen Entwicklung verstanden werden, aber auch im Sinne der Krisensituation.

Nicht ohne Grund wird im Rahmen der Resilienzforschung die Netzwerkbildung als eine der sieben Säulen der Resilienz bezeichnet. Menschen mit im wahrsten Sinne des Wortes tragfähigen Netzwerken unterschiedlichster Art besitzen auch in Krisensituationen eine Ressource, die ihnen helfen kann, die Situation und die Herausforderungen der Situation zu meistern.

Anders als beim Mentoring, das ja gerade als Begleitung in Zeiten des Übergangs konzipiert und zu diesen Zeiten angeboten wird, können Netzwerke aber in Zeiten des Übergangs nur dann unterstützen, wenn diese bereits existieren und aufgebaut worden sind. An Mentoringprogrammen nimmt man teil, wenn die Zeit des Übergangs kurz bevorsteht bzw. man sich bereits darin befindet. Netzwerke gilt es weit im Vorfeld aufzubauen, damit sie in Zeiten des Übergangs wirksam werden können. In der Situation des Übergangs bleibt keine Zeit für den Netzwerkaufbau.

Einzig »geliehene Netzwerke« können dann noch zum Tragen kommen, wie es oben bereits für den Bereich des Mentorings beschrieben wurde. Im Notfall sind sie eine Alternative zum Nichts, aber sicherlich nicht die beste Möglichkeit, denn diese geliehenen Netzwerke sind in ihrer Wirksamkeit abhängig von den Personen, von denen sie geliehen werden und brauchen eine daher umso stärkere Verbindlichkeit, damit sie auch von Dritten genutzt werden können, denn auch die Verbindlichkeit ist eine geliehene.

Sind aber tragfähige Netzwerke aufgebaut, so können sie in Zeiten des Übergangs genutzt werden. Nicht zuletzt auch in dem Sinne, dass im Netzwerk selbst individuelle Mentoringbeziehungen gezielt zeitlich befristet eingegangen werden. Nicht im Sinne eines ganzen Mentoringprogramms, sondern im Sinne einer individuellen, informellen Mentoringbeziehung.

Netzwerke – Seismografenfunktion für systemische Dynamiken

Auch bei der Betrachtung und Beurteilung von Netzwerken wird meines Erachtens die systemische Perspektive häufig ausgeblendet. Auch hier findet nicht selten eine selbst gewählte Reduktion der Bedeutsamkeit allein für den individuellen Bereich statt. Zwar werden zum Teil in Netzwerken politische Themen diskutiert, politische Forderungen gestellt etc. Aber nur selten geraten die inneren Dynamiken der Netzwerke selbst in ihrer Seismografenfunktion für die Themen in den Blick, die in ihnen diskutiert und in ihren Zielen formuliert werden. Damit geht auch hier ein wesentliches Erkenntnispotenzial verloren.

Schlussbemerkung

»Das Leben stellt uns Fragen, und wir geben durch unsere Leben die Antwort darauf – Mentoring und Netzwerkbildung sind eine solche Antwort«, so formulierte es eine Mentorin im Projekt NetWork.21

Mentoring und Netzwerke sind in diesem Sinne zu verstehen als die zwei Seiten einer Medaille und als Seismografen für Dynamiken und Entwicklungen auf individuellen *und* systemischen Ebenen. Wenn beide, Mentoring und Netzwerkbildung, dies berücksichtigen, bricht sich vielleicht auch die Erkenntnis Bahn, dass Übergänge nicht nur von einzelnen zu bewerkstelligen sind. Es ist kein Schicksal, wenn man dazwischen durchfällt: Den Herkunfts- und Zielorten in Zeiten des Übergangs ist eine entscheidende (Mit-)Verantwortung zuzuschreiben.

Wird diese Perspektive und Erkenntnisquelle berücksichtigt, könnte der bereits unbestreitbare Erfolg von Mentoring und Netzwerkbildung noch gesteigert und im wahrsten Sinne des Wortes vervielfältigt werden.

Anmerkungen

1. Näheres zum Projekt findet sich unter www.projekt-network21.de. Der Abschlussbericht der wissenschaftlichen Begleitung, mit vielen Infos zum Verlauf und zu den Erkenntnissen des Projekts wurde auf der Seite des BMFSFJ veröffentlicht: vgl. http://www.bmfsfj.de/BMFSFJ/Service/Publikationen/publikationen,did=154028.html. Einen Videofilm zum Projekt NetWork.21 findet sich unter: http://www.youtube.com/watch?v=LFrQcxOs0QU
2. Zu verweisen sei an dieser Stelle ausdrücklich auf das Forum Mentoring, das als Dachverband der Mentoringprogramme an deutschen Hochschulen hervorragende Arbeit in dieser Hinsicht leistet. Vgl. www.forum-mentoring.de
3. Generativität ist hier nicht nur mit Blick auf das Alter der Beteiligten zu verstehen, sondern auch mit Blick auf die Position in Organisationen und Unternehmen, der Berufs- und Lebenserfahrung.
4. Dabei bleibt an dieser Stelle unberücksichtigt, dass es auch bereits bei der konkreten Notengebung während der Schulzeit durchaus zu Unterschieden kommen kann. Nachgewiesen ist, dass Kenntnisse des Lehrpersonals z. B. über Zuwanderungsgeschichten, soziale Herkunft, Berufe der Eltern etc. einen Einfluss auf die konkrete Notengebung haben.
5. Nicht ohne Grund ist in Deutschland ein Modellprojekt angelaufen, in dem in Bewerbungsverfahren einiger großer Konzerne den EntscheiderInnen zunächst anonymisierte Bewerbungen vorgelegt werden, aus denen nur das Qualifikationsprofil ersichtlich ist. Geschlecht, Alter, Nationalität bzw. Migrationshintergründe, Familienstand etc. werden zunächst nicht zur Verfügung gestellt. Dieses Projekt erfährt ein großes öffentliches Interesse, und man kann gespannt sein auf die Ergebnisse.
6. Auf die Bedeutung und Funktion der Rituale im Bereich des Übergangs kann hier nicht weiter eingegangen werden. Aber meines Erachtens stellen sie nach wie vor Signale für wichtige Ereignisse, Orte, Handlungen dar, sowohl im individuellen als auch im systemischen Kontext.

»Ich war noch niemals in New York ...« – Netzwerke und Angstabwehr

Ullrich Beumer

Dass Organisationen nicht nur der Lösung äußerer gesellschaftlicher Probleme dienen und somit neben der Produktion oder Dienstleistung auch wichtige Beiträge zur Lösung emotionaler Fragen liefern, ist eine Erkenntnis, die inzwischen eine lange Tradition hat. Besonders Isabel Menzies-Lyth (1974) hat mit der Konzeption der »Angstabwehrfunktion sozialer Systeme« einen richtungsweisenden Beitrag zu einem psychodynamischen Verständnis von Organisationen geleistet. Welche Funktionen übernehmen in diesem Sinne Netzwerke? Schaffen sie eine ausreichende emotionale Sicherheit zur Abwehr und Bewältigung von Ängsten, die im Zuge der dramatischen Veränderungen im organisatorischen, ökonomischen und gesellschaftlichen Bereich aufgetreten sind? In diesem Beitrag wird untersucht, ob Netzwerke eine solche stabilisierende Funktion der Angstabwehr übernehmen können und dadurch helfen, die Veränderungen als Ausgangspunkt für schöpferische Prozesse zu nutzen oder ob Netzwerke Teil einer eher einschränkenden Form der Angstabwehr sind und somit Transformationsprozesse eher behindern statt sie zu fördern.

»Ich war noch niemals in New York, ich war noch niemals richtig frei, einmal verrückt sein und aus allen Zwängen flieh'n ...« Im Rahmen einer Fernsehshow anlässlich des Geburtstages von Udo Jürgens hatten die Zuschauer die Möglichkeit, ihr Lieblingslied aus dem Repertoire des Künstlers zu wählen. Zur Überraschung der Jury und Moderatoren entschieden sich die meisten Zuschauer für das Lied »Ich war noch niemals in New York«, ein Lied, in dem Udo Jürgens die ins Bewusstsein dringende Fantasie beschreibt, aus allen Zwängen des alltäglichen Lebens, der privaten Beziehungen, zu fliehen und seiner Sehnsucht zu folgen, die – wie für viele andere Menschen unseres Zeitalters auch – den Namen der Stadt New York trägt. New York ist schon seit langem die Stadt, in der viele Menschen in ihrem Leben einmal gewesen sein möchten. Im Lied bleibt es aber beim Auskosten der Fantasie, die Sehnsucht bleibt unerfüllt und so beschreibt dieses Lied eigentlich zweierlei:

- Zum einen beschreibt es die in den vergangenen vierzig Jahren bei vielen Zeitgenossen vorhandenen Wünsche, sich aus gesellschaftlichen Abhängigkeiten, Zwängen und Einengungen zu befreien. Solche Einengungen wurden und werden auch heute noch trotz vieler Emanzipationsprozesse auf der persönlichen und Flexibilisierungsprozesse auf der gesellschaftlichen Seite in Organisationen und Beziehungen empfunden, wenn auch rein äußerlich ein subjektiv erlebtes Gefühl von Freiheit nie größer gewesen zu sein scheint als zum gegenwärtigen Zeitpunkt. Die Vorstellung von Freiheit wird vor allem auch räumlich symbolisiert. Freiheit war zunächst gleichgesetzt mit der Möglichkeit zur Mobilität, wie sie sich erst im Automobil ausdrückte und dann vor allem in der Möglichkeit, mit dem Flugzeug große Distanzen auf relativ einfachem Weg zu überwinden.

- Auf der anderen Seite steht die Stadt New York aber auch für eine Sehnsucht nach Geborgenheit und Bindung, sie vereinigt sozusagen beide Wünsche in sich, nämlich frei und geborgen, »in der Welt zu Hause zu sein«.

Folgen Netzwerke und die Idealisierung, wie wir sie im Moment beobachten können, einer ähnlichen Psychodynamik? Sind sie getragen von der Gleichzeitigkeit des Wunsches nach Zugehörigkeit und Bindung, wie wir sie zunehmend als Herausforderung sehen, und dem scheinbar entgegengesetzten Bedürfnis nach größtmöglicher Freiheit und Beweglichkeit? Oder noch zugespitzter ausgedrückt: Sind Netzwerke die Hoffnungsträger für eine neue, zukunftsweisende Gesellungs- und Arbeitsform innerhalb einer großen gesellschaftlichen Tradition oder sind sie eine eher neurotische Kompromissbildung, eine dysfunktionale Form der Angstabwehr, die uns daran hindert, adäquate Formen neuen Arbeitens und Lebens zu entwickeln und auszuformen?

Netzwerke psychodynamisch betrachtet

Mit Netzwerken, die häufig auch als virtuelle Organisationen beschrieben werden, bezeichnen wir üblicherweise Verknüpfungen von Menschen (in diesem Fall arbeitsmäßig begründet), die räumlich voneinander entfernt sind und damit durch spezifische, oft durch Informationstechnologie gestützte Kommunikationsprozesse konstituiert werden. Bei der Betrachtung von Netzwerken als eine der für die heutige Gesellschaft und insbesondere den Bereich der Organisation von Arbeit typischen Formen von Professionalität und Beziehungen, soll hier auf eine psychodynamische Sichtweise von Organisationen Bezug genommen werden. Diese Sichtweise hat sich im Umfeld des sogenannten »Systems Psychodynamic Approach« entwickelt und hat seit längerem in Deutschland in unterschiedlichen Publikationen Raum gefunden (Kinzel 2002; Sievers 2003, 2009).

Diese psychodynamische Sicht impliziert zunächst eine grundlegende Vorannahme: Sie grenzt sich radikal von einer rein rationalen, ökonomischen oder auf Machbarkeit hin orientierten Sicht von Organisationen und Veränderungsprozessen ab. Solche rationalitätsfixierten Sichtweisen menschlichen Lebens, Zusammenlebens und Arbeitens erklären uns allein genommen nur begrenzt bzw. oberflächlich Hilfreiches und Wertvolles über das Leben in Organisationen und das Verhalten der Menschen in ihnen. Stattdessen müssen Organisationen und die Tätigkeit in ihnen oft auch als z. B. eher schmerzvolle Erfahrung und Belastung, aber zur gleichen Zeit auch als angenehme und befriedigende Tätigkeit angesehen werden, die dem Leben Sinn verleihen. Wir leben in Organisationen als ganze Menschen, d. h. wir gehen in diese Tätigkeit als Menschen mit unerfüllten Bedürfnissen und Erfahrungen und bringen unerledigte bzw. »unerlöste« innere Konflikte in diese Arbeit, die wir durch unsere Arbeit und das Zusammenleben in der Organisation einer Lösung zuführen wollen. Genauso »nutzen« Organisationen die in ihnen lebenden und arbeitenden Menschen zur Erledigung ihrer ungelösten Fragen und Aufgaben.

Gabriel (2008) hat diese Sichtweise in fünf Punkten zusammengefasst:
1. Menschen in Organisationen können nur als emotionale Wesen begriffen werden, die eine persönliche und familiäre Geschichte haben, die auf das Leben in Organisationen Einfluss hat.
2. Menschen suchen demnach in ihrer Arbeit und in ihrer Form, sich zu organisieren, auch die Erfüllung tieferer, häufig unbewusster Wünsche und Sehnsüchte.
3. Organisationen bieten Menschen dabei gleichzeitig Schutz vor der Überflutung mit Ängsten, indem sie durch ihre Art der Struktur bestimmte Abwehrmöglichkeiten schaffen.
4. Als Teil der Gesellschaft können Organisationen in ihrer Psychodynamik nicht nur aus individuellen Einflüssen und Perspektiven verstanden werden, sondern sie werden auch zum Schauplatz gesellschaftlicher und kultureller Dynamiken und Konflikte.
5. Organisationen sind aber nicht allein Quelle von Angst und Unbehagen. Die Einbeziehung unbewusster Prozesse ermöglicht auch, in ihnen neue Möglichkeiten sozialer Systeme, kollektiver Visionen und Kreativität auszuprobieren. Sie sind damit also im Sinne Winnicotts (1973) ein Möglichkeitsraum.

Es geht bei der psychodynamischen Sicht darum zu akzeptieren, dass Organisationen und in der Folge Veränderungsprozesse im Leben der Organisation unweigerlich tiefe emotionale Schichten berühren. Nur so kann dem scheinbar »Unvernünftigen«, wie es uns in Organisationen häufig begegnet, Sinn und Bedeutung verliehen werden.

Trostlose Organisationen

Wie lassen sich die gegenwärtigen Veränderungen beschreiben? Es ist vermutlich überflüssig, im Einzelnen die Bandbreite der Prozesse zu benennen, denen wir mehr oder weniger ausgeliefert sind und die unser Leben, unsere Organisationen und eben auch den Charakter unserer Arbeit zutiefst verändern. Man kann die momentane Situation und den Charakter der Veränderungsprozesse so beschreiben: ein destruktiver Kapitalismus, Globalisierung und die damit einhergehende Zerstörung von Grenzen, wechselnde und flexible Produktionsstandorte und die Verbreitung des »Unternehmensmodells« als Basis der Gestaltung von Organisationen auch im sozialen Sektor und zunehmende Arbeitslosigkeit durch das Wegbrechen finanzieller Ressourcen u.v.m.

Aus diesen Veränderungen kristallisiert sich eine Situation grundlegender Unsicherheit und Diskontinuität. Als selbstverständlich angesehene Anker im Leben, wie z. B. eine lebenslange Beschäftigung u. ä., sind weggebrochen, und auch Institutionen, die als unsterblich galten, sind existenziell bedroht.

Organisationen werden heute nicht selten als bedrohlich und weniger als hilfreich und stabilisierend erlebt: So reichen die Analysen von der durch »psychotische Dynamiken« geprägten Organisation (Sievers 2008), in der mittels Spaltung und Projektion aufkommende Ängste nicht bearbeitet, sondern verdrängt und abgespalten werden, über die atmosphärisch vergiftete Form der Beziehungsgestaltung (Gabriel 2008) bis hin zur Diagnose, dass wir uns in Organisationen auf der Basis eines »perverse-state-of-mind« (Long 2008) bewegen, in dem Beziehungen zwischen Beschäftigten und Führungskräften und Beschäftigten allein nach dem jeweiligen Nutzen für den Einzelnen betrachtet werden. Kein Wunder, dass die Menschen ihre Identifikation und Bindung aus solchen sozialen Gebilden abziehen und nach Alternativen suchen, wie sie möglicherweise Netzwerke darstellen können. Howard Stein (2008) hat den sehr eingängigen Begriff der »trostlosen Organisation« entwickelt und verhilft uns dabei zu einer tiefen Einsicht: Der Begriff des »Trostlosen« impliziert einen unwiederbringlichen Verlust und eine grundlegende Beschädigung in der Beziehung zwischen Menschen und Organisationen, aus der eine entsprechende emotionale Verfassung innerhalb der Organisationen bzw. bei den betroffenen Menschen resultiert.

Zu dieser Erkenntnis passt die Diagnose von Böhme (1998), der von einem grundlegenden Verlust des Urvertrauens der Menschen spricht. Normalerweise entsteht dieses Urvertrauen in der Beziehung zwischen dem Kind und seinen primären Bezugspersonen (Erikson 1973), aber es bedarf auch einer Ergänzung dieses beziehungsgeprägten Urvertrauens im Verhältnis des Menschen zu seiner natürlichen und organisatorischen Umwelt. Böhme beschreibt, dass gerade das Urvertrauen in den eigenen Körper (bedingt durch Medikamente), in die äußere Natur (bedingt durch die Bedrohung der Umwelt), in die Rolle und Funktion des Staates (bedingt durch Erfahrungen von Versagen wie im Dritten Reich), in die Technik (bedingt durch Versagen und Bedrohungen) und schließlich in die Mitmenschen (bedingt durch Erfahrungen von Kriminalität) zutiefst erschüttert ist. Dieser Mangel an Vertrautheit erzeugt den Wunsch nach neuer Sicherheit, nach neuen Sicherungen durch unterschiedlichste Mechanismen. Giddens (1991) hat als Ursache und Beschreibung für diese Situation den Begriff der »disembeddedness« entwickelt, der trotz seiner emotionalen Tiefe und Reichweite zunächst nicht mehr als die nüchterne Tatsache beschreibt, dass Menschen in der modernen Gesellschaft zunehmend weniger direkte sinnliche Verbindungen zu den Alltagserscheinungen in ihrem Leben haben. So sind etwa Beziehungen und Bezüge zerrissen, Arbeit und Leben räumlich und sozial häufig getrennt, Zusammenhänge gehen verloren oder sind nur noch abstrakt herzustellen (wie etwa die Herkunft, Produktion und Herstellungsbedingungen unserer Nahrungsmittel) und vieles mehr. Dies gilt auch und besonders für die Arbeit in modernen Organisationen, deren Abhängigkeiten, Verbindungen und Prozesse oft schwer zu durchschauen sind und die vor allem viel weniger Halt bieten, als sie es noch vor einigen Jahrzehnten konnten. Lebenszeitverträge, Unkündbarkeit, ja das Vertrauen in das Überleben einer Organisation als Ganze gehören oft der Vergangenheit an. Dies gilt bis in die höchsten Führungsetagen: So stellte etwa Smilansky (2008) fest, dass die durchschnittliche Verweildauer von CEOs in börsennotierten Unternehmen bei durchschnittlich fünf bis sechs Jahren liegt. Sicherheit sieht anders aus ... Verlust und Verlassenheit sind also Grundverfassungen der modernen Lebens- und Arbeitssituation.

Die Idee hinter der Netzwerk-Idee

Horst Eberhard Richter hat vor geraumer Zeit die Gruppe als die adäquate Gesellungsform propagiert, mit deren Hilfe die Transformation von einer autoritären zu einer demokratisierten Gesellschaft befördert werden könnte (Richter 1972). Können Netzwerke in diesem Sinne die heute adäquate Form der Organisation in den tiefgreifenden Transformationen der neoliberalen Veränderungsprozesse und die passende Antwort darstellen? Dazu muss man zunächst zugestehen, dass viele Verlustprozesse zwar aktuell möglicherweise in besonderem Maße bedrohlich erscheinen, dass sie aber andererseits unvermeidbar zu jeder Veränderung und (Weiter-)Entwicklung gehören. Winnicott (1973) hat ausgehend von der frühkindlichen Dynamik der Loslösung des Kindes von der Mutter beschrieben, wie diese Trennungsprozesse einhergehen mit der Kreation eines psychischen Übergangsraums, in dem mithilfe von Übergangsobjekten (Kuschelobjekte, die berühmten Teddybären und Bettdecken etc.) eine neue Stabilität gewonnen wird, die im eigentlichen Sinne erst als Geburt des Selbst verstanden werden kann. Solche Übergangsprozesse wiederholen sich während des ganzen Lebens. Pubertät und Adoleszenz stellen da nur den sichtbarsten und turbulentesten Übergangsraum dar, da dort die Auflösung der emotionalen Bindung und

Sicherheit ausgesprochen dramatisch erscheint. Jugendliche helfen sich dabei mit dem Zusammenschluss in Peergroups Gleichaltriger, aus denen heraus später die Fähigkeit zu neuen, dauerhaften Bindungen entsteht. Ist dieses Modell des Übergangsraumes adäquat zur Verdeutlichung der Idee des Netzwerkes, also gleichermaßen eine Art von Peergroup angesichts der dramatischen Veränderungen und erzwungenen Ablösungen im Bereich von Gesellschaft und Organisationen?

Einiges spricht für diese Annahme: Haubl (2008) hat beschrieben, wie sich mit der Entwicklung des Managerberufs zunächst kaum wahrnehmbar eine emotionale Loslösung der Führungskräfte von den von ihnen geführten Unternehmen ergeben hat. Im Unterschied zu den eigentümer- oder gründergeführten Unternehmen, zeichnet sich das Verhältnis zwischen Managern und Unternehmen eher durch eine instrumentelle Verbindung aus. Diese geht, wie oben bereits beschrieben, einher mit einem Verlust an äußerer und innerer Sicherheit. Aus dieser Verunsicherung können sich Manager im Regelfall nur durch eine entsprechende ökonomische Absicherung in Form hoher Gehälter befreien, die ihnen die Möglichkeit eröffnen, Phasen der Nichtbeschäftigung problemlos zu überstehen. Gleichzeitig ist dies der Geburtsort der Netzwerke, die – anders als frühere Professionen – vorwiegend der emotionalen Stabilisierung und der Möglichkeit zur Aufnahme neuer Tätigkeiten und Beziehungen in anderen Unternehmen dienen. Vermutlich erfüllen Netzwerke für Berater und Supervisoren heute ähnliche Funktionen. Gerade die Entwicklung dieser Form der Beratung als eigenständige Profession ist lange Zeit dadurch gekennzeichnet gewesen, dass sich einzelne Professionelle langsam und zum Teil unter schmerzhaften Trennungsprozessen aus ihren organisatorischen Zusammenhängen und Ausgangsberufen loslösten, um dann als Freiberufler tätig zu werden, mit allen Freiheiten der Selbstständigkeit, aber eben auch mit den Verlusten an Sicherheit und Zugehörigkeit.

In diesem Sinne können wir Netzwerke im positiven Sinne getrost als Angstabwehrsysteme begreifen. Dieser Begriff geht wie bereits erwähnt auf Menzies-Lyth (1974) zurück. Sie hat einen wichtigen Beitrag zu der Erkenntnis geleistet, dass bestimmte Systeme und Organisationen mit ihren Strukturen, Regeln und Prozessen helfen können, durch die Arbeit induzierte Ängste zu beschwichtigen und handhabbar zu machen. Netzwerke erfüllen also möglicherweise die Funktion solcher strukturierter Abwehrmechanismen gegen Ängste und andere bedrohliche Gefühle, die durch die äußere Situation entstehen. Zu solchen Ängsten »moderner Selbstständiger« gehört u.a. die generelle Fragilität der freiberuflichen Situation oder auch – im Falle der Anstellung – die Unsicherheit in der Rolle von Führungskräften.

Psychodynamische Zahlenspiele

Reicht diese, im Grunde eher positiv gestimmte, Sichtweise, dass Netzwerke also der Angstabwehr in einer fragilen Übergangs- und Verlustsituation dienen? Zu einem tieferen Verständnis mag in dieser Situation das Konzept der »Organization-in-the-Mind« (Armstrong 1991, Hutton/Bazalgette/ Reed 1997) helfen. Damit ist ein vor- oder auch unbewusstes inneres Konstrukt oder Bild gemeint, das sich auf die emotionale Erfahrung von Aufgaben, Rollen und die Organisation als Ganzes bezieht.

Ein Beispiel: Im Zuge der sogenannten Kundenorientierung hat sich in den vergangenen Jahren in vielen gesellschaftlichen Bereichen ein Wandel vollzogen. Danach werden viele eigentlich gemeinnützig gedachte Organisationen inzwischen eher als Unternehmen verstanden. So wichtig in bestimmten Bereichen eine Akzentuierung dieses Aspekts ist, so problematisch kann es aber werden, wenn wir dieses Konstrukt als inneres Bild für unsere Organisation unhinterfragt und oft unbewusst übertragen: Es zerstört den Geist und die spezifische Inspiration einer Organisation und beschädigt ihre Funktion, wenn wir z.B. ein Krankenhaus oder ein Gefängnis als Unternehmen beschreiben wollen.

Dieses mentale Konstrukt ist aber zunächst nur die Abbildung einer mehr oder weniger vorbewussten Konstruktion einer Organisation. Auf einer tieferen Ebene beschreibt die »Organization-in-the-mind« auch die (unbewusste) emotionale Realität einer Organisation, wie sie von außen, etwa durch einen Berater, wahrgenommen und erlebt wird. Es handelt sich also um etwas, was allen bekannt, aber auch ungedacht sein kann.

Bollas (2009) hat anhand der therapeutischen und der familiären Situation eine interessante psychoanalytische Zahlenkunde entwickelt. Demnach steht die Zahl 1 normalerweise für das Selbst, die Zahl 2 für die Mutter-Kind-Beziehung und die Zahl 3 für die Beziehung des Selbst zu Vater und Mutter. Dies ist die Basis, vor diesem Hintergrund gehen wir davon aus, dass etwa in der therapeutischen Situation, in der ein Patient über die Beziehung zu seiner Ehefrau spricht, gleichzeitig auch ein Gespräch zwischen Nr. 1 und Nr. 2, also der verinnerlichten Mutter-Kind-Beziehung stattfindet. Wenn wir dieses Zahlenspiel fortführen, erkennen wir die Situation, dass $1+1$ nicht gleich zwei ist, sondern die Erfahrung zeigt, dass $1+1=3$ ergibt. Auf der Basis einer liebenden Beziehung entsteht etwas Neues, ein Kind wird geboren und in Erweiterung kann man sogar sagen, dass $1+1=4$ ergibt. Neben den beiden

Eltern und dem Kind entsteht ein neues System, die Familie, die als psychisch relevante Kategorie im positiven Sinne die inneren Konstellationen erweitert. Es wäre eine interessante Hypothese, zu prüfen, ob die Fähigkeit zur Kooperation in einem Netzwerk nicht die in modernen Gesellschaften anzutreffende Erfahrung der Patchwork-Familie reflektiert, die ja die positive Fähigkeit zur Integration unterschiedlichster Systeme und zur temporären Aktivierung spezifischer Teilsysteme erfordert und fördert. Gleichzeitig ist die inzwischen fast alltägliche Erfahrung, dass Ursprungsfamilien zerbrechen, Quelle vieler Trauer- und Angstgefühle, die unbewusst mit in die Netzwerkkooperation getragen werden können.

Darüber hinaus liegt in Netzwerken häufig eine der Familiengründung ähnliche Annahme zugrunde, dass durch den Zusammenschluss ein qualitativer Sprung entsteht und dass die Summe der Einzelnen die inneren und auch äußeren Möglichkeiten eher potenziert. Bollas (2009, 99) trübt diesen Optimismus deutlich, indem er darauf hinweist, dass in vielen Fällen, insbesondere in denen, die uns therapeutisch begegnen, eine Rechenkonstellation angenommen werden muss, in der die Beteiligten mit -1 starten. $-1 + -1$ ergibt bekanntlich -2, will heißen: Beim Vorliegen entsprechender Voraussetzungen führt das Gesamtergebnis der Kooperation zu einer Verschärfung der Ausgangssituation. Nun mag man davon ausgehen, dass in Netzwerkbeziehungen selten solche negativen Voraussetzungen vorliegen, aber es ist doch in Rechnung zu stellen, dass der Zusammenschluss in einem Netzwerk selbstverständlich nicht nur aus reiner Zuneigung geschieht, sondern nicht selten auch aus innerer und äußerer (ökonomischer und psychischer) Not. Verluste, schwer erträgliche Ängste und Verunsicherungen werden automatisch in das Netzwerk hineingetragen und belasten das schöpferische Potenzial, das so gerne dieser neuen Form der Kooperation und Bindung zugeschrieben wird.

Angstabwehr oder Potential Space?

Auch wenn das Netzwerk zweifelsohne einen wichtigen Schritt aus der Vereinzelung bedeutet und damit das Potenzial erweitert, ist nicht zu leugnen, dass diese Form der Angstabwehr einen defensiven und gelegentlich einschränkenden Aspekt hat. Bollas weist darauf hin, dass es zwei verschiedener Voraussetzungen bedarf, um diesen Weg, neue Beziehungsformen zu entwickeln, wirklich fruchtbar zu machen. Die eine Voraussetzung ist, wie in der Partnerschaft, eine tiefe Bereitschaft zur Bindung auf der Basis gegenseitiger Zuneigung und

Liebe. Gerade hier dürfen Zweifel an vielen Netzwerkkonstellationen angebracht sein. Die Erfahrung zeigt, dass sie häufig zur Vermeidung von Bindung geschaffen werden; sie schützen vor dem Gefühl der Verlorenheit, aber sie weisen selten die Intensität der Bindung (und natürlich auch Abhängigkeit) auf, wie wir sie aus klassischen Organisationen kennen und wie sie vielleicht nötig ist, um ausreichend Kraft für stabile Projekte zu entwickeln.

Es gibt eine zweite Voraussetzung dafür, dass solche Übergangssysteme wirksam werden können, um Neues zu schaffen: Jedes Paar, so beschreibt Bollas (2009, 104), muss einen unbewussten »Mord« an der Ursprungsfamilie vollziehen, wenn es gelingen soll, eine neue stabile Beziehung und Familie zu schaffen. Dieser symbolische Mord ist für viele Paare ein echtes Hindernis. Auf Netzwerke übertragen beinhaltet dieser notwendige Schritt ein Bearbeiten und Vollziehen der endgültigen Trennung aus den Ursprungsbindungen und Herkunftsorganisationen. Dazu gehören all die Trauer-, Schuld- und Verlustgefühle, die die neue, unsichere Situation kennzeichnen. Mag sein, dass Netzwerke solche »sentient communities« (Petriglieri/Petriglieri 2008), also »empfindungsreichen Gemeinschaften«, darstellen, die die Verunsicherungen im Kontext anderer Angstabwehrmechanismen und Übergangsrituale bewältigen helfen. Aber dies bedeutet die Anerkennung der Tatsache, dass Netzwerke möglicherweise nicht die Zukunft unserer Art zu arbeiten und unsere Arbeit zu organisieren darstellen, sondern allenfalls hilfreiche Übergangsräume, die schöpferische Möglichkeiten enthalten, aber auch zu einer Erstarrung in einschränkenden Abwehrformen beitragen. Für eine wirkungsvolle Netzwerkarbeit reichen nicht die Schmetterlinge im Bauch, die normalerweise die Anfangsphase einer Beziehung kennzeichnen. Wenn es allein dabei bleibt und nicht auch zur schmerzvollen Auseinandersetzung mit den Verlust- und Trennungsprozessen, die moderne Gesellschaften fordern, kommt und zu den tiefen Bindungen, die erfahrungsgemäß Voraussetzung für wirkungsvolles Agieren sind.

Als Abschluss: Netzwerk-Orte

Zu Organisationen im klassischen Sinne gehören traditionellerweise Orte und Räume. Firmen haben ein Bedürfnis, sich räumlich zu positionieren, sie wirken durch Gebäude, räumliche Inszenierungen und die Präsentation von gegenständlichen Symbolen. Es ist so, dass Organisationen in der Vorstellung der meisten Menschen ohne ihren materiellen Kontext gar nicht denkbar sind. Organisation – dieser Begriff weckt nicht nur Bilder von miteinander (oder eventuell auch gegeneinander) arbeitenden Menschen, Gruppen, Teams oder Vorstellungen von Hierarchien, Strukturen, Rollen etc. Mit dem Begriff »Organisation« oder »Unternehmen«, soweit es den ökonomischen Bereich angeht, verbinden wir im Alltagsverständnis auch Bilder von Gebäuden, von Maschinen und Geräten, von vielfältigen Produkten, die dort hergestellt oder benutzt werden, von Räumen, Gängen, Fluren etc. Organisationen sind in unserer Fantasie also auch materielle, im Raum lokalisierbare Gebilde (Beumer 1997). Lange Zeit herrschte die Vorstellung vor, dass durch die Zunahme virtueller Organisationsformen eine tendenzielle Loslösung vom Materiellen erfolgen würde und Organisationen gleichsam unabhängig von solchen räumlichen Lokalisierungen gedacht und konzipiert werden können. Seit geraumer Zeit ist eine Umkehrung zu beobachten: In den Sozialwissenschaften spricht man vom »Spatial Turn« (Döring 2008), d.h. einer Rückbesinnung auf die Bedeutung von Raum und Ort. Die Rückbesinnung kann möglicherweise ebenso als Reaktion auf die innere Bedrohung durch die Entbettungsprozesse in der modernen Gesellschaft interpretiert werden und der Suche nach neuen räumlichen Inszenierungen, die gleichzeitig dem Bedürfnis nach Freiheit und Flexibilität auf der einen und dem Bedürfnis nach Bindung, Sicherheit und Geborgenheit auf der anderen Seite Rechnung tragen (Beumer 2008). Gibt es in diesem Sinne eine Verortung von Netzwerken oder ist das »Internet« der geborene Ort? Vielleicht hilft es, das dem Konzept des Netzwerks zugeordnete Ding, nämlich das Netz, unter diesem Aspekt zu betrachten. Es symbolisiert ja gleichsam die Ambivalenz, nämlich eine Absicherung und die Offenheit und lockere Grenze gleichzeitig, wie sie vermutlich von den Beteiligten der Netzwerke gewünscht wird (es bleibt zu bedenken, dass Netze auch zum Fangen benutzt werden). Castells (2001, 466 ff.) hat andererseits darauf hingewiesen, dass auch die klassischen Raumvorstellungen durch die Netzwerkgesellschaft verändert werden. Er unterscheidet die Sozialtheorie des Raums, der die klassische Idee von Organisationen zuzuordnen wäre. Hier denken wir in Orten oder Städten, an denen eine Erfahrung von Gemeinschaft und Geborgenheit und Stabilität sinnlich möglich ist. Netzwerkgesellschaften müssen seiner Meinung nach aber eher mithilfe einer »Theorie des Raumes der Ströme« verstanden werden:

> »Unter Strömen verstehe ich zweckgerichtete, repetitive, programmierbare Sequenzen des Austauschs und der Interaktion zwischen physisch unverbundenen Positionen, die soziale Akteure innerhalb der wirtschaftlichen, politischen und symbolischen Strukturen der Gesellschaft einnehmen.« (Castells 2001, 467)

Zu dieser Idee gehört die Vorstellung dauernder Beweglichkeit und sich verdichtender Knoten innerhalb eines Stroms, der sich immer unterschiedlich aktualisiert. Auch zu solch einem Raum der Ströme gehören Orte des Zusammenkommens, des Rückzugs, der Erholung, aber sie sind beweglicher, temporärer. Netzwerke brauchen vielleicht eher Bühnen als feste Büros oder gar Firmengebäude.

Containment

Die zunehmende Bedeutung von Netzwerken ist also eine Reaktion auf die ökonomischen und gesellschaftlichen Veränderungen und die damit einhergehende nachlassende Bindungskraft von Organisationen und Professionen. So können Netzwerke offensichtlich eine gute Alternative zur klassischen Organisation darstellen, Krantz (2008) hat sie als »network-centered defenses« gegen die aufkommenden Ängste beschrieben. Aber sie funktionieren nur, wenn in ihnen ein ausreichendes Containment vorhanden ist, das durch entsprechende Strukturen, räumliche Konstellationen und andere, Sicherheit gebende Prozesse entsteht. Ein »Potential Space« entsteht nur dann, wenn es ein ausreichendes Maß an Eingebettet-Sein im Netzwerk gibt. Dazu bedarf es allerdings der Berücksichtigung unbewusster Dynamiken, damit die Angstabwehr nicht zur Starre führt, und vielleicht der Einsicht, dass Netzwerke nur ein Übergangsmodell auf dem Weg zu neuen, noch unbekannten Formen der Organisation sind. Ansonsten läuft das Festhalten am Netzwerk als Zukunftskonzept Gefahr, eine Illusion von gleichzeitiger Verbundenheit und Freiheit zu fördern, die die notwendigen Verunsicherungen und die damit unweigerlich auftretenden Ängste und Trauerprozesse verleugnet und abwehrt.

Literatur

AHLERS-NIEMANN, A. / BEUMER U. / MERSKY, R. R. / SIEVERS, B. (Hg.) (2008) Organisationslandschaften: Sozioanalytische Gedanken und Interventionen zur normalen Verrücktheit in Organisationen. Bergisch Gladbach: EHP

ARMSTRONG, D. (1991) The Institution-in-the-mind: reflections on the relations of psychoanalysis to work with institutions. Paper presented at a conference: Psychoanalysis and the Public Sphere, East London Polytechnic

BEUMER, U. (1997) »Schläft ein Lied in allen Dingen ...«. Dingliche Objekte und räumliche Szenarien in der psychoanalytischen Organisationssupervision. In: *Freie Assoziation*, 1, 3: 277-303

BEUMER, U. (2008) Tisch und Stuhl – Bindungs- und integrationsfördernde Objekt-Beziehungen in der Fortbildung und Beratung von Organisationen. In: Ahlers-Niemann, A. / Beumer U. / Mersky, R.R. / Sievers, B. (Hg.) (2008) Organisationslandschaften: Sozioanalytische Gedanken und Interventionen zur normalen Verrücktheit in Organisationen. Bergisch Gladbach: EHP, 303-324

BÖHME, G. (1998) Trau, schau, wem! Worauf dürfen sich moderne Menschen noch verlassen? In: *Die Zeit*, 52, 16.12.1998: 45

BOLLAS, C. (2009) The evocative object world. London: Routledge Chapman & Hall

CASTELLS, M. (2001) Das Informationszeitalter. Teil1: Der Aufstieg der Netzwerkgesellschaft. Opladen: Leske & Budrich

DÖRING, J. / THIELMANN, T. (2008) Spatial Turn. Bielefeld: transcript

ERIKSON, E. H. (1973) Identität und Lebenszyklus. Frankfurt am Main: Suhrkamp

GABRIEL, Y. (2008) Organizational Miasma, Purification and Cleansing. In: Ahlers-Niemann, A. / Beumer U. / Mersky, R.R. / Sievers, B. (Hg.) (2008) Organisationslandschaften: Sozioanalytische Gedanken und Interventionen zur normalen Verrücktheit in Organisationen. Bergisch Gladbach: EHP, 53-73

GIDDENS, A. (1991) Modernity and self-identity. Self and society in the late modern age. Cambridge: Polity Press

HAUBL, R. (2008) Historische und programmatische Überlegungen zum psychodynamisch-systemischen Leitungscoaching. In: *Positionen: Beiträge zur Beratung in der Arbeitswelt*, 1: 1-8

HUTTON, J. / BAZALGETTE, J. / REED, B. (1997) Organisation-in-the-Mind: A tool for leadership and management of institutions. In: Neumann, J. E. / Kellner, K. / Dawson-Shepherd, A. H. (Eds.), Developing organizational consultancy. London: Routledge, 113-126

KINZEL, C. (2002). Arbeit und Psyche. Konzepte und Perspektiven einer psychodynamischen Organisationspsychologie. Stuttgart: Kohlhammer

KRANTZ, J. (2008) Source of hope in contemporary organizations. In: Ahlers-Niemann, A. / Beumer U. / Mersky, R.R. / Sievers, B. (Hg.) (2008) Organisationslandschaften: Sozioanalytische Gedanken und Interventionen zur normalen Verrücktheit in Organisationen. Bergisch Gladbach: EHP, 187-199

LONG, S. (2008) Sad, mad or bad: What approaches should we take to organisational states-of-mind? In: Ahlers-Niemann, A. / Beumer U. / Mersky, R.R. / Sievers, B. (Hg.) (2008), Organisationslandschaften: Sozioanalytische Gedanken und Interventionen zur normalen Verrücktheit in Organisationen. Bergisch Gladbach: EHP, 225-242

MENZIES-LYTH, I.E.P. (1974) Die Angstabwehr-Funktion sozialer Systeme. Ein Fallbericht. In: *Gruppendynamik*, 5: 183-216

PETRIGLIERI, G. / PETRIGLIERI, J.L. (2008) Identity Workspaces: The Case of Business Schools. Faculty & Research Working Paper. INSEAD

RICHTER, H.E. (1972) Die Gruppe: Hoffnung auf einen neuen Weg, sich selbst und andere zu befreien. Psychoanalyse in Kooperation mit Gruppeninitiativen. Reinbek: Rowohlt

SIEVERS, B. / OHLMEIER, D. / OBERHOFF, B. / BEUMER, U. (Hg.) (2003) Das Unbewusste in Organisationen: Freie Assoziationen zur psychosozialen Dynamik von Organisationen. Gießen: Psychosozial-Verlag

SIEVERS, B. (Hg.) (2009) Psychodynamik von Organisationen. Freie Assoziationen zu unbewussten Prozessen in Organisationen. Gießen: Psychosozial-Verlag

SMILANSKY, J. (2008) The psychological meaning of work insecurity among senior executives: Where does containment come from? Paper presented at the 25. ISPSO Annual meeting in Philadelphia »Meaning and motivation at work«. http://www.ispso.org/Symposia/Philadelphia08/JohnSmilansky.doc

STEIN, H. (2008) Traumatic change and the inconsolable organization. In: Ahlers-Niemann, A. / Beumer U. / Mersky, R.R. / Sievers, B. (Hg.) (2008) Organisationslandschaften: Sozioanalytische Gedanken und Interventionen zur normalen Verrücktheit in Organisationen. Bergisch Gladbach: EHP, 75-95

WINNICOTT, D. W. (1984) Reifungsprozesse und fördernde Umwelt. Fischer: Frankfurt a.M.

»... und ewig lockt das Netzwerk« –
Sozioanalytische Reflexionen
zum verführerischen Charakter von Netzwerken

Arndt Ahlers-Niemann & Kate Dempsey

»Früher dachte man, die Erde sei eine Kugel, dann eine Scheibe,
heute scheint sie zum Netz(werk) zu werden.«
(Tomlinson 1999)

»Begriffe machen Karriere, wenn sie versprechen,
überkomplexe Verhältnisse zur Kenntlichkeit zu entstellen.«
(Hörisch 2002, 242)

»Die wirkliche Entdeckungsreise beginnt nicht mit dem Besuch neuer Orte,
sondern damit, vertraute Landschaften mit neuen Augen zu sehen.«
(Proust, zitiert nach Watzlawik 2001)

Einleitung

Seit jeher sind die Menschen Verlockungen erlegen. Eine neue Verlockung bahnt sich derzeit ihren Weg: Netzwerke. »Netzwerken«, »Networking«, »Netzwerkbildung« prägen als Wunderbegriffe technische, organisationale und soziale Kontexte unserer Zeit. Auch wenn das Phänomen Netzwerk als solches nicht neu ist, so hat es doch zweifelsfrei Konjunktur. Nicht vernetzt zu sein, belebt den Verdacht, von gestern zu sein. Netzwerken gehört zum beruflichen ebenso wie zum privaten Alltag.

Nahezu jeder, der netzwerkt und sich in Netzen bewegt, ist schon mit ihrem verführerischen Charakter in Berührung gekommen. Hat man sich einmal auf ein Netzwerk eingelassen und womöglich erste Erfolge erzielt (was auch immer das heißen mag), wächst die Euphorie ins Unermessliche und es gibt kein Halten mehr. Dann entfalten Netzwerke ihren verführerischen, verlockenden, ja nahezu sirenenhaften Charakter. Von möglichen Erfolgen und Verheißungen scheint eine ähnlich hypnotische Kraft auszugehen, wie vom Gesang der Sirenen im Odysseus-Mythos. Ähnlich wie bei den Sirenen, deren Gesang umso liebreizender wurde, je mehr sie sangen, lässt sich für Netzwerke festhalten, dass ihre Versprechungen umso verheißungsvoller werden, je höher der Vernetzungsgrad ist. Darüber hinaus scheint zu gelten, dass es für diejenigen, die einmal von den Verheißungen der Netzwerke gehört haben und ihnen erlegen sind (indem sie beispielsweise einem Netzwerk beigetreten sind), kein Zurück gibt. Den Sirenen gleich, die die Schifffahrer mit ihrem süßen Gesang angelockt (und schließlich doch in den Tod geführt) haben, verführen uns Netzwerke mit ihren Verheißungen einer rosigen Zukunft. Netzwerke stellen die Verheißung der Gegenwart dar, weil sie für viele Bereiche unseres Lebens Hoffnung versprechen. Psychodynamisch gesprochen stellen sie uns eine Rückkehr zum primären Narzissmus, der unsere frühe Kindheit prägt, in Aussicht, eine Rückkehr in eine liebende und sorgende Gemeinschaft, deren Mittelpunkt wir bilden.

Im Folgenden wird es vor allem um die Attraktivität von Netzwerken und um die verborgenen psychosozialen Dynamiken gehen, die diese Attraktivität entstehen lassen. Doch bevor diese unbewussten Dynamiken, Wünsche und Hoffnungen in den Vordergrund rücken, werfen wir einen kritischen Blick auf prägende gesellschaftliche Entwicklungstendenzen. Dieser Blick ist der Hypothese geschuldet, dass die Bedeutung, die das Thema Netzwerke aktuell erfährt, als eine Folge sowohl wirtschaftlicher als auch gesellschaftlicher Entwicklungen zu verstehen ist. Wir werden versuchen, die gegenwärtige gesellschaftliche und wirtschaftliche Situation anhand des von Giddens geprägten Begriffs der Entbettung (»disembedding«), des von Böhme beklagten Verlusts an ontologischem Vertrauen und der von Senett beschriebenen Dynamik des »drifting« zu erfassen. Im Anschluss erläutern wir den Begriff Netzwerk sowie einige Aspekte seiner Entstehungs- und Entwicklungsgeschichte. Drei Hypothesen, die aktuell auf die mit dem Begriff Netzwerk verbundenen psychosozialen Dynamiken eingehen und den verführerischen Charakter offen legen, bilden den Mittelpunkt dieses Artikels. Anhand eines Fallbeispiels werden diese Hypothesen verdeutlicht und untermauert. Einige Überlegungen zu einer »reiferen Art« des Netzwerkens beenden diesen Artikel.

Zur gegenwärtigen Situation von Wirtschaft und Gesellschaft oder die Grundlagen des Netzwerkhypes

Den Anfang unserer Überlegungen bilden einigen Gedanken des Soziologen Giddens zur Moderne und deren Einfluss auf das Individuum und seine Identität. Als ein zentrales, wenn nicht sogar das wesentliche Element der Gegenwart charakterisiert er die Trennung von Raum und Zeit. Während in traditionellen Gesellschaften Raum und Zeit über natürliche Ereignisse (z. B. regelmäßig wiederkehrende Naturereignisse) miteinander verknüpft waren, besitzt heute nahezu jede Gesellschaft eine Vorstellung von Zeit (etwa einem Früher, einem Jetzt und einem Bald) und vom Raum als Menge aller Orte, durch welche Raum und Zeit verbunden sind. Mit der Erfindung der mechanischen Uhr (Ende des 18. Jahrhunderts) wurde die Zeit vom Raum getrennt und die Bezeichnung und Bestimmung von Zeitzonen (z. B. des Tages) möglich. Der sich daraus entwickelnde Prozess der schwindenden Bedingtheit von Raum und Zeit hat die einsetzende Globalisierung, die Giddens nicht nur im ökonomischen Sinne versteht, ermöglicht und weiter fortgeführt. Vor allem die Möglichkeiten der weltweiten Kommunikation sowie die Verfügbarkeit schneller und günstiger Transportmittel haben diesen Prozess vorangetrieben. Während die in der Vergangenheit geltende Bedingtheit von Ort und Zeit durch direkte Interaktion von meist nah zusammenlebenden Menschen gekennzeichnet war, ist eine eher als indirekt zu charakterisierende Kommunikation, nicht selten über tausende Kilometer hinweg, das Kennzeichen der Gegenwart. Durch die Trennung von Raum, Ort und Zeit ist die Notwendigkeit individueller Anwesenheit nicht mehr gegeben und eine Ausdehnung sozialer Beziehungen über Raum und Zeit hinaus möglich geworden (Giddens 1991, 16 f.).

Die Trennung von Ort und Zeit bildet den Nährboden für Erfahrungen von Entbettung (»disembeddedness«), die Giddens als ein weiteres zentrales Merkmal moderner Gesellschaften ansieht. Unter derartigen Erfahrungen von Entbettung versteht er das Herausheben sozialer Beziehungen aus lokalen Zusammenhängen und ihre Wiedereingliederung an einem anderen Ort (Giddens 1990, 21). Diese Entbettungs-Erfahrungen werden im Wesentlichen durch zwei Mechanismen hervorgerufen. Einerseits ist die Produktion symbolischer Zeichen und Werte hierfür verantwortlich. Derartige Medien des Austausches lassen sich verwenden, ohne dass Merkmale der Individuen oder Gruppe, die mit ihnen umgehen, berücksichtigt werden müssen. Giddens beschreibt Geld, Sprache und in letzter Zeit das Internet als derartige symbolische Werte. Er misst dem Geld als Entbettungsmechanismus besondere Bedeutung zu und deutet die internationale Ausweitung kapitalistischer Märkte als eine im Zuge der (ökonomischen) Globalisierung entstandene Form der Entbettung durch Geld.

Andererseits sind es die zunehmenden Expertensysteme, die Erfahrungen von Entbettung hervorbringen. In diesem Fall handelt es sich um Konstruktionen bzw. Systeme, deren Erstellung und Bereitstellung Wissen und Können verlangt, das nur einer Minderheit zugänglich ist, aber von einer Mehrheit genutzt wird. So haben wir z. B. keine sonderliche Angst, in Gebäuden eine Treppe zu benutzen, obwohl wir wissen, dass ein Zusammensturz des Gebäudes oder der Treppe prinzipiell möglich ist. Über das Wissen des Architekten sind wir kaum informiert, dennoch glauben wir an das, was er ausgeführt hat. Dieser Glaube gilt nicht der Person, sondern dem von ihr angewandten Expertenwissen, welches jedes Individuum für sich selbst nicht (vollständig) überprüfen kann. Expertensysteme wirken als Entbettungsmechanismen, weil sie – ebenso wie die symbolischen Zeichen – soziale Beziehungen von den unmittelbaren Gegebenheiten ihres Kontextes lösen.

Beide Mechanismen verbinden sozusagen An- und Abwesenheit und etablieren auf diese Weise eine Beziehung zum nicht anwesenden Anderen. Darüber hinaus abstrahieren beide Mechanismen Fähigkeiten und Aktivitäten (bzw. überführen sie zunehmend in eine digitale Form), die früher an bestimmte Orte, Räume oder Güter gebunden war. Beide Mechanismen haben nicht nur rationalen Organisationen den Weg gebahnt, sondern vor allem im Zuge der Globalisierung dem flexiblen Kapitalismus. (Giddens 1990, 27, 64) Für den Einzelnen bedeuten sie, dass er nicht mehr im direkten Kontakt zu seinen Lebensbedingungen steht. Obwohl jeder Einzelne auf diese Lebensbedingungen angewiesen bleibt, ist er nicht mehr vertraut mit ihnen. Der Einzelne hat beispielsweise keinen Bezug mehr zu den Quellen seiner Lebensmittel und ebenso wenig Einfluss auf das Funktionieren der Technik. Ähnliches ließe sich für die Bereiche Politik und Ökonomie behaupten. Erfahrungen von Einbettung (gerade auch im Arbeitsleben, wo temporäre, wechselnde und tendenziell unsichere Arbeitsbeziehungen zur Regel werden) werden seltener oder gehen ganz verloren. Folgen wir der Logik Giddens', dann liegt in der Ermöglichung von Einbettungserfahrungen (Erfahrungen des

Eingebundenseins) die zentrale Herausforderung für alle Akteure moderner Gesellschaften. (Giddens 1991, 18 ff.)

Da Erfahrungen von Einbettung aber die Ausnahme bilden, muss der Mangel von Wissen und die Unmöglichkeit, sich mit seinen Lebensbedingungen direkt in Beziehung zu setzen, auf eine andere Art und Weise kompensiert werden. Vertrauen ermöglicht diese Kompensationsleistung. Kunden benötigen diese Vorstellung von Vertrauen, um mit den abstrakten, technischen Produkten umgehen zu können. Moderne Eliten (häufig Wirtschaftsunternehmen) vermitteln die Idee, dass sie wissen, was sie tun und dass ihnen vertraut werden kann (Bourne 2009). Daher verwundert es nicht, dass Vertrauen, oder genauer das Reden über Vertrauen, in vielen Bereichen moderner Gesellschaften eine zentrale Position einnimmt. Dies mutet auf den ersten Blick verwunderlich an, da Vertrauen eher mit traditionellen Konzepten und Lebensformen und weniger mit modernen Gesellschaften in Zusammenhang gebracht wird. Für moderne Gesellschaften ist eher der Ersatz von Vertrauen durch Regeln und Normen typisch. Böhme, ein deutscher Philosoph, macht in diesem Zusammenhang deutlich, dass sich die gegenwärtige moderne Form von Vertrauen vom Urvertrauen bzw. vom ontologischen Vertrauen unterscheidet. (Böhme 1998)

Die Tugend des Vertrauens, die die Basis dieser Konzepte bildet, steht im Gegensatz zur modernen Form des Vertrauens, das eher zu einer Konvention geworden ist. Es besitzt nahezu keine persönlichen Anteile mehr und stellt keine persönliche Leistung dar. Vor allem die zuvor beschriebenen Erfahrungen von Entbettung und die damit einhergehenden Erfahrungen von Abstrahierung und Anonymisierung führen zu dieser Entwicklung. Insbesondere die Expertensysteme, die von ihnen entwickelten Konstrukte und die Beziehungen zu ihnen, werden zu Orten des Vertrauens. Durch die Maßgabe, um nicht zu sagen, den Zwang zu vertrauen, delegiert jeder Einzelne relevanteCed Dimensionen seiner Lebensführung an diese Expertensysteme. Auf diese Weise liefert sich der Einzelne den Experten aus, verstärkt seine Abhängigkeiten und im selben Zug seine Erfahrungen von Entbettung. Beide Entwicklungen, sowohl die zunehmenden Erfahrungen von Entbettung als auch die veränderte Art des Vertrauens, bedingen einander und sind wechselseitig miteinander verknüpft. Es ist Böhme zuzustimmen, der deutlich macht:

»Leben in modernen Gesellschaften verlangt Vertrauen, Vertrauen, Vertrauen. Dieses Vertrauen vertraut, weil es so üblich ist.« (Böhme 1998, 45)

Weiter weist Böhme darauf hin, dass im Zuge einer derartigen Institutionalisierung und Instrumentalisierung von Vertrauen etwas Wichtiges verloren gegangen ist: seine Basis. Als diese Basis sieht er das Urvertrauen sowie den von ihm geprägten Begriff des ontologischen Vertrauens an. Die auf Erikson (1973) zurückgehende Vorstellung eines Urvertrauens geht davon aus, dass Erfahrungen der frühesten Kindheit dazu führen, dass Urvertrauen allem vorausgeht. Dem von Böhme geprägten Begriff des ontologischen Vertrauens liegt die Annahme zugrunde, dass Dinge, Menschen und Einrichtungen als solche gut sind. Gut und Gut-Sein wird in diesem Zusammenhang (angelehnt an die platonische Ontologie) gleichgesetzt. Die moderne Version des Vertrauens führt dazu, dass sich diese Grundhaltungen schleichend und unbemerkt auflösen. Böhme benennt fünf Bereiche (die eigene Natur, die äußere Natur, den Staat, die Mitmenschen und die Technik), in denen die Auflösung dieser Grundhaltungen, vor allem des ontologischen Vertrauens, erschreckend weit fortgeschritten ist.

Doch auch in diesen Bereichen ist das Vertrauen nicht vollkommen aufgebraucht. Reste ontologischen Vertrauens existieren noch. Als Beleg benennt Böhme das Erstaunen, welches uns überkommt, wenn es (das ontologische Vertrauen) enttäuscht wird und sich beispielsweise der ehrliche und gesetzestreue Polizist doch an einem Banküberfall beteiligt. Diesen nachhaltigen Verlust ontologischen Vertrauens führt Böhme einerseits auf die von Giddens beschriebenen Erfahrungen von Entbettung zurück. Andererseits stellt er fest, dass »Menschen und Dinge nicht mehr schlechthin das sind, als was sie gelten.« (Böhme 1998, 45) Die Ursache für diese Vertrauenserosion – die auch vor Expertensystemen nicht haltmacht – liegt seiner Einschätzung nach darin begründet, dass Berufe zu Jobs und sozialen Rollen verkommen und nicht mehr das Wesen der Menschen definieren. Das wesentliche Problem dieser Entwicklung liegt in der Konsequenz. Gegenwärtig wird das schwindende ontologische Vertrauen nicht durch die Tugend Vertrauen und ihre Stärkung aufgefangen. Stattdessen wird wachsender Unsicherheit mit vermeintlicher Sicherheit begegnet, indem Regeln, Normen und Grenzwerte geschaffen werden. Diese Entwicklung macht den instrumentellen Charakter des gegenwärtig vorherrschenden Vertrauens deutlich und trägt darüber hinaus dazu bei, dass die Basis eines tugendhaften Vertrauens weiter schwindet.

Sennett (2000) greift diesen Gedanken des schwindenden Vertrauens auf und macht deutlich, dass traditionelle Lebenskonzepte, die auf Vertrauen, Gemeinsamkeit und Einbettung basieren (wie z. B. die Großfamilie oder die Ehe), einen nachhaltigen Bedeutungsverlust erfahren. An die Stelle dieser

Lebenskonzepte treten die von Giddens beschriebenen Erfahrungen von Entbettung. Das Verlassen tradierter Entwicklungswege eröffnet dem einzelnen Individuum zwar mehr Möglichkeiten der Lebensgestaltung, fordert es gleichzeitig aber auch in einem wesentlich stärkeren Maße. Dem Bedeutungsverlust, den biografische Ordnungsmuster erfahren, muss das Individuum durch ein höheres Maß an Eigenverantwortung begegnen, um seinen Weg zwischen den vielen Möglichkeiten zu finden und sein Leben in den Griff zu bekommen. Die fundamentalste Veränderung von Ordnungsmustern und Entwicklungswegen wird in der Arbeitswelt deutlich. So ist beispielsweise der Mitarbeiter mit 40 Jahren Unternehmenszugehörigkeit, der sein Berufs- und Arbeitsleben in einem Unternehmen verbracht hat, so gut wie ausgestorben. Im Gegensatz dazu ist das heutige Arbeitsleben durch häufige Wechsel und mehrere kurze (allzu oft befristete) Arbeitsverhältnisse gekennzeichnet. Es vollzieht sich, sowohl im Privat- als auch im Arbeitsleben, ein Wandel von geschlossenen und verbindlichen hin zu offenen und flexiblen Systemen. Vermehrt ruft dieser Wandel, trotz größerer Freiheit und noch nie da gewesener Entwicklungs- und Entfaltungsmöglichkeiten, Gefühle von Unsicherheit und Orientierungslosigkeit hervor, die als Verlust erlebt werden. Die offenen Systeme mit ihren neuen Lebenskonzepten und unbegrenzten Möglichkeiten führen dazu, dass sich widerspruchsfreie Identitäten auflösen und nach und nach auseinander fallen, da verschiedene Möglichkeiten und Optionen nicht mehr vereinbar sind. Glaubt man Buchtiteln wie »Ich bin viele« (Casey 1992), »Du bist viele. Das 1000-fache Selbst« (Stone/Stone 1994) oder »Wer bin ich und wenn ja wie viele« (Precht 2007), dann treten an die Stelle ehemals integrierter und in sich stimmiger Identitäten eine Art »multiple Persönlichkeiten«. Keupp (2002) greift diese Entwicklung auf, indem er feststellt, dass Menschen in der globalisierten Gesellschaft ein bisher nie dagewesenes Maß an Identitätsarbeit leisten müssen. Dies führt er auf die in seinen Augen zentrale Erfahrung postmoderner Lebensbedingungen zurück, die er folgendermaßen beschreibt: »Unterschiedliche Selbstanteile [koexistieren] fragmentiert und voneinander abgespalten in Personen.« (Keupp 2000, 114) Während in tradierten Systemen des Arbeits- und Privatlebens klare Autoritätsverhältnisse, eine Fixierung hinsichtlich Zeit und Ort sowie Strukturen und Regeln für Sicherheit gesorgt haben, fehlen in vielen Systemen der Postmoderne diese halt- und orientierungsgebenden Komponenten. An ihre Stelle tritt nach Sennetts Auffassung die Erfahrung eines »drift«, einer Art ziellosen Dahintreibens. Charakteristisch für diesen »drift« ist, dass man sich ihm nicht entziehen kann, ihn aber gleichzeitig nicht (oder allenfalls bedingt) steuern kann. Die Ursache für diesen »drift« sieht Sennett im neuen ebenso globalen wie flexiblen Kapitalismus, der mächtig und unmittelbar in die tägliche Lebensgestaltung vieler Menschen eingreift (Sennett 2000, 26). Baumann beschreibt die Menschen, die diese Entwicklung hervorbringt, ebenso plakativ wie treffend als »Vagabunden«, »Nomaden« und »Flaneure« (Baumann 1997).

Der neue, flexible Kapitalismus überschreitet nicht nur räumliche Grenzen und demontiert institutionelle Grenzen, er baut auch Strukturen ab, die auf Langfristigkeit und Dauer angelegt sind. Auf institutioneller Ebene bewirkt die permanent geforderte Flexibilität, dass stabile Charaktereigenschaften nutzlos und langfristige Verbindungen vermieden werden. Die daraus resultierende Fragmentierung wird ebenso hingenommen wie der entstehende Deutungsverlust. Sennett verdeutlicht dies, indem er feststellt, dass »im flexiblen Regime [...] das, was zu tun ist, unlesbar geworden [ist].« (Sennett 2000, 81)

Das Resultat dieser Entwicklung beschreibt er als den »flexiblen Menschen«, der sich permanent fit hält für neue Anpassungsleistungen und sich nicht an Zeiten und Orte bindet, um immer neue sich bietende Gelegenheiten nutzen zu können. Fehlende Lebenskohärenz sowie mangelnde Verortungs- und Bindungsmöglichkeiten nimmt der moderne »Identitäts-Patchworker« als unabänderlich in Kauf. Auf kollektiver Ebene führt das neue Regime von Kurzfristigkeit und Flexibilität zu einer fortschreitenden Deregulierung, dem Markenzeichen des flexiblen Kapitalismus. So treten vermehrt netzwerkartige Strukturen an die Stelle fester institutioneller Muster. In Zeiten, in denen Flexibilität Trumpf ist, erscheinen flüchtige Verbindungen nützlicher und Netzwerke flexibler und dynamischer. Die alte Idee der Stärke schwacher Verbindungen (Granovetter 1973) erlebt eine Renaissance. Dies ist gleichbedeutend mit der Erkenntnis, dass starke soziale Bindungen, die auf Vertrauen und Loyalität basieren, an Bedeutung verloren haben. Diese Erkenntnis macht zugleich die spaltende Kraft deutlich, die von einer Ausweitung verschiedenster Netzwerke und von einer immerwährenden Flexibilitätsforderung ausgeht. (Sennett 2000, 28) Erkennt man auch nur einen Teil der hier lediglich angerissenen Gegenwartsbeschreibung an, dann erscheint die Charakterisierung von Baumann zutreffend, der die gegenwärtige Sozialwelt als »fluide Gesellschaft« bezeichnet und von der Gegenwart als flüchtige Moderne spricht (Baumann 2003).

Eine kurze Netzwerkgeschichte –
Anmerkungen zu Begriff und Entwicklungsgeschichte

Während der Begriff des Netzwerkes eine relativ neue Wortschöpfung ist, besitzen Netze als Symbol in verschiedenen Kulturen eine lange Tradition.

Sie fanden (und finden immer noch) als Symbole des Einfangens und Sammelns Verwendung. So umfing beispielsweise der griechische Schmiedegott Hephaistos seine untreue Gattin Aphrodite und ihren Liebhaber Ares während des Liebesaktes mit einem Netz aus unzerreißbarem Draht, um beide dem Spott der Götter preiszugeben. Der nordische Meeresgott Ran fischt mit einem Netz die Ertrunkenen auf und führt sie in ihr Totenreich. Im Neuen Testament steht das Netz für Gottes Einsammeln und Auslesen der Menschen für das Reich Gottes. Frühe christliche Darstellungen zeigen daher das »Menschenfischen« der Apostel mit einem Netz. In Indien wird die trügerische Sinneswelt vom Spinnennetz symbolisiert, das schwache Menschen umfangen hält, von Weisen aber zerrissen werden kann. Im Himalaja finden sich Dämonenfangnetze, die bösen Geistern das Verderben bringen sollen, und in europäischen Darstellungen sind Tod und Teufel mit Netz unterwegs, um Menschen aller Stände und Berufe einzufangen (Biedermann 2000, 306). Eher selten wird das Netz in seiner originären, metaphorischen Form als Symbol für weitläufiges Verknüpft-Sein verwendet. Dieser Bedeutungszusammenhang trat jedoch mit dem stärkeren Aufkommen des Begriffs Netzwerk in den Vordergrund.

Der Beginn der eindrucksvollen Karriere des Netzwerkbegriffs geht auf den amerikanischen Forscher Nashbitt zurück. Er führte einen bis dahin nur in Fachdisziplinen (etwa der kognitiven Psychologie oder der Politikwissenschaft) bekannten Begriff an die breite Öffentlichkeit. Nashbitt prognostizierte in seinem Buch »Megatrends« (Nashbitt 1984) Perspektiven und Entwicklung für das auslaufende 20. Jahrhundert, von denen er überzeugt war, dass sie unser Leben verändern würden. Eine dieser Perspektiven sah er in der Entwicklung »von der Hierarchie zum Netzwerk«. Die begrenzte Problemlösungskapazität von hierarchischen Strukturen machte es in seinen Augen unumgänglich, dass zukünftig informelle Netzwerke kleiner Gruppen über Arbeit und Leben bestimmen.

Neben Nashbitt hat auch Vester einen wichtigen Beitrag zur Etablierung der Netzwerkmetapher geleistet, indem er die Aufmerksamkeit auf die »Welt als vernetztes System« (Vester 1983) gelenkt hat. Zweifellos hat Vester damit vernetzte, systemisch komplexe Zusammenhänge populär gemacht. Mitte der 80er-Jahre wurde der Begriff dann auch in der (zunächst amerikanischen) Organisations- und Managementforschung in Form von dynamischen und strategischen Netzwerken aufgenommen. Vermehrt initiierte empirische Studien haben in der Folge dazu beigetragen, dass viele Kooperationsformen, sei es im Bezug auf Länder-, Branchen- oder Funktionsgrenzen, unter dem Schlagwort »Unternehmensnetzwerke« subsumiert wurden (Scott 1991;

Sydow 1992). Der Aufstieg des Begriffs setzte sich somit konsequent fort, da sich Netzwerke (neben den klassischen Feldern Hierarchie/Organisation und Markt) zu einem eigenständigen Forschungsgebiet entwickelten.

Neue Popularität und eine deutliche Erweiterung erfuhr der Netzwerkbegriff durch Castells erste Monografie (seiner mehrbändigen Serie zum Informationszeitalter) mit dem Titel »Der Aufstieg der Netzwerkgesellschaft« (Castells 1997). Als Grundlage und Voraussetzung dieses Aufstiegs sah Castells die Möglichkeit der weltumfassenden Kommunikation an. Castells zeigt auf, dass bedingt durch die Möglichkeiten, die die modernen Formen der Informationstechnologie bieten, die globale Ökonomie jetzt (anders als zuvor) innerhalb eines kontinuierlichen und allgegenwärtigen Flusses von Information, Kapital und Wissen agiert. Unter Rückgriff auf die schlichte Knotenmetapher zur abstrakten Beschreibung des Netzwerkes umfasste er mit dem Netzwerkbegriff unterschiedliche Qualitäten: das global vernetzte Wirtschaftsnetzwerk mit seinen unterschiedlichen Kapitalströmen, Netzwerkunternehmen, der netzwerkartige Charakter der Arbeit sowie soziale Netzwerke, die sich aufgrund der elektronischen Kommunikation aber zunehmend verändern. Die technologischen Möglichkeiten und die technische Infrastruktur sieht er als Ursache für das Entstehen neuer Sozial- und Lebensformen an. Seiner Auffassung nach haben diese Entwicklungen sowie der netzwerkartige Charakter, der den neuen Technologien innewohnt, eine Netzwerkgesellschaft entstehen lassen. Castells hat mit seiner Analyse den Anstoß dafür geliefert, dass sich das Netzwerk zu einem absoluten Begriff entwickelt hat. Diesen Gedanken greift Schüttelpelz auf, wenn er feststellt, dass »eigentlich [...] alles Netzwerk [ist], und vor allem das, was alles umfasst und alles verbindet, also das ›All des Alles‹ ist Netz geworden.« (Schüttelpelz 2007, 25) Wenn auch nicht primär intendiert, so macht Castells deutlich, dass die Theorie einer Weltgesellschaft zur Theorie einer Netzwerkgesellschaft geworden ist. Aber auch die Darstellung der Weltgeschichte, die zu einer Weltgesellschaft geführt hat, wird zunehmend als Geschichte der weltweiten Verflechtungen geschrieben, als eine Theorie der Vernetzung und Verdichtung schwächerer Netzwerke (Osterhammel/ Peterson 2003). Mit der Idee, dass die Welt aus Netzwerken zusammengesetzt ist (Wellmann 1988), liefert die Netzwerkperspektive nicht nur einen alternativen Zugang zur Wirklichkeit, sondern hat sich darüber hinaus zu einem neuen Meta-Paradigma (Zimmerli 1997) bzw. zu einem »new view of reality« (Axelsson/Easton 1992) entwickelt.

In der Wirtschaft sind Netzwerke heute nichts Besonderes mehr. Sie gehören zum Standard vieler international agierender Unternehmen und werden vom

Management bewusst ins Leben gerufen, primär, um die Innovationsfähigkeit zu erhöhen. Obwohl Netzwerke und ihre verschiedenen Formen schon eine lange Geschichte aufweisen, erfahren sie aktuell eine besondere Aufmerksamkeit. Dieses Interesse erklärt sich daher, dass Netzwerke insbesondere in der Wirtschaft als Weiterentwicklung hierarchischer Organisationsformen angesehen werden. Einen wesentlichen Beitrag haben Lave und Wenger (1991) mit der von ihnen geprägten und erweiterten situativen Lerntheorie geleistet. Sie untersuchten Situationen sozialen Lernens, bezogen insbesondere das Individuum, seine individuellen Vorstellungen und den Kontext (etwa eine Gruppe mit spezifischen Normen) ein und machten die Wechselwirkungen zwischen beiden Aspekten deutlich. Beide erkannten an, dass eine Spannung zwischen dem Individuum, das in einer Gruppe agiert, und den Normen und Regeln, die in dieser Gruppe gelten, besteht und machten den Einfluss dieser Spannung auf das Lernergebnis deutlich. Lave und Wenger fanden heraus, dass Lernen ermöglicht wird, wenn sich das Individuum verändert und eine gruppenspezifische Sozialisation erfährt. Sie beschreiben Netzwerke als eine Art Praxisgemeinschaft und schlagen die situative Lerntheorie im Gegensatz zur kognitiven Lerntheorie als adäquateres Lernmodell vor. Anhänger der Idee von Praxisgemeinschaften argumentieren, dass Lernen durch die Einbindung in einen sozialen Kontext und in eine Praxissituation entscheidend verbessert wird.

Am Ende dieser kurzen und zugegebenermaßen bruchstückhaften Schilderung bleibt die Frage, wie es zu dieser Entwicklung kommen konnte. Warum ist die Popularität dieses Begriffs ungebrochen hoch? Warum nimmt der Hype um Netzwerke, in letzter Zeit vor allem um soziale, immer noch zu?

Wenn wir, um eine Antwort auf diese Fragen zu finden, auf den alltäglichen Sprachgebrauch blicken, dann wird deutlich, dass der Begriff des Netzes darin fest verankert ist. »Ich bin gerade im Netz«, »Ich schaue kurz ins Netz« oder »Ich habe es im Netz gefunden« sind für die meisten Menschen ebenso geläufige wie vertraute Redewendungen. Somit hat der Netzwerkbegriff nicht nur etwas mit akademischer Forschung und professioneller Anwendung zu tun, sondern ist zu einem Alltagsphänomen geworden. Anthropologen würden in diesem Zusammenhang wohl von einem Stück gelebter Kultur(-technik) sprechen. Diese Versprachlichung und Kultivierung des Begriffs sowie seine Popularität wird sicherlich in starkem Maße von der Faszination des Netzes der Netze, dem Internet, beeinflusst. Eine wichtige Rolle spielt aber auch, dass das Netzwerkkonzept von bemerkenswerter Schlichtheit ist. So stellt Keupp fest:

»Das Netzwerkkonzept gehört zu jener Art von sozialwissenschaftlichem Wissen, bei dem sich der Laie fragt, warum Wissenschaftler […] [um] triviale Alltagsphänomene so viel Aufhebens machen.« (Keupp 1987, 12)

Diese Schlichtheit, die dem Konzept innewohnt, wird noch durch eine einprägsame Bildhaftigkeit unterstützt.

»Menschen werden als Knoten dargestellt, von denen Verbindungsbänder zu anderen Menschen laufen, die wiederum als Knoten dargestellt werden.« (Keupp 1987, 11 f.)

Neben diesen eher immanenten Gründen trägt die zu Beginn charakterisierte gesellschaftliche Situation zur Popularität des Netzwerkkonzeptes bei. So führt der Verlust von Selbstverständlichem (etwa alltäglichen sozialen Bindungen) dazu, dass das Interesse an Netzwerken wächst und zunehmend auf sie hingezogen wird. (Keupp/Röhrle, 1987) Netzwerke scheinen Probleme der Gegenwart zu lösen. So ermöglichen sie, beispielsweise Baumanns Charakterisierung von der fluiden Gesellschaft folgend, eine Art »Identitätsbildung im Fluss«. Durch die prozesshafte und gleichzeitig flexible Minimal- und Optionalstruktur, die Netzwerke bieten, werden sie einerseits der Flexibilitätsforderung gerecht und helfen darüber hinaus, wegfallende Orientierungsvorgaben (z. B. soziale Vorgaben, stabile Rollenmuster) zu kompensieren. Die letzten beiden Punkte lassen ein erstes Gespür dafür entstehen, dass die Attraktivität des Netzwerkbegriffs nicht nur von bewussten, sondern ebenso von verborgenen weitgehend unbewussten Dynamiken, die sowohl einen individuellen als auch einen kollektiven Charakter haben, beeinflusst wird.

Die nachfolgenden drei Hypothesen sollen einen Zugang zu diesen eher unbewussten und im Hintergrund wirkenden Dynamiken ermöglichen.

Hypothese I: Netzwerke sind für nahezu alle Bereiche unseres Lebens die gegenwärtigen Projektionsfelder von Hoffnung. Diese Hoffnung weist einen manischen Charakter auf.

Die Bedeutung und die umfassende Durchdringung des Begriffs Netzwerk werden deutlich, wenn wir das imposanteste aller technischen Netzwerke hinzuziehen. Google findet derzeit zum Suchbegriff »Netzwerke« mehr als 50 Millionen deutsche Webseiten. Unter den Ergebnissen findet sich ein vielfältiges digitales Allerlei: Vom »Netzwerk – der politische Förderfond«, dem

»Netzwerk Frauenforschung«, dem »Städte-Netzwerk NRW«, dem »Social Network for Business Professionals« bis zum »Existenzgründer Netzwerk« und dem »Netzwerk Friedenskooperative« ist alles zu finden. Diese Liste ließe sich um beliebige Netzwerke (Gesundheits-, Medizin-, Studenten-, Absolventennetzwerke usw.) fortsetzen. Die Seite *www.netzwerktotal.de* bringt die Allgegenwärtigkeit auf den Punkt und verdeutlicht, dass es kaum einen Lebens- oder Arbeitsbereich gibt, der nicht mit dem Netzwerkbegriff beschrieben wird. Die umfangreiche Adaption des Begriffs deutet auf die hohe Erwartungshaltung hin, die mit ihm verbunden wird. Orthey macht dies deutlich:

> »Es scheint so, als würden mit dem Begriff außerwissenschaftliche Erwartungen an Erklärungs- und Steuerungskraft angesichts zunehmender Erklärungs- und Steuerungslosigkeit verbunden.« (Orthey 2005)

Die Literatur, wissenschaftliche wie mainstream, suggeriert, dass das Interesse für und der Aufbau von Netzwerken grundsätzlich positiv ist. Egal ob (zuweilen recht zweifelhafte) Ratgeber wie »Geh' niemals alleine Essen« oder wissenschaftliche Abhandlungen wie »Erfolgreich im Verbund« oder »Steuerung von Netzwerken« – alle scheinen sich über die ausschließlich positiven und weitreichenden Funktionen von Netzwerken einig. (z.B. Ferrazzi/Raz, 2005; Sparrowe/Liden/Wayne/Kraimer 2001; Flocken/Hellmann-Flocken/ Howalt/Kopp /Martens 2001; Barton 2001; Sydow 1999; Garbher 1993; Gilroy/ Swan 1984) Auf metaphorischer Ebene lässt sich dies gut mit dem zu Beginn verdeutlichten Gesang der Sirenen vergleichen. Platz für die Diskussion negativer Gefühle (wie z. B. Neid, Verrat, Blamage), die zweifellos zur Zusammenarbeit über Grenzen hinweg dazugehören, ist nicht vorhanden. Kritische oder reflektierte Diskussionen zum Thema Netzwerke sind mehr als selten. Misserfolge im Zusammenhang mit Netzwerken werden in der Literatur so gut wie nicht erwähnt. Geschieht es doch einmal, dann wird das Thema sehr allgemein behandelt und häufig auf mangelnde Planung oder fehlende Forschung zurückgeführt. Auch Probleme werden kaum gesehen. Wo sie dennoch einmal erkannt werden, wird ihnen nicht nachgegangen; weder um zu verstehen, wie und wo sie entstanden sind, noch um aufzuzeigen, wie sie überwunden werden könnten (Cox 2005). Die Zustimmung zu Netzwerken als einer neuen und besseren Organisationsform wird nie infrage gestellt. Die unzähligen Artikel, Bücher und Sammelbände dazu sind auf kurzfristige Erfolge ausgerichtet und führen Netzwerke als die ultimative Lösung für gegenwärtige Herausforderungen ins Feld, egal, ob sich diese Herausforderungen auf Individuen, Gruppen oder Organisationen beziehen. Netzwerke scheinen für alle Aspekte des Lebens – organisationale wie soziale – relevant zu sein, frei nach dem Motto: Am Netzwerkkonzept kommt keiner vorbei. Diese Tatsachen machen einen neuen Umgang mit der Netzwerkmetapher und einen veränderten Metapherngebrauch deutlich. Während positive Effekte, häufig reduziert auf »Best Practice«-Beispiele (Huysman / de Wit 2003, 28), in den Vordergrund gestellt werden und die Wahrnehmung bestimmen, werden ambivalente Bedeutungen und negative Seiten zurückgedrängt. Je mehr die Vorteile und die positiven Aspekte betont und damit idealisiert werden, desto nachhaltiger werden die Schattenseiten ignoriert und verdrängt.

Die Ursache dieser Dynamik liegt in der Tatsache begründet, dass neue Ideen und Trends – egal, ob es sich um Visionen, Innovationen oder Alternativen handelt – Projektionsfelder für Hoffnung benötigen. Diese Projektionsfelder der Hoffnung können reale oder fiktive (sprich virtuelle) Orte sein, in denen die avisierten Veränderungen bereits im Gange oder sogar teilweise um- oder durchgesetzt sind. Ferne Länder, technologische Entwicklungen, Gesellschafts- oder Organisationsstrukturen oder bestimmte Menschengruppen haben (unter anderem) bisher als Projektionsfelder für diese Hoffnung gedient. All diese Hoffnungsfelder haben sich jedoch als Modeerscheinungen oder aber als sehr enttäuschungsanfällig erwiesen. Nun fungieren Netzwerke – reale wie virtuelle, soziale wie technische – als neue Projektionsfelder von Hoffnung. Von Beginn an, als die Netzwerkidee ihr Nischendasein verlassen hat, begleitete sie eine Art Zauber. Zunächst haben Computernetzwerke mit vielfältigen Verheißungen diesen Zauber transportiert. Der Auszug aus einem Call for Papers zu einem Wiener Symposium mit dem Titel »Theories & Metaphors in Cyberspace« macht diesen Zauber besonders deutlich:

> »Soon the whole of human knowledge will directly be available to any person with access to a networked computer. [...] Moreover, communication between individuals will become much easier, faster and more transparent. [...] It seems as though society's collective intelligence will increase manifold, perhaps producing a higher level of intelligence.«

Die Auflösung räumlicher Ungleichheiten, der freie und reibungslose Fluss von Kommunikation und müheloser Wissenserwerb sind nur einige Verheißungen, die mit Computernetzwerken einhergehen.

Aktuell gilt die Netzwerkmetapher als Hoffnungsträger für die stärkere Durchsetzung von sozialer Unterstützung, von mehr Gemeinschaft und Menschlichkeit und von mehr Kreativität und Gleichberechtigung (anstelle von Zusammenarbeit, die durch entfremdete Arbeit geprägt ist). Daher besitzt der Netzwerkbegriff gerade im psychosozialen Bereich eine besonders hohe Attraktivität und einen besonders positiven Gehalt. Aber nicht nur dort gelten »Kooperations- und Vernetzungsstrategien als Hoffnungsträger ersten Ranges.« (Dahme/Wohlfahrt 2000, 319) Die Idealisierung von Netzwerken geht soweit, dass ihnen (verstanden als Selbstorganisations-Instrument) die Macht zugesprochen wird, unentdeckte Hilfs- und Unterstützungspotenziale einer Gesellschaft zu heben und zu organisieren.

Rufen wir uns abschließend noch einmal die Rahmenbedingungen, die den Aufstieg des Netzwerkbegriffs hervorrufen, in Erinnerung. Neben den Entbettungstendenzen, dem Verlust an ontologischem Vertrauen und dem ziellosen Dahintreiben, die die bereichs- und gesellschaftsübergreifenden Grundlagen sind, besteht einer der wesentlichen Gründe darin, dass sich eine Vielzahl von Hoffnungsträgern eben nicht als tragend erwiesen haben. Dies führt zu einer nachhaltigen Suche nach Begriffen, Metaphern und Instrumenten, die uns aus unserer Hoffnungs- und Orientierungslosigkeit hinaus helfen und unsere komplexe Welt erklär- und steuerbar machen. Alledem wird der Netzwerkbegriff gerecht. Darüber hinaus stellt Hörisch fest: »Begriffe machen Karriere, wenn sie versprechen, überkomplexe Verhältnisse zur Kenntlichkeit zu entstellen.« (Hörisch 2002, 242) Auch dies scheint der Netzwerkbegriff einzulösen, da in ihm Struktur, Material, Metapher und Medium zusammenfallen. Der Zauber von Netzwerken und die vielfältigen positiven Zuschreibungen werden jedoch schnell zur »Last der großen Hoffnung« (Keupp 1987, 11). Diese Last führt letztlich dazu, dass die Hoffnung einen manischen Charakter bekommt und mit ihr vermehrt eine manische Abwehr einhergeht. Diese von Klein beschriebenen Abwehrmechanismen (Klein 1996a, 1996b) schützen das Subjekt vor dem Erleben der schmerzvollen Konsequenzen, die seine Abhängigkeit vom guten, geliebten Objekt mit sich bringt. Im Zusammenhang mit der Popularität und der Dominanz des Hoffnungsträgers »Netzwerke« besitzen vor allem die Abwehrmechanismen Verleugnung und ein daraus resultierendes Allmachtgefühl sowie der Abwehrmechanismus der Idealisierung eine besondere Bedeutung. Klein stellt fest:

> »Als Hauptaugenmerk der Manie betrachte ich das Allmachtsgefühl. Darüber hinaus liegt ihr […] auch der Mechanismus der Verleugnung zugrunde.« (Klein 1996a, 76)

Netzwerke beleben diese Allmachtsgefühle, da der Einzelne an etwas teilhat, das weitaus größer ist als er selbst. Die Allgegenwärtigkeit des Themas und seine Durchdringung unterstützen diese Gefühle. In der Folge entstehen Zuschreibungen und werden freigesetzt. Vor diesem Hintergrund ist die häufig anzutreffende Überzeugung zu verstehen, dass Netzwerke den Reaktionsformen herkömmlicher Organisationen, vor allem im Hinblick auf die Reaktionsschnelligkeit, weit überlegen sind. Auch die weitverbreitete Idee, dass vernetzt zu sein gleichbedeutend mit der Tatsache ist, für Unkalkulierbares gerüstet zu sein, lässt eine latent wirkende Allmachtsfantasie deutlich werden. Grundlage dieser Weltsicht ist der Abwehrmechanismus der Verleugnung, da eine angemessene Wahrnehmung der Realität die eigenen Allmachtsgefühle und -fantasien entlarven würde. »Das verleugnet zunächst die psychische Realität und danach unter Umständen auch die äußere Realität« (Klein ebd.). ›Was zuerst verleugnet wird, ist die Realität‹ könnte zugleich ein Motto sein, dass sich eine Reihe von Netzwerken und Netzwerkern auf die Fahnen geschrieben haben.

Ein weiterer Abwehrmechanismus, dem im Zusammenhang mit der Popularität von Netzwerken eine besondere Bedeutung zukommt, ist die Idealisierung. Dieser Abwehrmechanismus leitet über zur zweiten Hypothese.

Hypothese II: Netzwerke sind für Profit- ebenso wie Non-Profit-Organisationen zu Organisationsidealen geworden.

Die von Schwartz skizzierten Überlegungen zum Organisationsideal basieren auf dem analytischen Konzept des Ich-Ideals. Sie gehen damit im Kern auf Freuds Modell von der Psyche des Menschen und seinen Überlegungen zur Massenpsychologie zurück. Wie sich das Ich-Ideal auf eine Person bezieht, so bezieht sich das Organisationsideal auf eine Organisation. Beide Ideale entstehen durch Identifizierung. Die Bildung eines Organisationsideals ist nichts, wogegen sich die Organisation wehren kann. Bewusst oder unbewusst bildet sich jeder Mitarbeiter einer Organisation ein Ideal, sozusagen ein Wunschbild von der Organisation, in der er arbeitet. Dieses Ideal stellt die Organisation dar, wie ihre Mitarbeiter glauben, dass sie sein würde, wenn keine bedrohlichen Umwelteinflüsse, keine Konflikte und Ängste vorhanden wären (Schwartz 1990).

Nimmt man die vorangegangenen Ausführungen ernst, dann scheint dieses Wunschbild immer öfter einem Netzwerk gleichzukommen. Wie könnten die Mitarbeiter auch anders bei all den Verheißungen, Vorteilen und Möglichkeiten, die Netzwerken zugeschrieben werden. Unterstützt wird diese kollektive Idealisierung, indem – neben der (sicherlich deutlich gewordenen) Betonung der positiven Seiten – das Vorhandensein von Nachteilen und Schattenseiten verdrängt und verleugnet wird. Ein Beispiel für diese Verleugnung stellt Latour dar, wenn er behauptet: »A network is a positive notion, which does not need negativity to be understood. It has no shadow.« (Latour 1996, 372) Hinzu kommt, dass Netzwerke scheinbar weder eine Vergangenheit noch eine Geschichte haben. Gießelmann bestätigt dies, indem er feststellt: »Es existieren kaum Ansätze, Netzwerke in einer Historizität zu denken.« (Gießelmann 2005, 425) Somit wird der positive Schein vollkommen, da Netzwerke von Fehlern und Fehltritten der Vergangenheit befreit werden. Erlöst von der Last der Vergangenheit, scheinen Netzwerke ausschließlich in eine verheißungsvolle Zukunft zu führen. Es ist Sievers zuzustimmen, der deutlich macht:

> »Das vorherrschende Bemühen um die Zukunft spiegelt sich in einer Gleichgültigkeit und Verachtung gegenüber der Vergangenheit wider. Vergangenheit [wird] entweder im engeren Sinne von Geschichte verstanden [...] oder aber als nutzlos verunglimpft und dem Vergessen überlassen.« (Sievers 2005, 74f.)

Die kollektive Idealisierung geht so weit, dass Netzwerken die Fähigkeit zugesprochen wird, den »alten Traum der Versöhnung von Kooperation und Konkurrenz« (Kadritzke 1999, 65) Wahrheit werden zu lassen.

Der deutlich werdende utopische und gleichwohl unerreichbare Charakter des Organisationsideals führt nicht dazu, dass es aufgegeben oder verworfen wird. Im Wesentlichen sind zwei unbewusst ablaufende Prozesse hierfür verantwortlich. Einerseits leistet das Organisationsideal einen wichtigen Beitrag zur Abwehr existenzieller und bedrohlicher Ängste. Vor allem die Teilhabe an etwas, das größer ist als der Einzelne selbst, sowie das unbewusst wahrgenommene unendliche Fortbestehen von Netzen (vor allem, wenn die Welt als aus Netzen bestehend wahrgenommen wird) reduzieren diese Ängste. Andererseits stellt das Organisationsideal (und damit Netzwerke) eine Rückkehr zum primären Narzissmus, der die ersten Lebensjahre eines jeden Menschen kennzeichnet, in Aussicht. Diese Jahre sind vor allem durch positive Reaktionen der Mutter auf nahezu jede Handlung und Regung des Kleinkindes bestimmt. So nimmt das Kleinkind die Welt als Erweiterung seiner selbst wahr. Es erfährt sie als einen liebevoll angelegten Ort, dessen Mittelpunkt es bildet. Später bemerkt das Kleinkind jedoch, dass dem nicht so ist und sieht sich fortan mit eigenen Bedürfnissen und der fremden Struktur der Welt konfrontiert. Verschiedene Ängste, etwa nicht geliebt zu werden oder in der Welt keinen Platz zu finden, sind die Folge. Sie lassen den Wunsch entstehen, den Zustand des primären Narzissmus wieder herzustellen. Da das

Organisationsideal eine solche Rückkehr in Aussicht stellt, sind sowohl sein Einfluss als auch sein Attraktivität immens hoch.

Netzwerke täuschen uns einen solchen sicheren Ort und eine liebende Welt, deren Mittelpunkt wir sind, vor. Eine Ursache liegt darin, dass Netzwerke sehr häufig mit einer einzigen der vielen Funktionen, die sie erfüllen, gleichgesetzt und auf diese reduziert werden. Netzwerken ist ein Synonym für »soziale« Unterstützung. Gerade im Non-Profit-Bereich (aber nicht nur dort) wird häufig von »Unterstützungsnetzwerken« gesprochen, »als Puffer gegen erfahrene Belastungen oder als Schutzschild gegen drohende Krisen.« (Keupp 1987, 21) Netzwerke gelten als die großen Unterstützer, als die großen Mütter. Entsprechend dem Bild der guten Mutter sind sie gewährend, fördernd und den Einzelnen unterstützend, ohne eine Gegenleistung zu erwarten. Die für das Ich-Ideal ebenso wie für das Organisationsideal typische Mischung aus gutem und bösem Objekt, aus sorgender Mutter und strafendem Vater, existiert nicht mehr. Eben diese Gleichsetzung von Netzwerken und sorgenden Müttern lässt die Fantasie entstehen, dass die Rückkehr zum primären Narzissmus möglich ist.

Netzwerke sind jedoch nicht nur gut. Die systematische, wenn auch unbewusst ablaufende Realitätsverleugnung führt dazu, dass die projizierten Zuschreibungen schnell zur Last der großen Hoffnung werden. Letztlich wird somit der Blick auf das Wesentliche, was Netzwerke leisten können, verstellt.

Hypothese III: Der Aufstieg des Netzwerkkonzeptes steht im Zusammenhang mit der verstärkt wirksamen Grundannahme der totalen Einheit

Bions Mitte des 20. Jahrhundert formulierte Grundannahmen stellen einen zentralen Teil seiner »theory of groupness« dar, die sich mit den wesentlichen Aspekten von Gruppen im menschlichen Leben auseinandersetzt. Bion hat drei zentrale Grundannahmen identifiziert: Abhängigkeit, Kampf/Flucht und Paarbildung (Bion 1961). Ist eine Grundannahme in einer Gruppe aktiv, dann verhält sich diese, als ob dieses oder jenes der Fall wäre und realen Tatsachen entspräche. Aufgrund der intensiven Gefühle und Emotionen, die mit den Grundannahmen verbunden sind, beherrschen sie insofern aktiv das Leben einer Gruppe. Eine solche Gruppe kann ein Team, eine Abteilung, eine Organisation, eine Institution oder eine Gesellschaft sein. Vor allem die Globalisierung und der zu Beginn charakterisierte flexible Kapitalismus haben im Bereich der Ökonomie zur nachhaltigen Aktivierung der Grundannahmen Kampf/Flucht und Abhängigkeit geführt. Durch die zu Beginn charakterisierte gesellschaftliche Entwicklung gewinnt jedoch eine andere Grundannahme an Bedeutung.

Die von Turquet (1974) formulierte vierte Grundannahme der totalen Einheit ist als eine Erweiterung und Ergänzung des Bion'schen Gedankenguts zu verstehen. Vor dem Hintergrund der bisherigen Ausführungen macht es den Eindruck, als wenn Turquet mit seiner Grundannahme die Dynamiken von Netzwerken charakterisiert, sofern wir nur Gruppe durch Netzwerk ersetzen. Er führt aus, dass Mitglieder einer Gruppe, in der die Grundannahme der totalen Einheit aktiv ist, die mächtige Vereinigung mit einer omnipotenten Kraft suchen. Sie trachten nach passiver Teilhabe an der Gruppe, um die Gefühle von Lebendigkeit, Wohlgefühl und Ganzheit zu spüren. Häufig verlieren sich die Mitglieder der Gruppe in diesen Gefühlen oder fühlen sich mit einem Messias oder einer messianischen Idee untrennbar verbunden. Diese mentalen Aktivitäten reduzieren die Spannung zwischen Gruppe und Individuum und lösen den grundlegenden Konflikt des einzelnen Gruppenmitglieds zwischen egozentrischem Narzissmus (Konkurrenz) und sozialer Bezogenheit (Kooperation) scheinbar auf. Die Verleugnung von Unterschieden einerseits und von Handlungsoptionen andererseits sind die Mechanismen, die dies sicherstellen. Sicherlich ist Keupp zuzustimmen, dass das Netzwerkkonzept ebenso einfach wie bildhaft ist. Die Bildhaftigkeit ist jedoch eng mit einer Vorstellung von Gleichheit und damit der Negation und Auflösung von Unterschieden verbunden. So unterstellt der Netzwerkbegriff bei Netzen gleichstarke Fäden, gleichmäßig gestrickte Maschen und die Egalität von Knoten. Damit vermittelt er ein Gefühl von Zusammengehörigkeit, negiert jedoch jegliche Unterschiede. Gerade für die populären digitalen sozialen Netzwerke gilt, je mehr gemeinsame Identität festgestellt oder entwickelt wird, je gleicher alle werden, desto unmöglicher wird die Verfolgung gemeinsamer Interessen. Nur Unterschiede lassen Neugier entstehen und führen zum Entdecken von Neuem.

Durch das Nichtwahrnehmen von Unterschieden reduziert sich die Gefahr potenzieller Konflikte. Gleichzeitig wird die Illusion von Gleichheit und Homogenität aufrechterhalten und verfestigt. Ängste und destruktive Konflikte hinsichtlich der eigenen Identität existieren nicht, da Ziele des Einzelnen und die Ziele des Netzwerks identisch sind. Angst und Hoffnung, Erfolg und Rücksicht, Kooperation und Konkurrenz scheinen auf diese Weise zur gleichen Zeit möglich zu werden. Der Hype, die Dominanz und die Verheißungen des Netzwerkkonzeptes in Kombination mit der vielfach propagierten Überzeugung, dass am Netzwerkkonzept keiner vorbei kommt, lassen sich als Verleugnung von Handlungsoptionen verstehen. Eine mangelhafte Realitätsprüfung und eine verzerrte Realitätswahrnehmung, dadurch, dass die Aufmerksamkeit auf die innere Welt des Netzwerkes gelegt wird, sind die Folgen und enden letztlich in einer Verdinglichung.

Der Auslöser für die vermehrt wirksame Grundannahme der totalen Einheit scheint im von Sennett beschriebenen »drift« und seinen Auswirkungen zu liegen. Das Gefühl des ziellosen Dahintreibens, verursacht durch den flexiblen Kapitalismus und die veränderten Bedingungen der Arbeitswelt, lassen verschiedene Sehnsüchte entstehen. Hierzu gehört die Sehnsucht nach neuen Lebensformen, die wechselseitige Unterstützung, Verantwortung und Zugehörigkeit entstehen lassen, ebenso wie die Sehnsucht nach einer neuen Gemeinschaft. Diese Sehnsüchte und die ihnen zugrundeliegenden Erfahrungen von Einsamkeit und Unvermögen aktivieren in verstärktem Maße die hier skizzierte Grundannahme. Zusammen mit einer kollektiven Idealisierung und den mit der Idealisierung projizierten Hoffnungen führen sie zum gegenwärtigen Aufstieg und der allgegenwärtigen Präsenz des Netzwerkkonzeptes.

Nach der theoretischen Diskussion um das »Feuer der Hoffnung«, das Netzwerke entfachen, wird es im Weiteren um ein konkretes Fallbeispiel gehen, dass die aufgezeigten Dynamiken verdeutlicht und untermauert.

Das Fallbeispiel – Die International Education Association (IEA)

Im Mittelpunkt des Fallbeispiels steht ein Netzwerk von Führungskräften, die im Bereich der Berufsausbildung und in verschiedenen Berufsbildungsinstituten in Australien tätig sind. Die International Education Association (IEA) besteht als Netzwerk seit zehn Jahren, verfügt über eine eingetragene Rechtsform und setzt eine Mitgliedschaft voraus. Im Rahmen dieser Mitgliedschaft entsendet jedes Trainingsinstitut einerseits einen Vertreter, der das jeweilige Institut im Netzwerk repräsentiert. Jedes Mitglied verpflichtet sich, einen Jahresbeitrag zu zahlen, mit dem die Arbeit des Netzwerks finanziert wird. Der hauptsächliche Zweck der IEA liegt in der professionellen Weiterentwicklung seiner Mitglieder. Dazu bietet die IEA jedes Jahr professionelle Weiterbildungsmaßnahmen an und bereitet die wichtigsten Informationen und Fakten der Branche in einem Reader auf.

Die IEA ist einzigartig in Australien und vereint die wichtigsten Manager aus 15 Bildungsinstituten in regelmäßigen Meetings, obwohl die Institute als Wettbewerber um zahlende Studenten konkurrieren. Die Tatsache, dass das mit den Bildungsangeboten aus dem tertiären Bildungssektor (durch Gebühren internationaler Studenten) verdiente Geld der drittstärkste Exportfaktor des Landes ist, macht den Wettbewerbscharakter sehr deutlich.

Der Beginn der Zusammenarbeit und erste Schwierigkeiten

Über weite Teile seines zehnjährigen Bestehens lag die Hauptaufgabe des Netzwerkes darin, Tagungen mit Gastrednern zu organisieren. Im Oktober 2008 schlugen jedoch zwei Mitglieder vor, dass die IEA ihre Zusammenarbeit intensivieren und nach Möglichkeiten suchen sollte, das Wissen und die Fähigkeiten seiner Mitglieder besser zu nutzen. Es entstand die Idee, ein Kooperationsprojekt ins Leben zu rufen. Schließlich einigte man sich darauf, im folgenden Jahr enger und partnerschaftlicher zusammenzuarbeiten und ein gemeinsames Projekt im Bereich Qualitätssicherung aufzusetzen. Die Aussicht, bald die Expertise aller Mitglieder in einer Art »Best-Practice«-Führer veröffentlichen zu können, den alle Mitglieder nutzen und an dem sich orientieren können, ließ die Netzwerkmitglieder in eine rosige Zukunft schauen.

Theoretisch waren alle Mitglieder übereingekommen, ihre Erfolgsrezepte und -ideen zu teilen. Mit Beginn der Entwicklung von einer passiven Gruppe, die im Wesentlichen Vorträgen von Gastrednern zuhörte, hin zu einer aktiven Gruppe, die Informationsaustausch und Kooperation in den Vordergrund stellt, stieg auch die Unsicherheit. Etwa sechs Monate nach Start des Kooperationsprojekts gab es nur ein Mitglied, das sein Wissen zur Verfügung gestellt hatte. Diese Entwicklung legt die Vermutung nahe, dass die IEA-Mitglieder zwar das Verlangen nach Kooperation und Einheit hatten, gleichzeitig jedoch in einer Abhängigkeits-Position verharrten: Sie wünschten sich das Netzwerk als einen sicheren Ort, an dem sie alles, was sie brauchten, ohne Aufwand bekommen konnten. Sie hatten die manische Erwartung an das Netzwerk, dass es auf magische Weise alles liefern würde, was für gelingende Kooperation notwendig ist. Die meisten Mitglieder teilten ihr Wissen jedoch nicht, und über mehrere Monate hinweg kam diese Besonderheit auch nicht mehr zur Sprache.

Schließlich wurde das Thema bei einem Netzwerktreffen aufgegriffen. Ein Mitglied berichtete, dass es die Zustimmung erbeten habe, die Materialien seines Institutes im Netzwerk zur Verfügung stellen zu dürfen. Das Ergebnis sei jedoch negativ ausgefallen. Diese Rückmeldung machte zum ersten Mal einen Grund für die mangelnde Kooperation öffentlich. Ein weiteres Mitglied berichtete von einer ähnlichen Erfahrung. Dieses Mitglied wurde von der

Rechtsabteilung seines Instituts darüber in Kenntnis gesetzt, dass das Überlassen und Austauschen von Informationen unter keinen Umständen toleriert und ggf. Konsequenzen haben würde. Das Mitglied, welches das Thema zuerst aufgegriffen hatte, ergänzte noch, dass es alleine durch das Offenlegen seiner Position im Netzwerk bereits einen Loyalitätsbruch gegenüber seinem Arbeitgeber verursacht hatte. Letztlich wollte sein Arbeitgeber innerhalb des Netzwerks nicht als derjenige angesehen werden, der vorsätzlich Informationen zurückhält, die für andere Bildungsinstitute ebenfalls von Bedeutung sein könnten.

So wurden die Gründe, Informationen zurückzuhalten, zunächst auf die Angst zurückgeführt, sich gegenüber seinem Arbeitgeber illoyal zu verhalten. Für die Mitglieder des Netzwerks war klar, dass Informationsaustausch über die Unternehmensgrenzen hinweg sanktioniert werden würde. Ein Mitglied verdeutlichte dies folgendermaßen: »Ein Grund, der uns davon abhält zu teilen, ist der Wettbewerb, in dem wir stehen. Er sorgt dafür, dass Geheimnisse geheim bleiben.« Ein anderes Mitglied ergänzte:

> »[Mein Institut] sucht immer nach unserem Alleinstellungsmerkmal, und unsere Kunden suchen nach dem bestmöglichen Preis-Leistungsverhältnis. Das sind Ausflüchte, ich weiß, aber unsere Partner in Übersee fragen nach diesem Alleinstellungsmerkmal und wollen wissen, was nur wir anbieten und kein anderes Institut sonst. Das nachhaltige Austauschen von Informationen würde zu einer Homogenisierung der Produkte führen. Obwohl uns der Austausch alle weiterbringen würde, birgt er die Gefahr, dass Kunden aufgrund fehlender Besonderheiten ausschließlich auf den Preis schauen und wir Kunden verlieren.«

Beide Aussagen zeigen, dass das Wettbewerbsthema massiv in den Köpfen der Mitglieder präsent war. Die Verwendung von Business-Jargon als Rechtfertigung für die fehlende Bereitschaft, Informationen zu teilen, fällt besonders ins Auge. Ein Mitglied räumte sogar ein, dass es sich hierbei um Ausflüchte handele. Aber die Kraft von Ausflüchten liegt gerade darin, Distanz zu unangenehmen, komplexen oder paradoxen Situationen zu schaffen. Kurz gesagt schützen sie vor Angstgefühlen in komplexen Situationen.

Gewöhnlich wird ein Netzwerk als Ort wahrgenommen, an dem Konflikte nicht stattfinden, und Treffen eher für ihren geselligen Charakter geschätzt werden. (Hoggett 1992) Das Netzwerk wird idealisiert. Nach ebensolcher Wärme und Fürsorge waren die IEA-Mitglieder auf der Suche. Das Netzwerk sollte als sorgende Mutter fungieren. Stattdessen fanden sich die Netzwerkmitglieder in verschiedensten Konfliktsituationen wieder, als sie beschlossen hatten, ihr Wissen zu teilen. Besonders schwierig fanden es die Netzwerkmitglieder, gegenüber ihrem Arbeitgeber loyal zu bleiben, aber dennoch die Erwartungen der Gruppe zu erfüllen. Der Wunsch, die Qualität der Kurse zu optimieren, aber gleichzeitig auch den eigenen Wettbewerbsvorteil zu erhalten, spiegelt einen weiteren Konflikt wieder. Die Netzwerkmitglieder wollten nehmen, ohne zu geben.

Der Wendepunkt

Der Wendepunkt im IEA-Kooperationsprojekt zeichnete sich ab, als eines der erfahrensten Mitglieder doch zustimmte, sein eigenes Arbeitsmaterial zur Verfügung zu stellen. Es tat dies mit den Worten: »Ich teile, denn ich glaube, dass nachhaltige Qualitätsentwicklung die Ergebnisse der Studenten verbessert, und das ist mein Ziel. Ich möchte, dass die Studenten diesen Nutzen erhalten. Darum teile ich.« Offensichtlich hatte dieses Mitglied ein höheres Ziel als die Loyalität gegenüber dem Wettbewerbsmodell. Indem es seine Material zur Verfügung stellte, ebnete es den Weg für andere Mitglieder, ebenfalls zu teilen und zu kooperieren. Wenig später folgte ein weiteres Mitglied diesem Beispiel und sagte: »Wenn ich in meiner Einrichtung nachfrage, ob ich Material zur Verfügung stellen darf, weiß ich, dass die Antwort Nein lauten wird. Also frage ich nicht.« Diese Äußerungen machen deutlich, dass das dominante Wettbewerbs-Paradigma mit der Zeit an Bedeutung verlor.

Korczynski (2003) bezeichnet Netzwerke auch als »Bewältigungsgemeinschaften«, in denen Mitgliedern emotionale Unterstützung geboten wird. Möglicherweise fühlten die IEA-Mitglieder ähnlich, als sie begannen, die Treffen außerhalb ihrer eigenen Organisationen wertzuschätzen. Eine deutlich erhöhte Anwesenheit bei den Netzwerktreffen war die Folge. Nach diesem Erlebnis begannen die Mitglieder vermehrt, ihre Ideen und Erfahrungen untereinander auszutauschen, ohne die Loyalität gegenüber ihren Arbeitgebern zu verlieren. Um diesen schwierigen Balance-Akt zu meistern, mussten die Mitglieder Wege finden, sich über Qualitätssicherung auszutauschen, ohne ihren gesamten Wissensvorsprung und alle ihre Besonderheiten preiszugeben. Vor allem im eigenen Wettbewerbsumfeld neigten die Mitglieder des Netzwerks und ihre Institute dazu, alles als käufliche Ressource zu betrachten. Dies umfasste sowohl materielle aber auch intellektuelle Ressourcen. Die Idee knapper Ressourcen ist eine der grundlegenden Funktionsweisen des Kapitalismus. (Smith 2003) Mit Dingen, die frei und im Überfluss erhältlich sind, lässt sich kein Geld verdienen. Entsprechend zeichnen sich kapitalistisch orientierte Arbeitsplätze nicht durch

Austausch aus, sondern fokussieren auf die Ängste, die durch dieses Modell entstehen. Die Angst vor dem Verlust (externer und interner) Ressourcen kann das Bedürfnis verursachen, zu sammeln und zu horten. Die Mitglieder des Netzwerks waren hin- und hergerissen zwischen dem Bedürfnis nach Teilnahme, Verbindung und dem Wunsch, Informationen zu bekommen einerseits und dem durch Konkurrenz ausgelöstem Verlangen, ihre Autonomie zu wahren und die Weitergabe von Informationen möglichst zu vermeiden andererseits. Die Push-Pull-Erfahrung wurde dadurch verschärft, dass die IEA sich entschlossen hatte, auf dem Gebiet der Qualitätssicherung zusammenzuarbeiten – einem Bereich, der durch komplexe Gesetzesregularien, Standards und Überwachung gekennzeichnet ist, nicht jedoch durch Beziehung, Vertrauen und Loyalität. Alle Bildungsinstitute müssen ihre umgesetzten Qualitätsstandards nachweisen und an übergeordnete Stellen berichten, durch welche Prozesse sie Qualität sicherstellen. Mit diesen Stellen stehen sie jedoch nicht im Dialog. Fragen, was Qualität eigentlich meint oder wie sie in verschiedenen Situationen aussehen könnte, werden daher nicht gestellt. Diese Tatsache machte es schwierig, die verschiedenen Wege und Möglichkeiten von Qualitätssicherung zu diskutieren. Das Gefühl, dass es einen richtigen Weg gab, Qualität zu demonstrieren und alle anderen Möglichkeiten im Vergleich dazu unterlegen waren, war die Folge.

Zu dieser Zeit wurde durch den IEA-Vorstand eine anonyme Umfrage unter den Netzwerkmitgliedern durchgeführt. Die beiden Schlüsselfragen, die den Mitgliedern gestellt wurden, waren: »Was ermöglicht es Ihnen, Ihr Wissen bei den IEA Meetings zur Verfügung zu stellen« und »Was hindert Sie daran, Ihr Wissen bei den IEA Meetings zur Verfügung zu stellen?«

Als Schlüsselfaktoren, die den Austausch ermöglichen, benannten die Mitglieder das Gefühl von Vertrauen, sich gegenseitig zu kennen sowie ein Zugehörigkeitsgefühl zur Gruppe. Zunächst wurden das Wettbewerbsmodell und die mit ihm verbundenen Ängste für die Unfähigkeit des Netzwerks, Informationen zu teilen und auszutauschen, verantwortlich gemacht. Neben dieser Angst waren jedoch weitere Ängste wirksam. Es war einfacher, den gängigen Business-Jargon zu benutzen, um das Nicht-Teilen zu entschuldigen, als offen zuzugeben, dass sich eine viel grundlegendere Angst zeigte: die Angst, mit Seinesgleichen zu teilen und als jemand erkannt zu werden, der Wissen und Informationen erhalten möchte. Auf der Hälfte der Strecke und dank der anonymen Umfrage erkannten die Mitglieder diese tieferen Ängste. Mit der Zeit waren sie in der Lage anzuerkennen, dass sowohl Vertrauen als auch Misstrauen im Netzwerk existierten. Diese Erkenntnis sowie ein offenes Thematisieren der Ängste führten zur Erfahrung des Integriert-Seins.

Darüber hinaus wurde deutlich, dass nicht alle Mitglieder gleich sind. Es existierte eine Machtdifferenz innerhalb des Netzwerks, die hauptsächlich auf der wahrgenommenen Erfahrung im Berufsfeld basierte. Das Vermögen, die Existenz dieser Dualitäten (Vertrauen und Misstrauen, Macht und Machtlosigkeit) zu benennen und sie zu verstehen, führte innerhalb des Netzwerks zu einer Verbundenheit, die besser entwickelt und ausbalanciert war. Oft wird zudem unterstellt, dass in Netzwerken eine einheitlich ausgeprägte Wissensbasis und eine gleiche ideologische Haltung vorhanden sind. In der Praxis ist dies jedoch selten der Fall (Ormrod/Ferlie/Warren/Norton 2007). Wie im vorliegenden Fallbeispiel muss beides erst entwickelt und diskutiert werden. Dem Thema Vertrauen kommt dabei eine besondere Bedeutung zu.

Die zwölfmonatige Kooperationserfahrung führte dazu, dass die Mitglieder das Netzwerk realistischer wahrnahmen und die Beziehungen wertschätzten, die aus den Kooperationsversuchen entstanden waren. Im Mittelpunkt des Netzwerks standen nun Kooperationsbemühungen. Die Mitglieder waren stolz auf die Kooperationsvereinbarung, die sie zusammen erarbeitet hatten, und die Anstrengungen, die sie unternommen hatten, um dieses Kooperationsniveau zu erreichen. Sie sprachen miteinander über den Entstehungsprozess und merkten, dass die vertieften Beziehungen wertvoller waren als die Vereinbarung an sich.

Später wurden die Umfrageergebnisse aufbereitet und eine Analyse der Kooperationsversuche des Netzwerks erstellt. Diese Dokumente sind öffentlich zugänglich, und die Mitglieder scheuen sich nicht, über ihre Schwierigkeiten zu berichten. Die vorhandenen Befürchtungen und Ängste im Hinblick auf Kompetenz, Loyalität, Vertrauen und das Machtgefüge innerhalb des Netzwerks können nun offen benannt werden. Das Netzwerk ist stolz, dass nun auch andere von seinem Entwicklungsprozess erfahren, denn mit jedem Bericht entsteht eine lebendige Diskussion über die Schwierigkeiten und Ängste im Netzwerk. Paradoxerweise führen genau diese Diskussionen zu einer Intensivierung der Beziehungen im Netzwerk.

Das Fallbeispiel hat den Weg eines Netzwerks aufgezeigt, welches durch idealisierte Einheit (Turquet 1974) und Passivität geprägt war, und sich über das Scheitern hin zu gegenseitigem Vertrauen und zu einer mehr differenzierten Teilnahme entwickelt hat. Diese Teilnahme ist insbesondere durch die Anerkennung der Existenz von Vertrauen und Misstrauen im Netzwerk gekennzeichnet. Dies erinnert an die Entwicklung von der paranoid-schizoiden Position (1935, 1946) hin zur depressiven Position (1940), wie sie von Klein beschrieben worden ist. Wir sind der Überzeugung, dass diese Entwicklung auch für Netzwerke möglich ist. Der Weg, den Netzwerke dazu zurücklegen müssen, ist jedoch nicht einfach und bedarf kontinuierlicher Arbeit, um die verborgenen Fantasien und grundlegenden Annahmen aufzudecken.

Abschließende Schlussfolgerungen

Das Verlangen zur totalen Einheit, wie Turquett sie charakterisiert hat, zurückzukehren, ist in unseren Interaktionen mit Netzwerken immer gegenwärtig. Daher ist es nicht verwunderlich, dass auch wir in unserem Kleinstnetzwerk (während der Arbeit an diesem Artikel) in dieser Fantasie gefangen waren. Zu Beginn unserer gemeinsamen Arbeit hatten wir verabredet, unsere eigenen Erfahrungen im Hinblick auf unsere Zusammenarbeit zu dokumentieren. Als wir an Bord des Schiffs »Kooperation« gingen und unsere Reise begannen, enthielten unsere E-Mail-Dialoge zunächst sehr viele positive Ausdrücke und wir nutzten Emoticons, um unsere Verbundenheit zueinander zu zeigen. Doch im Laufe unserer Reise gab es auch Missverständnisse, Entschuldigungen, Probleme mit Übersetzungen und Veränderungen in der jeweiligen Arbeitsbelastung. Zeitmangel wurde ein Schlüsselthema für uns beide, und wir mussten uns, gezwungen durch die Realität einer näherrückenden Deadline, von unserer Hoffnung auf eine perfekte Zusammenarbeit verabschieden.

Unsere Entscheidung, von Beginn an von unserer eigenen Zusammenarbeit als einer Reise zu sprechen, hat uns geholfen, den von Giddens beschrieben Entbettungs-Erfahrungen entgegenzuwirken und Wege der Zusammenarbeit zu vereinbaren, die in einem Winnicott'schen Sinne gut genug waren. Wir hatten das Verlangen nach Einheit und die Fantasie, dass diese einfach geschaffen werden könnte. In der Idee, dass wir einen Artikel schreiben und dabei unsere Unterschiede und Besonderheiten so überwinden könnten, dass es niemandem auffällt, kam sie zum Ausdruck.

Über die Schwierigkeiten zu sprechen hat uns geholfen, uns an der Realität zu orientieren und diese nicht aus den Augen zu verlieren. Uns ist bewusst geworden, dass Zusammenarbeit einerseits die Akzeptanz und Integration von Verschiedenheit und Vielfalt beinhaltet. Andererseits bedarf sie aber auch der Möglichkeit, allein zu sein und sich des anderen bewusst zu werden, ähnlich wie Odysseus, der allein den Sirenengesang hörte, als er mit Seilen an den Mast gebunden war. Wir sind uns unseres Verlangens nach einer perfekten Zusammenarbeit bewusst und erkennen die Idee des Seils als einen Anker zur Realität, der sie auf eine positive Art und Weise einschränkt. Dieser Anker hilft, uns auf das Hier und Jetzt zu fokussieren und die Vergangenheit zu reflektieren, anstatt uns in die Fantasie einer perfekten Zukunft zu flüchten. Wir hörten den verlockenden Gesang der Sirenen, aber durch das Band unserer Beziehung, das wir aufgebaut haben, sind wir an die Gegenwart gebunden. Führen wir diese Metapher weiter fort, dann setzt »reifes« Netzwerken ein Gehalten-Werden durch das Seil der Realität voraus. Dies kann gelingen, indem wir das Chaos von Gruppen-Situationen verstehen, unser eigenes Verlangen nach totaler Einheit erkennen und ehrlich über unsere Bemühungen, Vertrauen aufzubauen, sprechen.

Abschließend werden wir auf einige Punkte eingehen, denen, aufbauend auf unserer eigenen Erfahrung (sowohl bei der Erstellung dieses Artikels als auch als Mitglieder verschiedener Netzwerke), eine besondere Bedeutung zukommt, um mit Netzwerken auf eine reifere Art und Weise umzugehen.

Das Fallbeispiel hat deutlich gemacht, dass Netzwerke ein Forum darstellen, in dem soziales Lernen entstehen und stattfinden kann. Es hat aber auch gezeigt, dass das dominante Paradigma des Wettbewerbs, die gegenwärtigen Erfahrungen von Entbettung und fehlende oder schwach ausgeprägte Werte und Normen in Netzwerken eine wichtige Rolle spielen. Diese Haltungen und Prägungen können mit der Zeit hinterfragt und letztlich zum Wohle aller (sowohl der Netzwerkwirkmitglieder als auch der Menschen, denen das Lernen des Netzwerks zugute kommt – in unserem Fallbeispiel den Studenten) verändert werden. Das Lernpotenzial innerhalb eines Netzwerks hängt von einer Vielzahl von Faktoren ab, die sich auf eine schwer zu durchschauende Art und Weise gegenseitig beeinflussen. Somit ist es in der Realität um ein Vielfaches schwieriger und komplexer, ein Netzwerk zu etablieren und dafür Sorge zu tragen, dass es fortwährend kooperativ zusammenarbeitet, als es die vielfältige »Best-Practice«-Literatur vermuten lässt. Der Lernfortschritt ist schwer zu messen und sowohl für jedes Mitglied als auch im Zeitverlauf verschieden. Zusätzlich bringt jedes Netzwerkmitglied seine eigenen Annahmen über sich selbst und andere, seine Vorurteile und seine unbewussten Motive ein. Es verspürt eine »Push-Pull-Emotion« zwischen dem Verlangen der Teilnahme einerseits und dem Wunsch, Distanz zu halten, andererseits. Unserer Erfahrung nach kommt diesen Punkten eine besondere Bedeutung zu, obwohl sie in der Literatur kaum beachtet werden.

Das Vorhandensein dieser »Push-Pull-Emotion« hat zur Folge, dass die individuellen Ansprüche der Netzwerkmitglieder und das Gruppenideal nicht leicht in Einklang gebracht werden können. In der Literatur wird jedoch davon ausgegangen, dass eine solche Übereinstimmung notwendig ist. (Van Winkelen/Ramsell 2003) Ardichvili weist darauf hin, dass Praxisgemeinschaften

»Rahmenbedingungen für einen offenen und ungehinderten Austausch von Ideen und Informationen« (2003, 550) fördern müssen, um erfolgreich zu sein. Wie dies erreicht werden kann, wird jedoch der Vorstellungskraft des Lesers überlassen. Ein Bewusstsein für die Einbindung in organisationale Zusammenhänge, tragfähige Beziehungen innerhalb des Netzwerks und zu anderen Netzwerken und eine Balance zwischen individuellen Bedürfnissen und Normen des Netzwerks spielen hierbei eine wichtige Rolle.

Offener und ungehinderter Austausch entsteht jedoch nicht, wenn Netzwerkmitglieder das Gefühl haben, für ihre Äußerungen kritisiert zu werden. Befürchtungen, falsch verstanden zu werden, oder Unsicherheiten im Bezug auf kulturelle Regeln eines Netzwerks können ebenfalls hinderlich wirken. (Ardichvili 2008) Eine wichtige Voraussetzung ist, dass ein Netzwerk als geschützter Raum etabliert wird (Pemberton/Mavin/Stalker 2007). Die Mitglieder des Netzwerks müssen sich sicher sein, dass sie offen und ehrlich sprechen können.

In der Literatur besteht weitgehend Einigkeit, dass ungleiche Machtgefüge in Netzwerken nicht zu beobachten sind. Die grundlegende Annahme lautet: Alle Mitglieder sind gleich. Tatsächlich ist dies jedoch nicht der Fall, denn die Mitglieder einer Praxisgemeinschaft sind, gemessen an dem, was sie einbringen und was sie lernen, nicht gleich.

Vertrauen und Zugehörigkeit stellen wesentliche Einflussgrößen für soziales Lernen dar und verschiedene Autoren (Ardichvili 2008, Chiu/Hsu/Wang 2006, Hodkinson 2005) stellen ihre Bedeutung für Netzwerke heraus. Eine Antwort auf die Frage, wie Vertrauen und Zugehörigkeit erzeugt werden kann, bleiben sie jedoch schuldig. Unsere eigene Erfahrung hat gezeigt, dass der Aufbau von Vertrauen viele Monate dauert und dennoch seine mysteriöse und vergängliche Qualität behält. Ein einfacher Kommentar oder ein neues Netzwerkmitglied, das Dinge infrage stellt, kann dazu führen, dass zuvor vorhandenes Vertrauen einfach verpufft.

Schließlich ist die Zeit selbst ein äußerst wichtiges Element im Bezug auf die Wirkungskraft von Netzwerken. Nur wenige Studien untersuchen jedoch den Erfolg eines Netzwerks über einen längeren Zeitraum hinweg. Im geschilderten Fallbeispiel hat das Netzwerk zweifellos eine deutliche Veränderung vollzogen. Dennoch bleiben Fragen offen: Wie dauerhaft sind die Veränderungen und wie wird sich das Netzwerk weiter entwickeln? Wird es mit der Zeit eher hierarchisch geprägt sein oder wird es weiterhin kooperativ zusammenarbeiten? Wird es die auch weiterhin auftretende Konkurrenz reflektieren und dem Paradigma des flexiblen Kapitalismus die Stirn bieten? Antworten auf diese Fragen wird die Zeit bringen. Eine besondere Bedeutung wird dem Aspekt zukommen, die erarbeitete Kooperation nicht als gegeben hinzunehmen. In regelmäßigen Intervallen, vor allem wenn sich die Zusammensetzung des Netzwerks nachhaltig ändert, müssen unter Einbezug der (aktuellen) Realität die Kooperationsmodalitäten neu ausgehandelt werden.

Wir beide wissen aus eigener Erfahrung, dass »In-einem-Netzwerk-Sein« keine einfache Sache ist und dass häufig organisationsinterne Probleme noch mehr betont werden, als dass zu ihrer Lösung beigetragen wird. Netzwerke existieren nicht isoliert von Organisationen und die Netzwerkmitglieder können nicht einfach ihre Organisationszugehörigkeit vergessen und einfach so an allen Aktivitäten des Netzwerks teilnehmen. Das Fallbeispiel hat diesen Aspekt deutlich gemacht. Weil der Kapitalismus allgegenwärtig ist und auf rücksichtslosem Wettbewerb basiert, werden Netzwerke zu manischen Hoffnungsträgern für Kooperation, Sicherheit und Einheit. Ein Freiraum – eine Art Potential Space – ist notwendig, um dennoch kreativ zu werden und zusammen zu denken. Nur so kann es gelingen, Vielfalt in den Entscheidungen und Möglichkeiten zu sehen und nicht ausschließlich knappe Ressourcen. Wir haben in diesem Artikel die Metapher von Odysseus gewählt, um die Möglichkeiten herauszustellen, innerhalb von Netzwerken unter Einbezug der Realität zusammen zu arbeiten. Dank seiner Anstrengungen und seiner kreativen Lösung ist es Odysseus gelungen, den Gesang der Sirenen zu hören, ihrem Ruf zu widerstehen und trotzdem unversehrt zu bleiben, indem er mit Seilen an den Mast seines Schiffes gebunden war. Wir sehen das Seil und die gewebte Verbindung des Netzwerks als Symbol, welches uns sowohl an die positiven als auch an die negativen Einflüsse erinnern soll, die unser Verlangen nach einer verbindenden Erfahrung in Netzwerken haben kann.

Literatur

AXELSSON, B. / EASTON, G. (1992) Industrial networks: A new view of reality. London, New York: Routledge

BARTON, K. (2001) Connecting with success: How to build a mentoring network to fast-forward your career. Palo Alto, CA: Davies-Black Publishers

BAUMAN, Z. (2003) Flüchtige Moderne. Frankfurt .a .M.: Suhrkamp

BAUMAN, Z. (1997) Flaneure, Spieler und Touristen: Essays zu postmodernen Lebensformen. Hamburg: Hamburger Edition

BIEDERMANN, H. (2000) Knaurs Lexikon der Symbole. Augsburg: Weltbild Verlag

BION, W.R. (2001) Erfahrungen in Gruppen und andere Schriften. Stuttgart: Klett-Cotta

BÖHME, G. (1998) Trau, schau, wem! Worauf dürfen sich moderne Menschen noch verlassen? In: *Die Zeit*, 52, 16.12.1998: 45

BOURNE, C (2009) Trust as a discursive process produced by financial elites: a communications perspective. Conference Paper given at the Critical Management Studies Conference University of Warwick

CASEY, J.F. (1992) Ich bin viele: Eine ungewöhnliche Heilungsgeschichte. Reinbek: Rowohlt

CASTELLS, M. (2003) Das Informationszeitalter. Teil 1: Der Aufstieg der Netzwerkgesellschaft. Opladen: Leske & Budrich

CHIU, C. / HSU, M. / WANG, E. (2006) Understanding Knowledge Sharing in Virtual Communities: An Integration of Social Capital and Social Cognitive Theories. *Decision Support Systems*, 42, 3: 1872-1888

COX, A. (2005) What are communities of practice? A comparative review of four seminal works. *Journal of Information Science*, 31, 6: 527-540

DAHME, H.J. / WOHLFAHRT, N. (2000) Auf dem Weg zu einer neuen Ordnungsstruktur im Sozial- und Gesundheitssektor. Zur politischen Inszenierung von Wettbewerb und Verneztung. In: *Neue Praxis*, 30, 4: 317-344

ERIKSON, E.H. (1973) Identität und Lebenszyklus. Frankfurt a.M.: Suhrkamp

FERAZZI, K. / RAZ, T. (2007) Geh nie alleine essen! Und andere Geheimnisse rund um Networking und Erfolg. Kulmbach: Börsenmedien

FLOCKEN, P. / HELLMANN-FLOCKEN, S. / HOWALDT, J. / KOPP, R. / MARTENS, H. (2001) Erfolgreich im Verbund – Die Praxis des Netzwerkmanagements. Eschborn: RWK-Verlag

GIDDENS, A. (1990) The consequences of modernity. Cambridge: Polity Press

GIDDENS, A. (1991) Modernity and self-identity. Self and society in the late modern age. Cambridge: Polity Press

GIESSELMANN, S. (2005) Netzwerke als Gegenstand von Medienwissenschaft. Abgrenzungen und Perspektiven. In: *Medienwissenschaft*, 4 : 424-429

GILROY, N.T. / SWAN, J. (1984) Building networks: cooperation as a strategy for success in a changing world. Dubuque, Iowa: Kendall/Hunt Pub

GRABHER, G. (Ed.) (1993) The embedded firm. On the socioeconomics of industrial networks. London: Routledge

GRANOVETTER, M. (1973) The Strength of Weak Ties. *American Journal of Sociology*, 78, 6: 1360-1380

HODKINSON, P. (2005) Reconceptualising the Relations between College-Based and Workplace Learning. *Journal Of Workplace Learning*, 17, 8: 521-532

HOGGETT, P. (1992) Partisans in an uncertain world: The Psychoanalysis of engagement. Free Association: Books London

HÖRISCH, J. (2002) Die entfernte Entfremdung. Annäherungen an Probleme der Telekommunikation. In: Beyer, K. / Andritzky, M. (Hg.) Das Netz. Sinn und Sinnlichkeit vernetzter Systeme. Heidelberg: Braus. 233-242

HUYSMAN, M. / DE WIT, D. (2003) A Critical Evaluation of Knowledge Management Practices. In: Ackerman M. / Pipek V. / Wulf V. (2003) Sharing Expertise: Beyond Knowledge Management. Cambridge: The MIT Press. 27-55

KADRITZKE, U. (1999) Herrschaft in Unternehmensnetzwerken. Vom Schwinden einer Kategorien in Theorie und Praxis. In: Sydow, J. (Hg.) Arbeit, Personal und Mitbestimmung in Unternehmensnetzwerken. München, Mering: Rainer Hampp Verlag

KEUPP, H. (1987) Soziale Netzwerke. Eine Metapher des gesellschaftlichen Umbruchs. In: Keupp, H. / Röhrle, B (Hg.) Soziale Netzwerke. Frankfurt: Campus

KEUPP, H. (Hg.) (2002) Identitätskonstruktionen: Das Patchwork der Identitäten in der Spätmoderne. Reinbek: Rowohlt

KEUPP, H. / RÖHRLE, B. (Hg.), (1987) Soziale Netzwerke. Frankfurt: Campus

KLEIN, M. (1996a) Beitrag zu Psychogenese der manisch-depressiven Zustände. In: Dies., Gesammelte Schriften. Band I. Teil 2: Schriften 1920-1945, herausgegeben von Ruth Cycon. Stuttgart – Bad Cannstatt: frommann-holzbog. 29-76

KLEIN, M. (1996b) Die Trauer und ihre Beziehung zu manisch-depressiven Zuständen. In: Dies., Gesammelte Schriften. Band I. Teil 2: Schriften 1920-1945, herausgegeben von Ruth Cycon. Stuttgart – Bad Cannstatt: frommann-holzbog. 159-200

KLEIN, M. (2000) Bemerkungen über einige schizoide Mechanismen. In: Dies., Gesammelte Schriften. Band III: Schriften 1946-1963, herausgegeben von Ruth Cycon. Stuttgart – Bad Cannstatt: frommann-holzbog. 1-42

KORCZYNSKI, M. (2003) Communities of Coping: Collective Emotional Labour in Service Work. *Organization Studies*, 10, 1: 55–79

LATOUR, B. (1996) On actor-network theory – a few clarifications. *Soziale Welt*, 47: 369-381

LAVE, J. / WENGER, E. (1991) Situated Learning: Legitimate Peripheral Participation. Cambridge: Cambridge University Press

NASHBITT, J. (1985) Megatrends: 10 Perspektiven, die unser Leben verändern werden. München: Heyne

ORMROD, S. / FERLIE, E. / WARREN, F. / NORTON, K. (2007) The appropriation of new organizational forms within networks of practice: Founder and founder-related ideological power. *Human Relations*, 60, 5: 745-767

ORTHEY, F. M. (2005) Lernende Netzwerke? Überlegungen zum Netzwerkbegriff und seiner Anschlussfähigkeit für Lernprozesse. *Gruppendynamik und Organisationsentwicklung*, 36, 1: 7-22

OSTERHAMMEL, J. / PETERSSON, N.P.(2003) Geschichte der Globalisierung; Dimension, Prozesse, Epochen. München: Beck

PEMBERTON, J. / MAVIN, S. / STALKER, B. (2007) Scratching beneath the surface of communities of (mal)practice. *The learning organization: The international journal of knowledge and organizational learning Management*, 14, 1: 62-73

PRECHT, R.D. (2007) Wer bin ich – und wenn ja wie viele? Eine philosophische Reise. München: Goldmann

SCHÜTTELPELZ, E. (2007) Ein absoluter Begriff. Zur Genealogie und Karriere des Netzwerkkonzepts. In: Kaufmann, S. (Hg.) Vernetzte Steuerung: soziale Prozesse im Zeitalter technischer Netzwerke. Zürich: Chronos. 25-46

SCHWARTZ, H.S. (1990) Narcissistic process and corporate decay: The theory of the organization ideal. New York: New York University Press

SCOTT, J. (1991) Networks of Corporate Power: A Comparative Assessment. *Annual Review of Sociology* 17, 1: 181-203

SENNETT, R.(2000) Der flexible Mensch. Die Kultur des neuen Kapitalismus. München: Goldmann

SIEVERS, B. (2005) Die Vergangenheit rückwärts vor sich her schieben – Eine sozio-analytische Sicht der Beziehung von Vergangenheit, Gegenwart und Zukunft in Organisationen. *Freie Assoziation*, 8, 2: 63-88

SMITH, K.K. (2003) A world of possibilities: Implications for applied behavioral science. *Journal of applied behavioral science*, 39, 4: 476-485

SPARROWE, R. / LIDEN, R. / WAYNE, S. / KRAIMER, M. (2001) Social networks and the performance of individuals and groups. *The Academy of Management Journal*, 44, 2: 316-325

STONE, H. / STONE, S. (1994) Du bist viele: das 100fache Selbst und seine Entdeckung durch die Voice-Dialogue-Methode. München: Heyne

SYDOW, J. (1992) Strategische Netzwerke – Evolution und Organization. Wiesbaden: Gabler

SYDOW, J. (Hrsg.) (1999) Management von Netzwerkorganisationen. Wiesbaden: Gabler

TOMLINSON, J. (1999) Globalization and culture. Cambridge: Polity Press

TURQUET, P.M. (1974) Leadership. The individual and the group, In: Graham, S. / Gibbard, J. / Hartman, J. / Mann, R.D. (Eds.) Analysis Of Groups. San Francisco, Washington, London: Jossey-Bass Publishers. 349-371

VAN WINKELEN C. / RAMSELL P. (2003) Why aligning value is key to designing communities. *KM Review*, 5, 6: 12-18

VESTER, F. (1983) Neuland des Denkens: vom technokratischen zum kybernetischen Zeitalter. München: Deutscher Taschenbuch Verlag

WATZLAWICK, P. (2001) Kurzzeittherapie und Wirklichkeit. München: Piper

WELLMAN, B. (1988) Structural Analysis: From Method and Metaphor to Theory and Substance. In: Wellman, B. / Berkowitz, S.D. (Ed.) Social Structure: A Network Approach, Cambridge: Cambridge University Press. 19-61

ZIMMERLI, W.C. (1998) The Context: Virtuality and Networking after Postmodernism. In: Theron, F. / van Rooyen, A. / Uys, F. (Eds.) Spanning the global devide. Networking for sustainable delivery. School of Public Management: University of Stellenbosch. 1-17.

Mit dem Wertequadrat
der eigenen Netzwerkkompetenz auf der Spur

Arndt Ahlers-Niemann & Edeltrud Freitag-Becker

»Letzten Endes wird menschliches Verhalten jedenfalls nicht von Bedingungen diktiert, die der Mensch antrifft, sondern von einer Entscheidung, die er trifft. Ob er es nun wissen mag oder nicht: Er entscheidet, ob er den Bedingungen trotzt oder weicht, mit anderen Worten, ob er sich von ihnen überhaupt und in welchem Maße er sich von ihnen bestimmen lässt.«
(Viktor E. Frankl)

Zum Abschluss des Buches möchten wir Ihnen mit dem Konzept des Wertequadrates und einem speziellen, auf Netzwerkkompetenzen ausgerichteten Profilbogen ein Instrument an die Hand geben, die eigene Netzwerkkompetenz zu analysieren. Zunächst werden wir einige Grundannahmen und Kerngedanken des Wertequadrats vorstellen, um nachfolgend die Arbeitsweise und Einsatzmöglichkeiten des auf dem Wertequadrat aufbauenden Profilbogens zu erläutern.

Der Ursprung des Wertequadrats

Die gedankliche Vorarbeit zum Wertequadrat findet sich bereits bei Aristoteles und der von ihm formulierten »Nikomanchischen Ethik« (Aristoteles 1952). Sie beinhaltet die Lehre von Sittlichkeit und Tugend. Einige diese Ethik prägende Gedanken, etwa vom rechten Maß der Dinge oder der rechten Mitte zwischen zu viel und zu wenig, finden sich im Konzept des Wertequadrats wieder. Entwickelt wurde es von Paul Helwig, einem deutschen Psychologen und Philosophen. In der zweiten Ausgabe seines 1967 erschienen Buchs »Charakterologie« findet sich neben einer Reihe von Wissensquadraten auch die Beschreibung des Wertequadrats. Helwig schreibt:

»All diese werthaften Begriffe ordnen sich zu einer ›Vierheit‹ von Werten bzw. Unwerten. In jedem Wert liegt eine ›Quaternität von Werten‹ eingeschlossen […] Dieses Wertequadrat ›verklammert‹ also die vier Begriffe miteinander. Damit wird jeder doppelt gegensätzlich präzisiert.« (Helwig 1967, 66)

Friedrich Schulz von Thun hat das Konzept des Wertequadrates im zweiten Band seines Hauptwerkes »Miteinander Reden« (1990) aufgegriffen und einer breiten Öffentlichkeit zugänglich gemacht. Er hat die Gedanken von Aristoteles und das Konzept Helwigs mit seinen Forschungsfeldern Kommunikation und Persönlichkeitsentwicklung verbunden und insbesondere den im Wertequadrat enthaltenen Entwicklungsgedanken aufgenommen.

Grundannahmen und Kerngedanken

Das Wertequadrat basiert auf der Annahme, dass jeder Wert (ebenso Tugend, Persönlichkeitsmerkmal oder Kompetenz) für sich erst dann zu einer positiven Wirkung gelangt, wenn er sich in einem positiven Spannungsverhältnis zu seinem positiven Gegenwert befindet. Anders ausgedrückt ließe sich behaupten, dass kein Wert schon alleine das ist, was er sein soll. Seine Wirkung erzielt er erst durch den konstruktiven Einbezug des positiven Gegenwertes. Dieses dialektische Verhältnis gilt für alle Werte, da jeder Wert (jede Tugend, jedes Persönlichkeitsmerkmal oder jede Kompetenz) in einem positiven Spannungsverhältnis zu anderen Werten steht.

Von besonderer Bedeutung ist die grundlegende Überzeugung, dass ein Wert keine feste, absolute Bestimmung hat. Die Idee eines optimalen Wertes, bzw. einer optimalen Ausprägung eines Wertes, tauscht das Wertequadrat gegen die Vorstellung einer Balance aus. Ein Wert bewegt sich, dieser Vorstellung folgend, zwischen zwei Polen, die dynamisch ausbalanciert werden müssen. Diese Vorstellung greift die Tatsache auf, dass unser Bewusstsein grundsätzlich bipolar angelegt ist. Wir erleben unsere Umwelt über Gegensätze wie Tag und Nacht, gut und böse, hell und dunkel. In jedem Menschen sind immer beide Elemente einer Polarität vorhanden, die in einem komplementären Verhältnis zueinander stehen und sich nur im absoluten Extremfall ausschließen. Im Idealfall sind die Pole gleichgewichtig in einer Persönlichkeit repräsentiert. Da dies aber selten der Fall ist, beweist ein Wert erst durch das konstruktive Miteinander der beiden Pole seine Lebensfähigkeit. Diese Überzeugung führt zu der Erkenntnis, dass häufig gestellte Fragen (»Geht es um Vorsicht oder Vertrauen?«) eigentlich keine Fragen sind. Vielmehr gehören beide Pole zusammen. Schulz von Thun drückt dies folgendermaßen aus: »Im Wertehimmel der Kommunikation gibt es nur Paarlinge.« (Schulz von Thun, 2006, 40)

Die Werte können jedoch nicht nur in einem bereichernden Verhältnis zueinander stehen. Ihre positive Spannung wird gestört, wenn ein Pol nicht mehr vom anderen Pol ausbalanciert wird. Ein übertriebener Wert (auch mit noch so wohlmeinender Intention) ist keiner mehr. Er verkommt zu einem absoluten Standpunkt und wird durch einseitige Übertreibung entwertet. Das Verhältnis der verschiedenen Werte und Negativwerte macht das in Abbildung 1 dargestellte Beispiel deutlich.

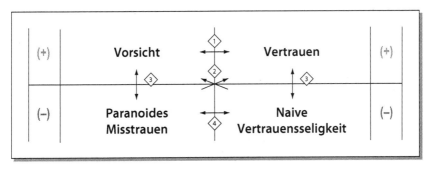

Abb. 1: Das Wertequadrat und die Beziehungen der Werte (nach Schulz von Thun 1990)

1. Die obere Linie zwischen Wert und Gegenwert bezeichnet ein positives Spannungsverhältnis bzw. Ergänzungsverhältnis. Beide Werte stehen in einem dialektischen Gegensatz. Im konkreten Beispiel bedeutet dies, Vorsicht und Vertrauen bedingen sich gegenseitig, um ihre jeweilige Werthaftigkeit zu entfalten.
2. Die Diagonalen bezeichnen die konträren Gegensätze zwischen Wert/Gegenwert und Negativwert. Im Beispiel beschreibt naive Vertrauensseligkeit den konträren Gegensatz zu Vorsicht und entsprechend paranoides Misstrauen den Negativwert zu Vertrauen.
3. Die senkrechten Linien charakterisieren die entwertende Übertreibung des jeweiligen Werts. Bezogen auf das Beispiel folgt daraus: Wenn ich zu vorsichtig bin und nichts und niemandem vertraue, wandelt sich notwendige Vorsicht in paranoides Misstrauen. Im Umkehrschluss wird Vertrauen ohne ausgleichende Vorsicht zu naiver Vertrauensseligkeit.
4. Die untere Verbindung zwischen den beiden Negativwerten kennzeichnet die Überkompensation eines der beiden Werte. Starker Druck, Stress oder Überbelastung (gerade in Veränderungssituationen) nimmt die Kraft, das beschriebene positive Ergänzungsverhältnis aufrecht zu erhalten und führt häufig zur Flucht ins andere Extrem. Im gewählten Beispiel könnte die Erkenntnis, Menschen und Situation zu vertrauensvoll begegnet zu sein, dann zum gegenteiligen Extrem führen, keinem mehr zu vertrauen und in allem nur das Schlechte zu sehen.

Nutzen des Wertequadrats

Der zentrale Nutzen des Wertequadrats liegt in der Erkenntnis, dass in jedem negativen Wert zumeist eine positive Absicht steckt. Dies ermöglicht eine andere Herangehensweise an Konflikte, die häufig durch ein gegenseitiges Vorwerfen der entwerteten Extrempositionen gekennzeichnet sind. Das Wertequadrat sensibilisiert allgemein ausgedrückt für den Umgang mit einer Sache und für begriffliche Zuschreibungen, die erkannt und reflektiert werden können. Darüber hinaus hilft das Wertequadrat, die eigenen Werte (Tugenden, Persönlichkeitsmerkmale und Kompetenzen) zu erkennen und eine Ideen zu entwickeln, in welche Richtung und mit welcher Zielsetzung Veränderungsprozesse initiiert werden sollen. Im Hinblick auf Netzwerkkompetenzen wollen wir diesen Aspekt besonders in den Blick nehmen.

Der Profilbogen

Der nachfolgende, auf der Idee des Wertequadrats basierende Profilbogen stellt ein Instrument dar, das dabei helfen kann, die eigene Netzwerkkompetenz zu analysieren. Wird er nicht nur von einem Netzwerkmitglied selbst ausgefüllt, sondern auch von seinem Netzwerkumfeld, kann er durch die Gegenüberstellung von Selbst- und Fremdeinschätzungen dazu beitragen, wahrgenommene Übereinstimmungen und Abweichungen der eigenen Netzwerkkompetenz zu thematisieren. Auch eine kollektive Anwendung ist denkbar, um die in einem Netzwerk vertretenden Kompetenzen deutlich zu machen und entsprechende Entwicklungsmaßnahmen einzuleiten. Letztlich stellt der nachfolgende Bogen eine subjektive Sammlung von wichtigen Netzwerkkompetenzen dar, die keinen Anspruch auf Vollständigkeit erhebt. Er kann dazu beitragen, eine Auseinandersetzung anzustoßen und im Nachgang entsprechende Kompetenzveränderungen oder -erweiterungen zu ermöglichen.

Die Basis für die Analyse der (individuellen wie kollektiven) Netzwerkkompetenz bildet der Profilbogen mit einander entgegengesetzten Eigenschaften bzw. Kompetenzen. In der jeweils oberen Zeile findet sich innenbündig die positive Ausprägung und in der unteren Zeile außenbündig die jeweils negative Übertreibung. Sie erfassen unterschiedliche Grundhaltungen, Denkstrukturen, Arbeitsweisen sowie Kommunikationsstile. Jede Eigenschaft, und ist sie auch noch so wünschenswert, hat (wie zuvor dargestellt) ihre negative Kehrseite, wenn sie übermäßig ausgeprägt ist. Sie kann umso mehr zur Kehrseite der Medaille werden, je stärker sie ausgeprägt ist.

Arbeitsanleitung

Bei jedem der 10 vorgegebenen Gegensatzpaare entscheiden Sie sich bitte jeweils zuerst für die Seite, zu der Sie häufiger bzw. eher tendieren. Tendieren Sie, wie im besprochenen Beispiel, eher zu Vorsicht oder zu Vertrauen? Nutzen Sie dafür die negative Ausprägung als Entscheidungshilfe.

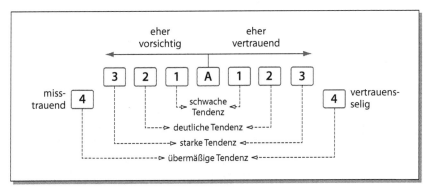

Abb. 2: Anwendung des Wertequadrats auf den Profilbogen

Im zweiten Schritt müssen Sie sich nun entscheiden, ob Sie diese Kompetenzen schwach (1), deutlich (2), stark (3) oder sogar übermäßig (4) ausgeprägt an sich selbst wahrnehmen.

A: **Ausgeglichen.** Beide Verhaltensweisen sind ausgeglichen repräsentiert.

1: **Schwache Tendenz.** Sie sind jederzeit in der Lage, sich auch in der gegensätzlichen Weise zu verhalten.

2: **Deutliche Tendenz.** Es handelt sich um ein bevorzugtes Verhaltenskonzept. Eher selten verspüren Sie eine Neigung zur anderen Seite.

3: **Starke Tendenz.** Es handelt sich um ein eindeutig bevorzugtes Verhaltenskonzept.

4: **Übermäßige Tendenz.** Hier ist das Bewusstsein für die andere Seite nicht mehr vorhanden. Es handelt sich um das ausschließlich praktizierte Verhaltenskonzept.

Der Profilbogen

	überm. 4	stark 3	deutl. 2	leicht 1	A	leicht 1	deutl. 2	stark 3	überm. 4	
Selbstbewusstsein										Reflexionsvermögen
Egoismus										permanenter Selbstzweifel
Lockere Bindung										Nähe zulassen
bindungsunfähig										klammern
Unsicherheit aushalten können										Verbindlichkeit
Ignoranz										Bürokratie
Organisationsvermögen										Flexibilität
Pedanterie										Chaos
Vertrauen										Skepsis
Naivität										Vorsicht
Vielfalt										den Einzelnen wertschätzen
Vermassung										Egomanie
Geduld										Dinge voranbringen
Stagnation										Ungeduld
Veränderungsfähigkeit										Tradition wertschätzen
jedem Trend folgen										Rückwärtsgewandtheit
Durchsetzungswille										sich zurücknehmen
mit dem Kopf durch die Wand wollen										Gleichgültigkeit
Großzügigkeit										Sparsamkeit
Verschwendung										Geiz

Grundsätzlich gilt, dass in jedem Menschen immer beide Seiten vorhanden sind. Jedoch ist das Mischungsverhältnis unterschiedlich. Die stärkere Ausprägung der einen Seite bedeutet die geringere Ausprägung der anderen Seite. Eine situationsgerechte Nutzung beider Seiten ist das angestrebte Ziel. Die Seite mit der geringeren Ausprägung weist auf das Entwicklungspotenzial hin.

Nachdem Sie sich entschieden haben, kreuzen Sie den entsprechenden Ausprägungsgrad bitte an. Setzen Sie nur ein Kreuz pro Wertequadrat. Es kann helfen, sich konkrete Beispiele zu notieren, die Ihre Einschätzung verdeutlichen. Können Sie sich grundsätzlich für keine der beiden Seiten entscheiden, so markieren Sie die Mittelachse A.

Unsere Netzwerkerfahrungen zeigen, dass wiederholte Auseinandersetzungen über Kompetenzerwartungen und die Reflexion der Kompetenzprofile zur Sicherung des Netzwerkes beitragen und das Qualitätsniveau stabilisieren.

Literatur

ARISTOTELES (1952) Nikomachische Ethik, übersetzt und mit einer Einleitung und Anmerkungen versehen von Olof Gigon. Artemis Verlag: Zürich
HELWIG, P. (1967) Charakterologie. Freiburg i.Br.: Klett
SCHULZ VON THUN, F. (1990) Miteinander Reden 2. Stile, Werte und Persönlichkeitsentwicklung. Reinbek: Rowohlt Verlag
SCHULZ VON THUN, F. (2006) Klarkommen mit sich selbst und anderen. Reinbek: Rowohlt

Die Autorinnen und Autoren

Dr. Harald Payer ist geschäftsführender Gesellschafter der ÖAR Regionalberatung GmbH (www.oear.at). Seine Beratungsschwerpunkte sind Kooperations- und Netzwerkmanagement in Wirtschaft, Verwaltung, Forschung und Zivilgesellschaft, Teamcoaching, Projektmanagement, und Strategieentwicklung. Aufbauend auf einer mehrjährigen Forschungs-, Lehr- und Beratungstätigkeit in den Bereichen der Umweltökonomie und der Lebensmittelwirtschaft, hat er sich auf die Branchen Lebensmittel, Holz, Energie, Umweltschutz, Consulting, Kreativwirtschaft, Bildungswesen spezialisiert. Dr. Payer hat ein Studium der Volkswirtschaftslehre und der Organisationsentwicklung absolviert sowie Aus- und Weiterbildungen in systemischer Organisationsberatung, Organisationsentwicklung, Netzwerkentwicklung und Gruppendynamik am Managementzentrum Witten, am Gottlieb-Duttweiler-Institut, an der Fakultät für Interdisziplinäre Forschung und Fortbildung der Alpen-Adria-Universität Klagenfurt, am Management Center Vorarlberg und am Tavistock Institute in London.
ÖAR Regionalberatung GmbH, Fichtegasse 2, 1010 Wien; payer@oear.at

Dr. Achim Loose hat nach dem Studium der Physik und Wirtschaftswissenschaften in Wuppertal zum Thema »Prozess der Organisationsberatung« promoviert und eine Weiterbildung in systemischer Organisationsberatung (Prof. Dr. F. Simon) absolviert. Er ist geschäftsführender Gesellschafter von KOKON Consult – Beratung, Coaching, Moderation Solingen (www.kokonconsult.de) und Vorstandsmitglied des Kompetenzzentrums Netzwerkmanagement Köln (www.kompetenzzentrumnetzwerkmanagement.de). Zusätzlich zu seiner Beratungstätigkeit war Dr. Loose als Dozent für Medienwirtschaft und Medienmanagement an der FHM Bielefeld (2001/2002) und als Lehrbeauftragter für Netzwerkmanagement an der Universität Dortmund (2003/2004) tätig.
Kokon Consult, Wupperstraße 95, 42651 Solingen; loose@kokonconsult.de

Dr. Frank Überall ist Journalist und Politikwissenschaftler und lebt in Köln. Promoviert hat er über das Thema »Der Klüngel in der politischen Kultur Kölns« (Bouvier Verlag). Überall lehrt an der Fachhochschule Düsseldorf. Als Journalist arbeitet er unter anderem für die Radio- und Fernsehredaktionen von WDR und ARD sowie für die dpa und verschiedene Zeitungen. Gemeinsam mit Kollegen gründete er das Expertenportal www.politikinstitut.de.
Postfach 130332, 50497 Köln; buero@politikinstitut.de

Verena Bruchhagen, Dipl. Päd., Organisationsberaterin, Supervisorin (DGSv), ist geschäftsführende Leiterin des Arbeitsbereichs Wissenschaftliche Weiterbildung/Frauenstudien und Managing Gender & Diversity der TU Dortmund.
Technische Universität Dortmund / Fachbereich 12 / Soziologie, Emil-Figge-Str. 50, 44221 Dortmund; Verena.Bruchhagen@fk12.tu-dortmund.de

Dr. Antje Schrupp ist Journalistin und Politikwissenschaftlerin und lebt in Frankfurt am Main. Sie ist Referentin und Sachbuchautorin (u. a. der ersten deutschsprachigen Biografie über Victoria Woodhull sowie der Studie »Methusalems Mütter. Chancen des demografischen Wandels« und zuletzt »Was wäre wenn? Über das Begehren und die Bedingungen weiblicher Freiheit«). In den letzten Jahren hat sie sich zunehmend auch mit netzpolitischen Themen befasst. Sie bloggt unter www.antjeschrupp.com über Politik und Feminismus und unter http://liebe.antjeschrupp.de über das Thema Liebe.
Alfred-Brehm-Platz 19, 60316 Frankfurt am Main; post@antjeschrupp.de

Edeltrud Freitag-Becker ist Beraterin für Organisationsentwicklung, Supervisorin (DGSv), Coach und Trainerin und arbeitet seit 25 Jahren mit Profit- und Non-Profit-Organisationen. Sie gehört zum Board von inscape-international, einem Institut für psychodynamische Organisationsberatung, Coaching und Führungskräfteentwicklung sowie zum Netzwerk Rheinland, einem Zusammenschluss von BeraterInnen für Unternehmensentwicklung.

Seit vielen Jahren ist sie als Ausbilderin und Lehrsupervisorin in der Supervisionsausbildung tätig. Ihre Arbeitsschwerpunkte liegen in der Gestaltung und Begleitung von Veränderungsprozessen, der Teamentwicklung und dem Konfliktmanagement sowie in der Beratung von Führungskräften. Netzwerke sind für Freitag-Becker Lebens- wie Arbeitsmodell. Sie engagiert sich überregional für berufspolitische Fragen und wird zur Beratung von unterschiedlichsten Netzwerken angefragt.
Oberhausener Str. 33, 45359 Essen; freitag-becker@web.de

Beatrice Conrad ist Organisations- und Systemberaterin, Coach, Supervisorin (BSO) und Trainerin. Sie ist Mitinhaberin des Instituts für Systemische Impulse, Entwicklung und Führung (isi) Zürich, in Kooperation mit www.college-m.ch, Managementberatung im Gesundheitswesen; stellvertretende Präsidentin des BSO (Berufsverband Supervision, Organisationsberatung und Coaching Schweiz) und Vorstandsmitglied der ANSE (Association of national Organisations for Supervision in Europe, Wien).
Institut für Systemische Impulse, Entwicklung und Führung, Hornbachstrasse 50, 8034 Zürich; b.conrad@systemische-impulse.ch

Barbara Baumann, Theologin, Biologin, ist selbstständig in eigener Praxis für Supervision, Coaching, Fortbildung in Herzogenrath/Aachen. Sie ist Mitglied unterschiedlicher kollegialer und fachlicher Netzwerke (u. a. Netzwerk Rheinland, BeraterInnen für Unternehmensentwicklung, Trainerinnenteam Aachen) und Gründungsmitglied von »Kultur schaffen«. Von 2007 bis 2010 war Barbara Baumann in der Leitung des Projekts »NetWork.21 – Leben und Arbeiten in der transkulturellen Gesellschaft« tätig. Es wurde von BMFSFJ und ESF gefördert, Projektträger war die Thomas-Morus-Akademie Bensberg, Bergisch Gladbach.

Praxis für Supervision, Coaching und Fortbildung, Wacholderweg 4, 52134 Herzogenrath/Kohlscheid; Supervision.Baumann@t-online.de

Ullrich Beumer, Dipl.-Päd., Coach/Supervisor (DGSv), Organisationsberater und Mitglied der International Society for the Psychoanalytic Study of Organizations (ISPSO). Er ist außerdem Geschäftsführer von inscape –international, Institut für Coaching, Training und psychodynamische Organisationsberatung in Köln sowie wissenschaftlicher Mitarbeiter des Sigmund-Freud-Instituts, Frankfurt a.M.

inscape-international, Riehler Straße 23, 50668 Köln; Ullrich.Beumer@inscape-international.de

Dr. Arndt Ahlers-Niemann, Dipl. oec. und Organisationsentwickler, ist seit mehr als zehn Jahren als Trainer und Berater tätig. Nach Tätigkeiten in verschiedenen Beratungsunternehmen begleitet er aktuell als interner Organisationsentwickler die Veränderungsprozesse eines großen Handelsunternehmens.

Neben seiner Trainings- und Beratungstätigkeit hat Dr. Ahlers-Niemann lange Jahre als wissenschaftlicher Mitarbeiter am deutschlandweit einzigen Lehrstuhl für Organisationsentwicklung gearbeitet. Dort ist er im Rahmen eines erweiterten Organisationentwicklungsverständnisses mit einer sozioanalytischen Perspektive von Organisationen in Kontakt gekommen. In seinem 2006 bei BOD erschienen Buch »Auf der Spur der Sphinx« hat er sich vor allem um eine theoretische Etablierung und Konzeptionalisierung dieser Perspektive bemüht.

In seinen Veröffentlichungen und Vorträgen setzt sich er sich mit der Wahrnehmung von verborgenen Organisations- und Gesellschaftsdynamiken auseinander und geht im Besonderen der Frage nach, wie unbewusste Prozesse in die Organisationsberatung einbezogen werden können. Er ist Mitglied der International Society for the Psychoanalytic Study of Organizations (ISPSO) und Mitglied im Board von inscape-international, einem Institut für psychodynamische Organisationsberatung, Coaching und Führungskräfteentwicklung.

Millrather Weg 88b, 40699 Erkrath; info@ahlers-niemann.de

Kate Dempsey, PhD. is an organisational consultant who has successfully operated her own business, Kate Dempsey & Associates, for 20 years. She assists businesses with change management and organisational review. Prior to her consulting work, she held a number of positions in the public sector and throughout her career, she has been involved in many Boards and Committees – either appointed or elected to represent constituents.

In addition to her consulting work, Kate is an academic who teaches Leadership and Managing Change to Masters level students at Monash University and to Bachelor of Business students at Swinburne University. Her published work on leadership »gender in leadership«, »conflict resolution« and »values in business« has appeared in different journals.

Kate Dempsey and Associates, PO Box 1074, Elsternwick VIC 3185, AUSTRALIA; info@katedempsey.com.au

Doris Halfmann, Meisterschülerin der Kunstakademie Düsseldorf, Leiterin des kunsttherapeutischen Projekts UNART e.V. und Supervisorin, beschäftigt sich seit langem in ihrer künstlerischen Formsprache mit der Visualisierung von Kreislaufsystemen, Zeit, Vergänglichkeit und sozialen Netzen. Das Cover des Buches zeigt einen Ausschnitt aus einer ihrer Installationen. Im Buch finden sich von ihr angefertigte assoziative Zeichnungen zu den einzelnen Textbeiträgen; *Herzwerk,* 2009, Metallring, Seil, Draht, Moosgummi, Durchmesser 200 cm, Höhe ca. 220 cm; ein Schwarm roter Moosgummiherzen mit Tentakeln aus feinen Schweißdrähten hängt an einem Netz. Vom Wind bewegt berühren sich die Drähte und bilden imaginär ein sich ständig änderndes Netzwerkmuster. *»Es überdauern die aus den Netzwerken entstandenen Kontakte, die von einer gewissen inneren Verbundenheit – eben mit dem Herzen – geprägt sind.«*

Dieselstr. 21/23, 42579 Heiligenhaus; info@doris-halfmann.de; www.doris-halfmann.de

Arndt Ahlers-Niemann / Ullrich Beumer / Rose Redding Mersky / Burkard Sievers (Hg.)

ORGANISATIONSLANDSCHAFTEN

Sozioanalytische Gedanken und Interventionen zur normalen Verrücktheit in Organisationen / Socioanalytic thoughts and interventions on the normal madness in organizations

EHP-Organisation · ISBN 978-3-89797-047-2 · 304 Seiten, Abb.

Inspiriert durch die Arbeiten von Burkard Sievers, der sich immer wieder mit der Wahrnehmung destruktiver und irrationaler Prozesse und Dynamiken in Organisationen beschäftigt, zielt dieses Buch auf die Balance von Verzweiflung und Hoffnung bezüglich der Situation und der Perspektiven moderner Organisationen.

Mit deutschen und englischen Artikeln eröffnet dieser Band einem internationalen Publikum einen neuartigen Zugang zum Verständnis aktueller Prozesse in Organisationen und Unternehmen und entwickelt Perspektiven auf eine bessere zukünftige Praxis.

I. BURKARD SIEVERS Die psychotische Organisation - YIANNIS GABRIEL Organizational Miasma, Purification and Cleansing - HOWARD STEIN Traumatic Change and the Inconsolable Organization - ROLF HAUBL Destruktive Nachfolgeprozesse in Familienunternehmen ARNDT AHLERS-NIEMANN Sozioanalytische Gedanken zur Ökonomisierung der Universitäten JIM KRANTZ Social Defenses in Global Organizations

II. CLAUS HOHMANN Anmerkungen zur Überwindung von Angst im Unternehmen aus der Sicht eines Managers - SUSAN LONG Organizational Desire and Values - GORDON LAWRENCE Reality testing in systems by means of symbiont role relationships - WADII SERHANE Die Komplementarität verborgener Gedanken in Organisationen - DIETER OHLMEIER Hermann Melvilles »Billy Budd, Sailor« - Über Unschuld und Urkonflikt einer Organisation

III. HEIDI MÖLLER Die Psychohistorie von LLoyd deMause als Zugang zu impliziten organisationalem Wissen - VERENA MELL Kunst als Medium zur freien Assoziation – Was Dalis Bilder über Führung zu sagen haben - ROSE MERSKY Social Dream Drawing – A methology in the making - ULLRICH BEUMER Bindungs- und integrationsfördernde Objekt-Beziehungen in Management und Beratung

Claudio Hofmann

ACHTSAMKEIT ALS LEBENSKUNST

128 Übungen für den Alltag

EHP Hilfe kompakt · ISBN 978-3-89797-302-2 · 298 Seiten, zahlreiche Abb., Tab.

Der Leser lernt die lebendige Macht der Achtsamkeit kennen und für seine persönliche Entwicklung und ein gelingendes Leben nutzen.

Die Anregungen und Übungen helfen, Alltag und Beruf lebendig und sinnvoll zu gestalten, Stress und Burnout vorzubeugen und zum achtsamen Umgang mit dem eigenen Leben und Lebensumfeld anzuleiten sowie Sinn und Zuversicht neu zu finden.

Ein Ratgeber, der eine umfassende Einführung in den Bereich der Achtsamkeit darstellt und gleichzeitig mit seinen vielen leicht in den Alltag zu integrierenden Übungen ein täglicher Begleiter ist.

»Claudio Hofmann versteht es, uns durch die Welt der Achtsamkeit mit 128 Übungen und Anregungen zu führen. Im Kontakt mit den verschiedenen Phänomenen achtsam zu sein, sich spürend und reflektierend einzulassen, kann der erste Schritt zur Veränderung dieser Welt sein und eigenen Sinn und Zuversicht neu zu finden.«
(Zeitschrift für Gestaltpädagogik)

»Es geht um das praktische Ausprobieren und Einüben des Achtsamseins anhand von mehr als 120 übersichtlich angeordneten Übungen, die auch in Schule und Fortbildungsgruppen benutzt werden können.«
(Berliner Lehrerzeitung)

»Der Autor zieht die Höhenlinien zwischen Denken und Fühlen nach und verbindet gestalttherapeutische Berufserfahrung mit globaler Weltsicht.«
(PsychologieHeute)

Gerhard Fatzer (Hg.)

GUTE BERATUNG VON ORGANISATIONEN

Auf dem Weg zu einer Beratungswissenschaft
– Supervision und Beratung 2 –

EHP-Organisation · ISBN 3-89797-032-5 · 381 Seiten

Nach fünfzehn Jahren und elf Auflagen wird der erfolgreichste deutschsprachige Titel zum Thema *(Supervision und Beratung)* nun fortgesetzt. Die internationale Beratungslandschaft hat sich in der Zwischenzeit vollkommen verändert und die unterschiedlichen Ansätze werden hier endlich systematisch auf ihre Eignung zu einer neuen Form von Beratungswissenschaft abgeklopft. Die wichtigen neuen Forschungen und Konzepte tragen dazu bei, grundsätzlich andere Wege für die Anforderungen der Zukunft zu betreten.

Mit Beiträgen von: Dorothee Dersch, Gerhard Fatzer, Joana Krizanits, Wolfgang Looss, Heidi Möller, Kornelia Rappe-Giesecke, Edgar H. Schein, Ulrike Schindlbeck, Sabina Schoefer, Othmar Sutrich, Rudolf Wimmer

»Wissenschaftler erforschen Themen, die Manager nicht interessieren. Manager nehmen die Studien, Forschungsresultate oder Lerngeschichten der Forscher nicht ernst. Die Berater nehmen dieses Wissen im Rohzustand, versehen es mit einem Label (Organisationsentwicklung, Supervision, Coaching) und bringen es zum Kunden, ohne dass es wirklich überprüft worden ist.«
(Edgar Schein)

Um diese Fragmentierung zwischen den Beratungsformen und zwischen Beratung, Management und Forschung aufzulösen, werden hier Perspektiven für eine gemeinsame Beratungswissenschaft eröffnet.

Mit der Fortsetzung des Klassikers *Supervision und Beratung* gehen wir einen neuen Weg. Die heute gängige Unterscheidung in Coaching, Supervision und Organisationsentwicklung ist obsolet geworden – vor allem für Kunden und Auftraggeber macht sie keinen Sinn mehr. Wir beschreiben Beratung als die Begleitung von Lern-, Veränderungs- und Entwicklungsprozessen von Personen, Gruppen oder Teams und ganzen Organisationen. Dabei werden auch neue Formen der Organisation wie virtuelle Organisationen, Netzwerke etc. berücksichtigt.

Christoph J. Schmidt-Lellek

RESSOURCEN DER HELFENDEN BEZIEHUNG

Modelle dialogischer Praxis und ihre Deformationen

ISBN 978-3-89797-040-3 · 390 Seiten

Der Autor wendet sich an Professionelle in allen helfenden und beratenden Berufen und an Studierende (Psychologie, Psychotherapie, Medizin, Sozialarbeit, Sozialpädagogik, psychosoziale Beratung, Seelsorge, Supervision, Coaching) und lenkt die Aufmerksamkeit auf eine zentrale Kategorie für die Qualität helfenden Handelns: auf das Beziehungsgeschehen zwischen den Beteiligten: die Bedeutung der dialogischen Haltung für helfendes Handeln und deren Merkmale; die kulturgeschichtlichen, religiösen und philosophischen Ressourcen dieser Haltung, die eine Reflexionskultur in den helfenden Berufen unterstützen. Diese Ressourcen werden Praktikern hier zum ersten Mal zugänglich gemacht. Eine differenzierte Auseinandersetzung mit Ressourcen und Modelltypen erleichtert es, deren Bedeutung für die Praxis zu erkennen und zugleich ihre möglichen Ambivalenzen (»Helfer-Kitsch«, Grenzverletzungen, Machtmissbrauch) wahrzunehmen und zu reflektieren.

»*Eine bedeutende Erweiterung des Wissens, auch in beruflicher und praktischer Hinsicht.*«
(Prof. Dr. Nando Belardi, Technische Universität Chemnitz)

»*Die Darstellung hat eine Qualität, die auch Studierenden und interessierten Laien zugänglich ist.*«
(Prof. Dr. Bernhard Koring, Technische Universität Chemnitz)

»*Der Autor behandelt die Thematik der Helferberufe aus einer disziplinübergreifenden Perspektive, was nicht nur ein neuer Ansatz ist, sondern auch zu höchst differenzierten, bisher nicht berücksichtigten Forschungsergebnissen führt.*«
(Prof. Dr. Dr. Werner Wiater, Universität Augsburg)

William Isaacs

DIALOG ALS KUNST GEMEINSAM ZU DENKEN

Die neue Kommunikationskultur für Organisationen

EHP-Organisation · ISBN 3-89797-011-2 · 336 Seiten

»Wo Mitarbeiter nicht nur anders handeln, sondern anders denken lernen sollen, sind übergreifende Veränderungsprogramme notorisch ineffektiv«

»Der Grundlagentitel zum Dialogbegriff in Beratung und Alltag«
Edgar Schein

»In unserer Arbeit haben wir immer wieder die paradoxe Beobachtung gemacht, dass Durchbrüche in der Entwicklung von Organisationen sowohl fundamentale Veränderungen auf der persönlichen Ebene wie auch auf der organisatorischen Ebene voraussetzen, und ich kann mir kein anderes Buch vorstellen, das dieses Paradox deutlicher, verständlicher und nutzbringender darlegt. Und ich mache mir jetzt keine Sorgen mehr um die praktische Umsetzbarkeit von Dialog: Die Leute, die in den Beispielen dieses Buchs vorgestellt werden, sind praktisch orientierte Manager, Führungskräfte aus einigen der bedeutendsten Unternehmen der Welt.«
Peter Senge

Edgar H. Schein

PROZESS UND PHILOSOPHIE DES HELFENS

Grundlagen und Formen der helfenden Beziehung für Einzelberatung, Teamberatung und Organisationsentwicklung

Aus dem Amerikanischen von Irmgard Hölscher

EHP-Organisation · ISBN 978-3-89797-061-8 · 224 Seiten, Hardcover

Schein entwickelt in diesem Buch, das sein System von Beratungswissenschaft abrundet, wie man in persönlichen Beziehungen, Teams und Organisationen Hilfe verständnisvoll anbietet, effektiv leistet und vertrauensvoll annimmt: Hilfe als System.

In seinen Ansätzen von »Prozessberatung« (*Prozessberatung für die Organisation der Zukunft*, 978-3-89797-010-6), »Kulturentwicklung« (*Organisationskultur*, 978-3-89797-014-4), »Karriereanker« (*Karriereanker* und *Führung und Veränderungsmanagement*, 978-3-89797-056-4) sowie »Lerngeschichte« (*Aufstieg und Fall von Digital Equipment Corporation*, 978-3-89797-027-4) stellen die Konzepte von Führung und Helfender Beziehung die Grundlagen jedes Veränderungsmanagements dar. Mit diesem Buch hat er sich nun der systematischen Darstellung von Hilfe als System angenommen.

»*Helping is a fundamental human relationship.*«